国家出版基金项目
NATIONAL PUBLICATION FOUNDATION

古遗梵文文物释证稿

A DECIPHERMENT AND STUDY OF THE HISTORICAL RELICS IN SANSKRIT

张保胜 著
Zhang Baosheng

中西書局
ZHONGXI BOOK COMPANY

图书在版编目（CIP）数据

古遗梵文文物释证稿 / 张保胜著. —上海：中西书局，2022（2023.6 重印）

ISBN 978 - 7 - 5475 - 1927 - 1

Ⅰ. ①古… Ⅱ. ①张… Ⅲ. ①梵语—研究 Ⅳ. ①H711

中国版本图书馆 CIP 数据核字（2022）第 003115 号

古遗梵文文物释证稿

张保胜 著

责任编辑 伍珺涵
装帧设计 黄 骏
责任印制 朱人杰
出版发行 上海世纪出版集团有限公司
中西書局（www.zxpress.com.cn）
地　　址 上海市闵行区号景路 159 弄 B 座（邮政编码：201101）
印　　刷 常熟市人民印刷有限公司
开　　本 700 毫米 ×1000 毫米 1/16
印　　张 21 插页 4
字　　数 335 000
版　　次 2022 年 6 月第 1 版 2023 年 6 月第 2 次印刷
书　　号 ISBN 978 -7- 5475 - 1927 - 1 / H · 124
定　　价 198.00 元

本书如有质量问题，请与承印厂联系。电话: 0512 - 52601369

文前图

PICTURES BEFORE THE TEXT

金嵌珍珠宝石塔（故宫博物院藏）塔顶柱

大黑天神像（梁庄王墓出土）

金翅鸟神像（梁庄王墓出土）

金梵文种子字（梁庄王墓出土）

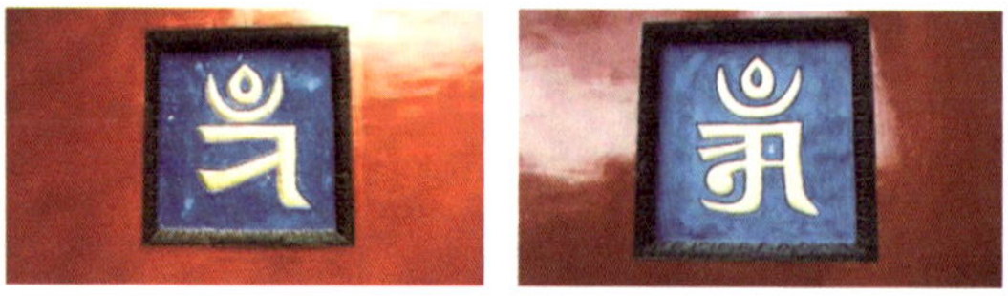

广济寺山墙西侧

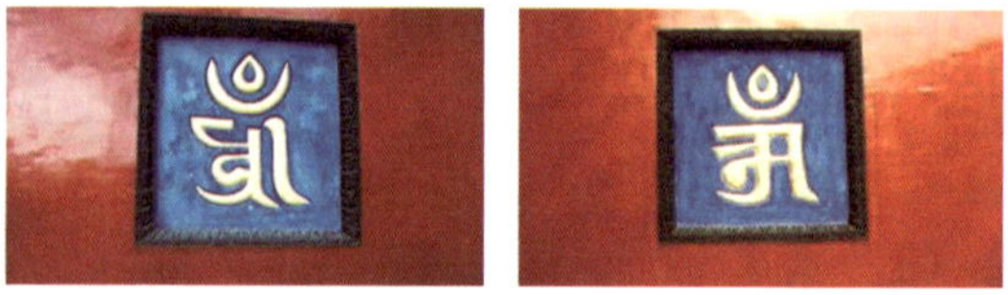

广济寺山墙东侧

胜乐金刚

时轮金刚曼荼罗咒牌（梁庄王墓出土）

金质佛珠饰件（梁庄王墓出土）

梵文种子字金牌曼荼罗

梵文陀罗尼金牌曼荼罗

北京真觉寺（五塔寺）金刚宝座塔中塔铭文

目　录

CONTENTS

第一章
CHAPTER 1

宝塔遗铭

Inscription on the Vajrasan of Zhen Jue Monastery

第二章
CHAPTER 2

金宝寿塔
Golden Pagoda Inlaid with Gems

第三章
CHAPTER 3

福禄天国

Fantasy Heaven

第四章
CHAPTER 4

敦煌佛印
Buddhist Impression in Dunhuang

第五章
CHAPTER 5

梵呗古韵
A Study of the Mandalas

第六章
CHAPTER 6

法镜天书
Inscription on the Dharma Mirrors

第七章
CHAPTER 7

梵文贝叶经
Palm Leaf Manuscript in Ranjana

缩略语

ABBREVIATION

Ā. **= Ātmane-pada**（中间语态）

abl. **= ablative case**（从格）

acc. **= accusative case**（业格）

adj. **= adjective**（形容词）

adv. **= adverb**（副词）

adverbal *adj.*（动形容词）

aor. **= aorist**（不定过去时）

Caus. **= causative**（致使动词）

comp. **= compound**（复合词）

Cond. **= Conditional**（假定式）

dat. **= dative case**（为格）

Desid. **= Desiderative**（愿望动词）

du. **= dual number**（双数）

f. **= feminine**（阴性）

fr. = from（来自）

fut. **= future tense**（将来时）

gen. **= genitive case**（属格）

impf. **= imperfect**（未完成时）

Impv. **= imperative**（命令语气）

ind. **= indeclinable**（不变词）

inf. **= infinitive mood**（不定式）

instr. **= instrumental case**（具格）

Intens. **= Intensive**（加强动词）

irr. **= irregular**（不规则的）

loc. **= locative case**（依格）

m. **= masculine gender**（阳性）

N. = Name（名号）

n. **= neuter gender**（中性）

nom. **= nominal verb**（名动词）

nom. **= nominative case**（体格）

P. **= parasmaipada**（主动语态）

part. **= participle**（分词）

pass. **= passive voice**（被动语态）

pf. **= perfective**（完成式）

pl. **= plural number**（复数）

pot. **= potential**（虚拟语气）

p.p. **= past participle**（过去分词）

pres. **= present tense**（现在时）

pron. **= pronoun**（代词）

sg. **= singular**（单数）

v. **= verb**（动词）

voc. **= vocative case**（呼格）

w. r. for = wrong reading for（……之误）

§ = section（节）

√ = radical sign（字根号）

关于大正藏相关文献标识：

T20.1190.p832b18——大正藏第 20 卷，1190 号，832 页，b 节，第 18 号文。

前　言

FOREWORD

《古遗梵文文物释证稿》(以下简称《释证稿》)为国家哲学社会科学规划项目“元明清遗存蓝扎体梵文文物的解读与研究”之今名。该项目2004年立项，2007年顺利结项。历经3年，完成了30多万字的释证书稿，制备了350多张电子文物图片。该《释证稿》的研究材料主要来源于博物馆、考古研究所、文物保管单位等国内的文物部门和个人收藏者，内容是新出土、新发现、收藏和遗存已久的佛教文物，其大者如北京五塔寺的金刚宝座和五座小塔的梵文铭文图片300张，小者如景德镇古瓷博物馆收藏的明代官窑曼荼罗青花瓷匙和广西博物馆收藏的怪异体梵文字轮法镜等图片。此外还有很重要的出土文物图片，如湖北钟祥明代梁庄王墓出土的几件金质佛像及其铭文、清乾隆皇帝为母亲祝寿打造的铭刻梵字的镶嵌珍珠宝石金塔、敦煌元代梵文沙符、敦煌莫高窟北区新发掘的几件法身偈、湖北明代张懋夫妇合葬墓出土的《法被图》及几件明正统铜佛牌等。

《释证稿》中主要涉及不同于国际学界所习知的异体梵文文物，绝大部分为蓝扎体。此外还收进了类蓝扎体、悉昙体和几件不知名称的怪异体梵文文物，这后几件怪异体梵文文物曾困惑我20多年。而今让我喜出望外的是，我在完成这项国家规划项目的过程中，一举解决了这些怪异体的疑难。这几件文物上数百年来从未被世人所识的古文字得到释读，不能不说是一件快事!

一、本书的研究方法和参籍

本书的宗旨在于解读和诠释。首先是解读，相应的英文是decipher，即对鲜为人知的古文字的释读。这是本课题的入门。初见这些文物，如读天书，不知从何处着手。也许费了移山气力才读通了一两个或几个字母，就凭这几个字母与《大藏经》中比较易懂的悉昙体和汉文旧译对勘，往往会得到出乎意料的结果。拙著中的几幅怪异体法镜铭文拓片，让我困惑了 20 多年，在作《永乐大钟梵字铭文考》的过程中，我发现一副易读通的法镜拓片，一勘对，竟与那几幅困惑我 20 多年的法镜铭文完全一样，这真如喜从天降，令我豁然开朗！看来，对勘是解读文物的有效手段。解读是第一步，接下来还有很多工作要做。我将整个研究过程分为 8 个层级，由外而内，如剥春笋，层层深入，直至核心见到真谛。该研究的 8 个层次如下：

1. 解读，拉丁转写（与铭文一一对应）；

2. 断字断句，将并列的某些梵字（音节）合并组成字词，进而复原成语句；

3. 勘名，从汉译佛经勘出文物的汉译名称，如“三字总持咒”“种子曼荼罗”等；

4. 勘译，从汉译佛典勘出铭文陀罗尼音译，经典所没有的，笔者新译；

5. 勘典，从佛经勘出铭文所出汉译佛典（第 3、4、5 项尤其困难，因为《大藏经》浩如烟海，从中查得某条陀罗尼及其名称犹如海中觅粟，且经中鲜有蓝扎、类蓝扎等经文）；

6. 意译，凡有语义的均意译，供读者参考；

7. 诠注，包括梵语难字的语法形式，引文的出处、典故，版本的校勘等；

8. 研究性报告，如考释对象产生的时代、历史背景、渊源、流布、价值等。

这一课题，若就广义，即“梵文文物的解读与研究”（含贝叶经）而论，它起源于 18 世纪英国，而后相继而起的有德国、俄国、日本、法国、美国等国家，直到今天仍方兴未艾。我国自改革开放以来，也获得了长足进展和丰硕成果，但在人才和研究规模等方面都不及这些国家。本课题的对象并不是广义的佛教文物，而是古代遗存的蓝扎（含类蓝扎和其他怪异）字体的梵文文物。蓝扎体文物几乎仅遗存于藏传佛教流布地域，也即仅存于我国境内。与此相关的世界性研究微乎其微，唯有一项有分量的研究成果，是日本村田治郎主编，长尾雅人、藤枝晃等著名学者参与的《居庸关》一书。这是对我国元代建筑居庸关云台六体铭文（含蓝扎、八思巴文、西夏文、回鹘文、藏文和汉文）的研究成果。该研究始于 1943 年，成书于 20 世纪 50 年代。这一著作值得参考。

在参籍方面，除上述著作外，还有林光明主编的《大藏全咒》，丁福保的《佛学大词典》，陈义孝的《佛学常见辞汇》，中国佛教协会《中国佛教》《阅藏知津》《藏传佛教辞典》，Monien-Williama 的 *Sanskrit English Dictionary*，A. F. 施坦茨勒著、季羡林译《梵文基础读本》，日人编著的悉昙类书籍，任继愈的《中国佛教史》，吕澂的

《中国佛学源流略讲》，吕建福的《中国密教史》，印度德・恰托巴底亚耶的《顺世论》（*lokāyata*），英国渥德尔的《印度佛教史》，法国布留尔的《原始思维》，英国费雷泽的《金枝》，以及《中华大藏经》《大正大藏经》等，均为本课题的参籍。

二、关于蓝扎体梵字

蓝扎，另译为蓝札、兰砸、蓝蹉等，为梵文 Rañjanā 的藏译 Lantsa 的转译。这是一种用于拼写梵文的装饰字体，约源于 11 世纪尼泊尔，12 世纪随佛教密宗传入我国西藏，元代逐渐遍及全国。近来在山西石宫寺的石壁上发现有蓝扎体梵文陀罗尼墨迹，非雕凿之铭文。估计其为后人添加，而非宋人原作。蓝扎体梵文被藏传佛教誉为神圣字体并敬之如佛。而今在西藏保存有大量的梵文写本（含贝叶经），其中不乏最珍贵的写本，如金粉写就的《十万颂般若波罗蜜多经》。藏传佛教自西藏八思巴成为元朝国师起与汉地佛教融合并逐渐风靡整个中华大地，历经元、明、清三朝而不衰。三朝皇室的宗教礼仪乃至民间习俗无不深受其影响。

在考古发掘中屡屡发现烙有密宗特征的文物，特别是蓝扎体梵文文物。而文物工作者遇到这类文物时却如读天书，茫然不知其义。正如故宫博物院著名文物鉴定专家耿宝昌所言："在工作中不断发现这类文物，十分费解。"我们知道梵文是印度的古文字，懂的人不多，加之这类文物的字体与现今所习见的天城体梵字不同，故"现在在中国很少人能读通"（季羡林语）。这类文物所涉及的内容多为佛教密宗（主要是藏密），而密宗的仪轨和密义秘不外宣，这给解读和考释造成很大困难。在发掘中发现这类文物，文物工作者不能视而不见，但又无可奈何。以前往往将其束之高阁，时间的剥蚀造成文物的损伤甚至损毁。如北京五塔寺石基的梵字铭文，损伤就很严重，20 年前的拓片十分清晰，现在一些字则已漫漶不清了；加之后来的翻修，又给铭文造成不同程度的错位和损伤。又如 20 年前所拍湖北张懋夫妇合葬墓出土的《法被图》的照片，也变得不那么清楚了。再过若干年，如果这些文物损毁了，那我们将会永远丧失该文物所隐含的那个时代的文化信息，甚至，可能会造成文化史上的某些空洞，成为我们无法弥补的缺憾。因此，对这类文物的解读和研究具有抢救性的意义。

三、怪异体梵字

前面提到类蓝扎和怪异字体，前者如青花瓷匙和《广博楼阁善住秘密陀罗尼轮》载文，根据其类似蓝扎字形，故称“类蓝扎”；后者如法镜铭文，没有任何“类”的影子，看上去很古怪，故称“怪异体”。怪异体又分两种，如广西博物馆收藏的法镜等是一类，而河北私人收藏的法镜则又是一类，对于这两种字体究竟是何名称、渊源何处、传入时间为何等信息，我们一无所知。但见日僧圆山达音纂述的《陀罗尼字典》载有“类蓝扎”的50个字母。《陀罗尼字典》问世于日本明治丁酉年（1897）。该书首篇起始转载《文殊门经字母品》（后简称《门经》）曰：

> 时文殊师利白佛言：“世尊一切诸字母，云何一切诸法，入于此及陀罗尼字。”佛告文殊师利：“一切诸法入于字母及陀罗尼字。”文殊师利如……

接下来是梵文字母及其汉字注音并与每个字母相对应的法义。在汉文《大藏经》之《文殊问经字母品》中仅有汉字注音及其相对应的法义，而在日僧的《陀罗尼字典》中却收录了两种字体的梵文字母：上部分为“类蓝扎”的50个字母，下部分为悉昙体的50个字母。为什么会有这样的不同？是汉文《大藏经》之《文殊问经字母品》舍去了一种字体的字母，或是原本有两种字体而后合璧而只有一种注音，还是《陀罗尼字典》多收录了另一种字体的字母？经仔细审阅，发现《陀罗尼字典》所载《文殊门经字母品》末尾有“文殊门经字母品终”的结语词。由此看来，书中《门经》应是被完整收录的，否则一般僧人有哪个敢于篡改其顶礼膜拜的经典呢？这说明收录两种字体的《文殊门经字母品》应是该经的原貌。另一条证据是在“类蓝扎”字体的上方有一眉批：“古译藏经在。”表明“类蓝扎”字体可能在古译佛经中是存在的。那么，这“古译藏经”是否留存至今呢？汉文《大藏经》和日人《大正新修大藏经》均未收录。而日僧圆山达音纂述《陀罗尼字典》所收录的《门经》也应该真有所本，如果成立，其所本“古译”或资料应该潜存于日本的某个角落，也许圆山达音之后不复存在。究竟如何，还需要进一步寻觅。

在研究此课题的过程中，笔者发现《广博楼阁善住秘密陀罗尼轮》载文的字体与圆山达音《陀罗尼字典》所收录的《门经》的字体是一致的。后者与《宝楼阁经梵字真言》“根本真言”完全契合。我很感兴趣地阅读了《宝楼阁经梵字真言》这个拉丁文转写本，看到末尾时，发现有一条注释文字："承安元年六月十日于仁和寺以常林房御本书写。" 这一提示让我眼前一亮、柳暗花明，仿佛看到了美好的前景。我循着这个脉络探寻下去，终于有了眉目。承安原本是日本高仓天皇（1161—1181）的一个年号（1171—1175），相当于南宋孝宗赵昚的乾道和淳熙两个年号（1165—1189）之间。承安元年，也即 1171 年，在仁和寺的长林房依照天皇的一个御本书写了《宝楼阁经梵字真言》。这个御本可能是《大宝广博楼阁善住秘密陀罗经》，据"古译藏经在"这句话，判断书者从经中摘录了真言部分，其中就有《广博楼阁善住秘密陀罗尼轮》梵字读音："曩莫萨嚩怛他孽多南。唵尾补攞孽陛。么捉钵啰陛怛他多你捺舍宁摩捉摩捉苏钵啰陛尾么黎娑孽啰俨鼻嚓吽吽入嚩攞入嚩攞没驮尾卢枳帝麌呬夜地瑟耻多孽陛娑缚诃。" 而《宝楼阁经梵字真言》中与其完全相对应的"根本真言"的拉丁文转写曰："na maḥ sa rva ta thā ga ta nāṃ oṃ vi pu la ga rbhe ma ṇi pra bhe ta thā tā ni da rśa ne ma ṇi ma ṇi su pra bhe vi ma le sā ga ra ga mbhī re hūṃ hūṃ jva la jva la bu ddhā vi lo kite śu phyā dhi ṣṭi ta ga rbhe svā hā." ①

仁和寺（にんなじ）位于日本京都，是日本真言宗御室派总本寺，建于公元 886 年，另说建于 888 年。退位后的天皇以及诸多皇亲男女均在此出家，故仁和寺便逐渐成了日本皇家御寺，又称"御室御所"。长林房可能是高仓天皇的父亲后白河天皇于嘉应元年（1169）出家后的书房，藏有天皇崇信的佛教密宗经典是顺理成章的。这样说来，日僧圆山达音《陀罗尼字典》所收录的《门经》和《广博楼阁善住秘密陀罗尼轮》的怪异体梵文字母，其入华时间下限不会晚于南宋的孝宗时代；另据《广博楼阁善住秘密陀罗尼轮》译经时间，其上限很可能在唐代。

鉴于法镜所载的怪异字体的文物均现于中国南部和东部，如广西建于明代万历年间的石塔、广西博物馆藏法镜、河北私人收藏法镜、安徽私人收藏法镜，鉴此推断，流入方向很可能是从印度东北，即孟加拉地区直接或间接经缅甸入云南、广西并逐次沿东部向北流布。故于中国南部、东部省份多有发现。这是推测。

四、真言浅析

真言也可以说是陀罗尼（dhāraṇī）的别称，严格说来，两者也有区别。

① 见《大正新修大藏经》第 19 卷 No. 1005B《宝楼阁经梵字真言》。

陀罗尼是梵文 dhāraṇī 的音译，汉地无相关词义，故借用本土故有的紧咒一词略称。《密藏记》曰："佛法未来汉地前，有世间禁咒法，能发神验除灾患。今持陀罗尼人能发神通除灾患，与禁咒法相似，是故曰咒。"

陀罗尼，又译陁罗尼、陀邻尼等。这个阴性名词 dhāraṇī 来源于动词根 √dhṛ，它有保持、护持、坚持等义。而 dhāraṇī 与其根义基本相同，用现今的术语也可以称作载体，也即载持人类思想等文化者。这是任何语言文字都拥有的功能。于佛教经典，梵文文字就是载持佛教教义的载体，广而言之，梵文的任何典籍（含佛教经典）都可以说是陀罗尼。

那么它与咒（真言）有什么区别呢？表面上看，它们之间没有一条不可逾越的鸿沟，但又不能混为一谈。有些文章、诗歌等既可看作载持某种思想的载体——陀罗尼，也可以视作咒或称真言。如法身偈或缘起颂"诸法从缘起，如来说是因。彼法因缘尽，是大沙门说"[①]，这四句诗本是四圣谛的载体，它有明确的哲理意境，人们可以通过这四句诗去领略佛陀的基本哲学含义。从这个意义上说，它是四圣谛的载体——陀罗尼，名曰"法身偈"。如果依密宗"担当诵持，勿须强释"的教义，只要你吟诵或载持，身、口、意与其相应，就会产生消灾祛难的灵验或神通，此时的法身偈则成了咒或真言。密宗给了它一个名字曰"十二因缘咒"或"因缘咒"。我们常见到，在诵经或写经之后，总要来一段"因缘咒"。据称，这样即可消除诵读、书写过程中难免之误所导致的反效应。再如《普曜经》《光赞经》的四十一梵字（音节）和《华严经》的四十二字门，从其承载的教义内容着眼，它们是其内容的载体——陀罗尼；但从密宗着眼，只诵其音，不问其义，那么，它们就是咒（真言）。我这里将陀罗尼和咒分别看待。总之，从广义上说为陀罗尼，从狭义上说是咒。后来，陀罗尼几乎成了咒的代称。

古代译师，若将"陀罗尼"（dhāraṇī）译成"持"或"载体"，可能感到不够味，不能如实表达它的意境，于是便采用了一种特殊的意译——"总持"，亦即"普遍无遗地护持"。那"总持"的对象是什么呢？据称是佛陀的教诲（法），法的意义、以禅定所发的秘密语（咒）、坐禅所证悟的诸法实相（空）等大乘密宗全部教义和仪轨。换言之，陀罗尼就是对大乘密宗所倡导的一切永远保持不忘，故名"总持"。这个术语与载体仍然分不出差异，于是佛教将其作了进一步划分，这样便派生了四个术语：

---

① 见《浴佛功德经》。

1. “法陀罗尼”，对于佛法听闻之后总持不忘；

2. “义陀罗尼”，对于诸法所表达的意境总持不忘；

3. “咒陀罗尼”，对于秘密神咒（mantra，即“曼怛罗”）总持不忘；

4. “忍陀罗尼”，对于诸法实相（空）坚守不移。

上述4项还可以概括为二：1、2、4为一种，可以视为陀罗尼，即读之而知其意的文章、典籍，亦可为咒，这要看具体情境而定；第3项则为纯粹的咒，即咒陀罗尼，不能与前者混同。华严四十二字门属于第一种情境，故有两解。

再一个问题是何以成真言（咒）？

真言是咒的原始名称。那什么是真言呢？让我们引一段《西域记》的文字：“详其文字，梵天所制，原始垂则，四十七言……而中印度特为详正，辞调和雅，与天同音，气韵清亮，为人轨则。”其中“辞调和雅，与天同音”这两句不一定为人所重视。其实它为我们透露了一点“天机”。它提示我们，梵文非神人所造，而是天然所成，故有“与天同音”之说。

《大日经》（《入曼荼罗具缘真言品第二之余》）曰：“复次秘密主，此真言相非一切诸佛所作。不令他作，亦不随喜。何以故？以是诸法法如是故。若诸如来出现，若诸如来不出，诸法法尔如是住。谓诸真言，真言法尔故。秘密主，成等正觉一切知者，一切见者，出兴于世，而自此法，说种种道。”

这一段，直接指出梵文的天然成因。说的是真言（字）相不是一切诸佛所创造，也不是诸佛使（神人）作，也不是随什么意愿（所作）。为什么呢？是因为诸法原本就是那个样子（自然而有）的缘故。不管如来出现还是不出现，诸法都是它本来的样子，是常住（不变）的，所以称为“真言”。真言是自然而有的，故称秘密主，成正等觉的一切知者，一切见者，出兴于世，而后借助这种自然而有之法讲述了种种修法之道。

安然《悉昙藏序》云：“亦述梵文此是自然道理所作，非佛天人所作。佛眼观察法然文字，如实开说。”① 安然讲得更清楚，梵文不是佛，也不是天老爷，更不是人所作，而是自然而成；是佛观察到这自然而有的文字之后，才如实地说开了去。现在我们看清楚了，佛教，特别是密宗主张，梵文是自然而有，非神人所造。因为是天然，无因而有，故“辞调和雅，与天同音”。根据因明推理，凡无因者，即非因缘

① 日本延历寺沙门安然撰，《大正藏》第84卷No.2702。

和合而有者即为常，无变化，不泯灭。凡是常者而为真，故梵语为真实之语，简称“真言”。后来“真言”儿成咒的专用语。

诸如上述，“辞调和雅，与天同音”“诸法法尔”“自然道理所作”等并非诗人的浪漫情调，而是深植于哲学沃土的。这就是印度古代六派哲学之一的弥曼差派（Mīmāṃsā）的声常论。

弥曼差派主张，凡声音（特别是语言这种声音）皆为待缘显发的常住实体，它虽然在发出后便立即消失，但这并不意味它的泯灭，只不过是发音者没有连续努力而已。只要发音者不断地努力，声音就会不断地显现出来。这是弥曼差派所主张的声显论。这种理论主张“声体本有，待缘显之，体性常住”①。如随不同之物可缘显与其相应的不同能诠之声。除了弥曼差派所主张的声显论外，还有不知何派所主张的声生论。这种理论主张“计声无体，待缘生之，生已常住”②。无论是弥曼差派的声显论，还是他派的声生论，两者均主张声是常住不灭的。为了驳斥敌论派的诘难，弥曼差派提出下面几条理由加以论证。

说声音常住，1. 是因为它可以使人了解其意义，如果声音一发便泯灭，那就不能让人知其含义了。2. 是因为无论何处，同一种声音（能诠之音）都可以表示一类事物。譬如无论什么地方的“牛”音都表示相同的“牛”这种动物。如果声不常住，那就不能让人了知“牛”音所表达的意思了。3. 是因为它没有数量限制，如这个“牛”音被发了 8 次，也不能说有 8 头或 8 类“牛”。凡无数量限定的事物均非无常，故说声音常住。4. 是因为不赖他缘而独立存在，它不像有赖他缘之事物，当所赖他缘坏灭时便一并坏灭。5. 是因为在圣典（吠陀）中见到声常住的标记。

声常论不仅属于弥曼差派，也属于文法学派、吠檀多和佛教密宗等。文法学派主张诗歌非神人所造，它自然而有，是诗人发现了诗，而非他创作了诗。

上面提到声音的诠释性，即就声音本身而言，不管人们是否了知，它都会有所指，这是因为，声音本来就有能诠释的本性，所以，人们闻声而知其义。这种诠释与文字相应的声音之间有一种内在的联系，这种联系并非由人类的习惯所成，而是声音本身所固有的。这种声音的天然特性可总括为三：1. 所发之音；2. 能诠释或有意义；3. 能表示某种与其相应的事物。关于吠陀，弥曼差派承认吠陀的最高神圣性，

① 见《法苑义林》卷二四。
② 同上。

但坚决反对这种神圣性来源于神。他们认为，吠陀是由常住不变的声音符号构成的，也即天然而有的。弥曼差派崇拜声音，大有置声音于本体论的倾向。他们之所以崇拜吠陀仪式，是因为展示这些仪式的梵文文字是天然的声音符号。它由于被圣人发现才被流传下来。这种天然而有的一切吠陀仪式都是人们必须一丝不苟地遵从而不可违抗的达摩（dharma）——自然规律，故而人们达到对其无以复加地敬畏和崇拜。

其实，达摩所包容的并非单一的自然规律，也包容了传统、习俗、义务、责任等人为的不易变更的东西。但弥曼差派等却将其统统归于自然，这种把人的本质抽离于人而赋予自然本质的事物是一种巫术思维的产物。这里，巫术并非现时所谓装神弄鬼的把戏，而是上古社会普遍存在的原科学。因为"巫术与科学在认识世界的观念上，二者是相近的。二者都认定事件的演替是完全有规律和肯定的。并且由于这一演变是由不变的规律所决定的。所以它们是可以准确地预见到和推算出来的"[①]。然而，巫术却存在着科学所没有的严重缺陷，这种缺陷"不在于它对某种由客观规律决定的事件程序的一般假定，而在于它对控制这种程序的特殊规律的性质的完全错误的认识"[②]。在古人那里，一切实用技术无不被打上巫术的烙印。就如农业耕作是"巫术"一样，人们只要一丝不苟地按耕作程序（仪式）操作了，如果在所有程序上不出差错的话，那就肯定能得到收获的结果。在先民那里，很少有"为什么"和"怎么会"等这样的问题出现。在他们看来，那都是无关紧要的，他们不关心这个。在印度是这样，在中国也不例外。

传说舜的儿子做了巫咸国的酋长，带领巫咸国生产食盐。因为当地的巫咸人掌握着卤土制盐的技术，他们蒸煮卤土，使盐析出。在制盐的过程中，他们不问"为什么"或"怎么会"这样的问题，只是严格地按程序办，并伴以各种祭祀活动、各种表演，加之种种许愿和祈祷，如望南风带来好天气等，以利于盐的收获。最后，实施制盐仪式（程序），直至生产出白色的食盐。人们将这种程序称作"巫术"。

那个时代，"巫术"包含着莫名的强制力量，对所施予的事物是一种强制和命令，强制并命令那个事物衍生出施术者想要的结果。这就是法国文化人类学家列维-布留尔所谓的"原始思维"。

在上古社会，巫术可以说几乎浸透了人类的一切活动，无论是生产的还是社会

---

① 见弗雷泽《金枝》，北京：大众文艺出版社，1998 年版，第 76 页。

② 同上。

的，概莫能外。就语言来说，在蒙昧人眼里也隐含着无穷的神秘。列维-布留尔在他的《原始思维》里说：

> 我们知道，对他们的思维来说，没有哪种知觉不包含在神秘的复合中，没有哪个现象只是现象，没有哪个符号只是符号；那么，词又怎么能够只是词呢？任何物体的形状、任何塑像、任何图画，都有自己的神秘的力量：作为声音图画的口头表现也必然拥有这种力量。①

语言及其书写符号——梵文当然也在其中。对于弥曼差派、佛教华严和密宗之人来说，语言因为是天然而有，也当然隐含着无穷神秘。他们对其敬畏、尊崇，认为只要一丝不苟地应合这种天音，便能达到其所祈愿的结果。于是便有了“但当诵持，毋须强释”的林林总总的梵字咒语。因为是自然而有，常恒不灭，真实不虚，故称“真言”。

在古人眼里，语言是一种声音，而这种声音无须人与人之间的直接接触就能给人以了悟、愉悦、激愤、恼怒、恐惧、冀望、抚慰、狂热、追慕、勇敢、无畏，以及给群体以协调一致、给社会以道德和秩序；如果没有这种声音，人类就会失去所冀望的一切。可见，语言在古人心目中所具有的神秘力量是多么巨大。在原始人那里，对语言的使用不像我们现在所认为的那样，是一种谁也不用问“为什么”的平常现象，对他们说来，语言具有高深莫测的“巫术”意义。作为一种声音的符号，文字也当然具有神秘的“巫术”意义。斗转星移，语言在今天早已失却了往昔的神圣光环。但是，这种曾被先民当作咒语的声音符号在密教中却得以存续下来。

吠陀梵语是印度最古老的圣书——公元前1000多年的巫术文献汇编的用语，后来，大乘佛教经典逐渐用规范的古典梵文写成。到了六七世纪，随着大乘密宗的兴起和发展，梵文被圣化到了极致，甚至每个字母都被赋予了无限的神秘力，以至于使诵持梵文经咒者消灾祛难、吉祥如意，让死者解脱升天、不入恶趣。进入大乘的这种菩萨法门比起登上小乘佛教的罗汉道不知要容易多少倍，甚至诵持一句“六字真言”就会胜过造七级浮屠。所以，大乘密宗深受中国百姓乃至皇室的欢迎并逐渐深深地融入中国的民俗。

---

① 见列维-布留尔《原始思维》中译本，北京：商务印书馆，1995年版，第170页。

五、语言特点

顺便说一下，梵文语言变化规律与世界习用的语法有所不同。

1. 命令语气，主动语态，单数第二人称，一般不分类别，均采取语干。如：√chid（cl.7）为 chinda 而非 chindhi（斩断）；√bhī（cl.3）为 bhaya 而非 bibhīhi（害怕）；√bandh（cl.9）为 bandha 而非 badhāna 或 bandhāna（束缚）；√han（cl.2）为 hana 而非 jahi 或 handhi（杀）；√dṝ（cl.9, 2）为 dara 而非 dṛināhi 或 darhi（劈开）等。

2. √bhū（cl.1, to be）命令语气，主动语态，复数第三人称为 bhontu 而非 bhavantu。

3. 依主释（Tatapuruṣa）复合词，依梵文语法，动词根可作为复合词的尾词，如：Sarva-jña（知道一切的），Veda-vid（懂吠陀的）。然而在佛教文法中常见到变位动词作复合词非尾词，如：sudarśanāḥ sattva-bhavantu（愿有情众生都漂亮美观），nitya-bhavantu（永远成为）。

第一章
CHAPTER 1

宝塔遗铭
Inscription on the Vajrasan of Zhen Jue Monastery

金刚宝座塔（Vajra Throne Pagoda）

真觉寺金刚宝座塔

Vajra Throne Pagoda of Zhen Jue Monastery

真觉寺金刚宝座塔，俗称五塔寺，金刚宝座之上有五座藏式宝塔，故名。真觉寺金刚宝座塔是明代藏传佛教寺院真觉寺现存唯一完整的建筑遗存，它融合了中外建筑的形式和特点，兼容了藏传佛教文化的内容及中原文化的表现方式，是我国现存此类塔中最精美的一座。由于它在宗教、历史和艺术方面所蕴含的重大价值，1961 年国务院第一批公布的 180 处全国重点文物保护单位中，真觉寺金刚宝座塔被列为 77 处古建筑及历史纪念建筑物中的一处。

真觉寺金刚宝座塔位于北京海淀区北京动物园后长河北岸。寺内殿宇已无，仅存金刚宝座塔一座。寺始建于明永乐年间（1403—1424），成化九年（1473）完工，用砖和青白石砌成（内砖外石）。外观分为宝座与五塔两部分。下部宝座平面为长方形，南北长 18.6 米，东西宽 15.73 米，高 7.7 米，分为 5 层，每层挑出短檐，四周刻佛龛，龛内刻坐佛一尊。宝座顶部用青白石砌成。5 座方形密檐式小塔，中央一塔有 13 层，高约 8 米；四周 4 座小塔均有 11 层，高约 7 米。五塔下面均有须弥座，檐下四周刻有佛龛及佛像，塔顶由仰莲、相轮、华盖、宝珠等组成塔刹。五塔四周绕以高 0.66 米、厚 0.12 米的石栏杆。此塔是仿印度佛陀加耶寺塔的形式而建。

第一节　金刚宝座铭文

Ⅰ　Inscription on the Vajra Throne

一、图版（pictures）

南侧东段，图版（picture）1

图版（picture）2

图版（picture）3

图版（picture）4

图版（picture）5

图版（picture）6

图版(picture)7

图版(picture)8

图版(picture)9

图版(picture)10

图版(picture)11

以下东侧，图版(picture)12

图版(picture)13

图版(picture)14

图版（picture）15

图版（picture）16

图版（picture）17

图版（picture）18

图版（picture）19

图版（picture）20

图版（picture）21

图版（picture）22

图版（picture）23

图版（picture）24

图版（picture）25

图版（picture）26

图版（picture）27

图版（picture）28

图版（picture）29

图版（picture）30

图版(picture)31

图版(picture)32

图版(picture)33

图版(picture)34

图版(picture)35

图版(picture)36

图版(picture)37

图版(picture)38

图版(picture)39

图版(picture)40

图版(picture)41

图版(picture)42

图版(picture)43

图版(picture)44

图版(picture)45

图版(picture)46

以下北侧，图版(picture)47

图版(picture)48

图版(picture)49

图版(picture)50

图版(picture)51

图版(picture)52

图版(picture)53

图版(picture)54

图版(picture)55

图版(picture)56

图版(picture)57

图版(picture)58

以下北侧西段，图版(picture)59

图版(picture)60

图版(picture)61

图版(picture)62

图版(picture)63

图版(picture)64

图版(picture)65

图版(picture)66

图版(picture)67

以下西侧，图版(picture)68

图版(picture)69

图版(picture)70

图版(picture)71

图版(picture)72

图版(picture)73

图版(picture)74

图版(picture)75

图版(picture)76

图版(picture)77

图版(picture)78

图版(picture)79

图版(picture)80

图版(picture)81

图版(picture)82

图版(picture)83

图版(picture)84

图版(picture)85

图版(picture)86

图版(picture)87

图版(picture)88

图版(picture)89

图版(picture)90

图版(picture)91

图版(picture)92

图版(picture)93

图版(picture)94

图版（picture）95

图版（picture）96

图版（picture）97

图版（picture）98

图版（picture）99

以下南侧西段，图版（picture）100

图版（picture）101

图版（picture）102

图版(picture)103

图版(picture)104

图版(picture)105

图版(picture)106

图版(picture)107

图版(picture)108

二、金刚宝座梵字铭文考（a study of the inscription on the Vajrasana）

（一）宝座南侧东段（eastern part on the south side）

1. 图版（picture）1—10

（1）原文并释读（original text and decipherment）

原文：
释读：❀ oṃ i ndrā ya ❀ oṃ a gna ya ❀ oṃ sva sti va krā rū tā nbu ddhā ❀ oṃ ya mā ya

❀ oṃ nai rṛ tya ❀ sva sti de vā sa śa kra kāḥ ❀ oṃ va ru ṇā ya ❀ oṃ vā ya

ve ❀ sva sti sa rvā ṇi bhū tā ni ❀ oṃ krā ve rā ya ❀ oṃ ai bhoḥ ❀

（2）复原并断咒（restoration and judgement of dharani）

金刚城大曼荼罗尊真言（the mantra of the great mandala bhagavan in Vajra Castle）

复原：
释读：oṃ[1] indrāya[2] ❀ oṃ agnaya[3] ❀ oṃ svasti[4] vakrā[5] rūtām[6] buddhā[7] ❀ oṃ yamāya[8] ❀ oṃ nairṛtya[9]
旧译：唵 因达啰也 唵 阿仡迺裔 唵 思哇思提 婆羯罗啊鲁答母 佛陀 唵 阎摩也 唵 涅哩底

svasti devā[10] saśakrakāḥ[11] ❀ oṃ varuṇāya[12] ❀ oṃ vāyave[13] ❀ svasti-sarvāṇi bhūtāni[14] ❀ oṃ
思哇思提提婆萨夏羯罗迦呵 唵 嚩噜那也 唵 嚩耶吠 莎悉帝 萨哩嚩尼 部达尼 唵

krā[15]verāya[16] ❀ oṃ ai[17] bhoḥ[18]
羯罗尾罗野 唵 爱鑁喝

出典：参见《守护国界主陀罗尼经》（T19.997.0567a14）。

今译：请帝释天后弹奏婆羯罗天乐为帝释天因陀罗、火天、阎摩王、涅哩底罗刹、天神连同帝释天后在内的诸天母颂赞吉祥吧！诚愿水天、风天和一切众生吉祥！唵 愿你像神骏一样英勇吧！唵 帝释天后啊！（笔者，下同）

诠注：

[1] **oṃ**——神秘的音节“唵”，金刚界陀罗尼的发语词，据《密藏记》称，“唵”字

有五义：归命，即归命于佛，将不二之命献于佛。供养，表示对佛的供养。惊觉，诵“唵”字时，其音从毛孔入，就如惊雷惊醒蛰虫一样惊醒自身本有心佛和一切佛，使其惊现于前。摄伏，诵“唵”字时，就如百官闻知国王的敕令一般令一切龙神悉皆摄伏而参集于前。三身，据称，“唵”字由阿、乌、麻（a, u, ṃ）三音合成，其中：“阿”字表示中观派最基本的哲学思想——万有本不生的空义，本质上的空就是三身之一的法身；“乌”字表示不可得之义，此为不可思议的报身；“麻”字吾我不可得，也即无我之义，故现人天鬼兽之众生。因此诵此“唵”字，即成三身被加持掌护的修行者。（参见丁福保的《佛学大辞典》“唵”条）

另说：“唵”字为婀、乌、莽三字的和合。一婀字就是菩提心义，也即诸法门义，也即无二义，亦诸法果义，也即性义、自在义，犹如国王黑白善恶随心自在；又为法身义。二乌字即报身义。三莽字者是化身义。以合三字共为“唵”字。因其摄义无边故为一切陀罗尼首，又等于诸字义，故为诸字之先导，也就是一切法所生之处。因而三世诸佛皆观此字而得菩提，故为一切陀罗尼母。一切菩萨皆从此而生。一切诸佛皆从此出现。“唵”字也就是诸佛一切菩萨诸陀罗尼集会之处。（参见《守护国界主陀罗尼经》卷 9，T19.997.566a）

[2] **Indrāya**（*m*., sg., *dat*. of Indra, the god of the atmosphere and sky）——因陀罗，因达啰。原为印度教主宰空界或天界之神，后被收入佛教，为护法神，习称“帝释天”或“帝释桓因”。该咒与《守护国界主陀罗尼经》咒有些微不同，后者为：唵因达啰（二合）也娑嚩（二合）贺（引）（“二合”“引”均为读音提示，前者表示两个辅音连读，如 indra 中的 dr，svāhā 中的 sv；后者“引”表示其前的元音拉长）。梵文原咒应为 oṃ indrāya svāhā。svāhā 通常为咒语的吉祥结语词，前者缺。

[3] **Agnaya**（w.r. for agnaye, *m*., *sg*., *dat*. of agani, fire; sacrificial fire; the god of fire）——为 agni 的阳性单数为格 agnaye 之误。意译：火天，即司火之天神。

《守护国界主陀罗尼经》咒：唵（一）阿仡逦（二合）裔（上二）娑嚩（二合引）贺（引三）。此中的“一”为该咒的第一节，“二”“三”为第二、三节。“二合”为连读提示，如仡逦，即梵文的 gna，g 和 n 连读，之间无元音；“上”为声调的提示；“引”为长元音的提示。（下同）

[4] **svasti**（*n*., *f*., *nom*., *ind*., well, happily）——祝……吉祥。

[5] **vakrā**（*f*., *sg*., *nom*., a particular musical instrument）——阴性，单数，主格。一种特殊的乐器。

[6] **ārūtām**（irregular *v.*, *Impv.*, *Ā.*, *sg.*, 3rd, fr. √āru, to praise）——不规则动词 √āru 的命令语气。中间语态，单数，第 3 人称。意译：赞扬，赞美，赞颂。

[7] **Buddhā**（为 buddhāḥ 的阳性复数业格的连声形式）——诸佛母。

[8] **Yamāya**（*m.*, *sg.*, *dat.* fr. Yama, N. of the god who presides over the pitṛis and rules the spirit of the dead）—— 音译：阎摩、阎么、焰魔等。意译：司地狱之神，统治祖先亡灵之神。林光明《大藏全咒》原文为：oṃ yamaye svāhā，其中 yamaye 为 yami 的阴性单数为格。据称 yami（阎蜜）是 yama（阎摩）的孪生姐妹。神话传说中，阎摩反对与她联姻，但他死后，阎蜜为他服丧，为了让她忘记悲伤，故创造了黑夜。

《守护国界主陀罗尼经》咒：唵（一）阎么也（二）娑嚩（二合引）贺（引三）。

[9] **Nairṛtya**（w.r. for nairṛtyai, *f.*, *sg.*, *dat.* of nairṛti, N. of a Rakṣasa）——一罗刹名，林光明《大藏全咒》（卷 9.64）为 nirate（误写）。日本种智院大学密教学会编《梵字大鉴》（下卷）为 Nirṛtiye；日本静慈圆的《梵字悉昙》（292）为 Nairṛtye 或 Nairṛtyai 之误（Nairṛti 或 nairṛtī 的阴性单数为格）。意译：罗刹天，西南方的主宰者。《十二天供仪轨》（卷 1，T21.1298.385c）说："西南方罗刹主天乘白师子，身着甲胄。右手持刀令竖，左手大指押中小二指。赤肉色。二天女侍左右，二罗刹鬼持三股戟。印相者右手作拳安腰右，左手五指竖相着屈地水中节。" nairtī 为 nirṛti 的派生词。Nirṛti 远在《黎俱吠陀》时代，义为毁灭、灾难等，并被人格化为死神。在《摩诃婆罗多》中被认为是非法之妻、恐惧之母。所由派生的 nairṛtī 有"西南方"之义，在印度教中，被认为是大神湿婆（Śiva）之妻难近母（Durgā），或天女，或罗叉女、女魔等。《守护国界主陀罗尼经》咒：唵（一）泥（上）以低（二）娑嚩（二合引）贺（引三）。《守护国界主陀罗尼经》咒尾多出吉祥结语词"娑嚩贺"（svāhā）。

[10] **devā**（*f.*, *sg.*, *nom.*, goddess）——天后（神），女天。

[11] **saśakrakāḥ**（*comp.*, *f.*, *pl.*, *nom.*, fr. saśakrakā, with the queen of indra）——为 saśakrakā 的阴性复数主格，意译：连同帝释天后在内的。其中 sa 为前缀，有"连同"之义；śakra 为帝释天；ka 常用于构成形容词的附加语尾。阴性附加语尾一般应是 ikā。

[12] **Varuṇāya**（*m.*, *sg.*, *dat.* of varuṇa, N. of the god of the water）——音译即嚩噜那、嚩噜拏；意译：水天。《守护国界主陀罗尼经》咒：唵（一）嚩（上）噜那也（二）娑嚩（二合引）贺（引三）。《十二天供仪轨》卷 1（T21.1298.0385c）说："西方水天住于水中乘

色。浅绿色。右手取刀，左手持龙索。冠上有五龙。四天女持妙花。印相者右手如前，左手握拳。"

[13] **Vāyave**（*m.*, *sg.*, *dat.*, from vāyu, N. of Marut, the god of the wind）——音译即嚩耶吠；意译：风天。《十二天供仪轨》卷 1（T21.1298.0385c）说："西北方风天云中乘獐着甲胄。左手托胯，右手执独股头创，创上有绯幡。二天女侍之，并药叉众。印相者右手如前，左手五指直竖相着，地水屈中节即成。"

[14] **bhūtāni**（*p.p.*, fr. √bhū, any living being; the beings）——万有，众生。

[15] **krā**（=rudhikrā? N. of a divine horse, personification of the morning Sun；N. of an Asura conquered by Indra; navigator, mariner）——神骏；一名阿修罗的名号；水手。鉴于动名词 verāya 的限制，第二种意思显然是不当的。故此处选择第一种含义"神骏"。

[16] **verāya**（*nom.*, *Impv.*, *P.*, *sg.*, 2nd, from vīra, to be powerful or valiant, display heroism; to overpower, subdue）——名动词，命令语气，主动语态，单数，第 2 人称。意译：你要英勇吧！

[17] **ai**（the seed of the wife of Indra）——帝释母（因陀罗之妻）种子字。

[18] **bhoḥ**（*ind.*, interjection）——呼唤词：噢。

2. 图版（picture）11

一字金轮曼荼罗（one-syllabled gold-wheel mandala）。此塔金刚宝座上共有 2 处轮形曼荼罗，此系其一。

（1）原文并释读（original text and decipherment）

① 一字金轮种子字（轮毂心）

原文：

释读：**bhrūṃ**[1]

音译：勃隆

② 轮辋（自上顺时针）

原文：

释读：**oṃ sa rva ta thā ga ta ca kra hūṃ ra tna va jra pū jya te āḥ**

（2）复原并断咒（restoration and judgement of dharani）

（轮辋）三身具足咒

复原：

释读：**oṃ sarva-tathāgata[2]cakra[3] hūṃ[4] ratnavajra[5] pūjyate[6]āḥ[7] //**

旧译：唵 萨日嚩惮他蘗多 斫讫啰 吽 啰惮娜嚩日啰菩揭底 啊贺

出典：前者见丁福保《佛学大辞典》“一字金轮”“一字金轮法”“一字轮王咒”条。

今译：唵 一切如来！吽 值得崇拜的轮宝金刚之尊啊！阿贺！

诠注：

[1] **bhrūṃ**（a seed syllable of Gold-Wheel King）——一字金轮佛种子字，一字金轮王咒。一字金轮为五佛顶尊之一，即金轮佛顶尊，其咒只有一个音节（bhrūṃ），故称“一字金轮”。据称，其德广大无边，胜于诸佛，其咒“勃噜唵”名“三身具足”，为秘密中最秘密者。其三摩耶形象，为八辐轮尊像，坐八叶白莲花，手结智权印，顶有肉髻，其上又有发髻。据称其佛能力无限，悲悯众生，所求必能成功。

[2] **sarva-tathāgata**（*comp.*, *m.*, *sg.*, *voc.*, all tathgatas）——单数呼格。意译：一切如来。

[3] **cakra** 应与 **hūṃ** 之后 **ratna-** 相连构成复合词。

[4] **hūṃ**（mystical syllable）——吽，佛教术语，为诸天总种子字，据称由四字贺、阿、乌、麻（h, a, u, ṃ）合成，其义含一切万法，吟一字而诵万法。其常被用于咒尾，被放置于中间应为错置，此错误在下一曼荼罗中得以被纠正。（参见《佛学大辞典》“吽”条）

[5] **cakra-ratna-vajra**（*comp.*, *m.*, *sg.*, *voc.*, wheel-treasure-vajra）——轮宝金刚。

[6] **pūjyate**（*v.*, *pass.*, *Ā.*, *sg.*, 3rd, fr. √pūj, to worship, honour, revere）——被崇拜，被敬畏。

[7] **āḥ**（the seed syllable of Mahoshnisha）——大佛顶尊种子字。

（二）宝座东侧—西侧（on the east to the west side）

1. 图版（pictures）12—44、46—77

（1）原文并释读（original text and decipherment）

原文：

释读：❀ de vāḥ ❀ nā ga ❀ ya kṣa ra kṣa ❀ sa ga nta rva ❀ a su ra ❀ ga rū ḍ sa rva ka la di śā nbhu vaḥ ❀ kiṃ na ra ❀ ma ho ra ga ❀ bu ddha puṇ yā nu bhā ve

na ❀ ma nu ṣā ❀ ma nu ṣa ❀ de va tā nāṃ ma te na ca ❀ gṛ hne daṃ ❀ gan dhe

bhyaḥ ❀ na maḥ sa rva ta thā ga te bhyo ❀ vi śva mu khe bhyaḥ ❀ yo yo ’rtha ssa ma

bhi pre taḥ ❀ sa rva tha khaṃ ❀ u dga te ❀ sa rvā rtho dye sa gṛ dhā tāṃ ❀ u

dga te ❀ spā ra ṇa i mā(ṃ) ❀ ga ga na khaṃ ❀ ba lyā di svā hā ❀ sva sti bo

ddhi ❀ pa de sā ntu ❀ sva sti boḥ stu ❀ ca tu ṣya de sva sti vā ❀ vra ja tāṃ mā

rge ❀ sva sti tyā ❀ ga 以下北侧 te ṣu ca ❀ sva sti rā tro ❀ sva sti di vā ❀ sva sti

ma dhyā ndi ne sthi te ❀ sa rva tra ❀ sva sti bo vā ntu ❀ mā ce ṣā(ṃ) pā pa mā ga

mā t ❀ sa rva sa tvā sa rve prā ṇo sa rve bhū tā śca ❀ sa rve rvai su khi na ssa ntu

❀ ni rā ma yāḥ ❀ sa rva bha drā ṇi pa tye ntu mā ku śi ❀ pā pa ma ga ma t

yā nī ha 以下西侧 bhū tā ni ❀ sa mā ga tā ni ❀ sthi tā ni bhū mā ni ❀ vā a

nta li kṣe ku rva ntu me trī ❀ sa ta taṃ pra jā su di vā ca ❀ rā trau ca ca ra ntu

dha rmaṃ

（2）复原并释读（restoration and decipherment）

复原：❀

释读：❀ devāḥ nāgayakṣarakṣasagantarva- asuragarūḍsarvakaladiśānbhuvaḥ ❀ kiṃnaramahoraga-buddha-puyānubhāvena ❀ manuṣāmanuṣa-devatānāṃmatena ca ❀ gṛhnedaṃ ❀ gandhebhyaḥ

namaḥ sarva-tathāgatebhyo ❀ viśva-mukhebhyaḥ ❀ yo yo'rthassamabhipretaḥ ❀ sarvathakhaṃ ❀ udgate

sarvārtho dye sagṛdhātāṃ ❀ udgate ❀ spāraṇa-imā(ṃ) ❀ gaganakhaṃ ❀ balyādisvāhā ❀ svasti bodhi

pade sāntu ❀ svasti boḥ stu ❀ ca tuṣyade svastivā ❀ vrajatāṃ mārge ❀ svasti tyāga- 以下北侧 teṣu ca

❀ svasti rātro ❀ svastidi vā ❀ svastimadhyāndinesthite ❀ sarvatra ❀ svasti bovāntu ❀

maceṣā(ṃ) pāpamāgamāt ❀ sarvasatvā sarvepraṇāsarvabhūtāśca ❀ sarvervaisukhinas santu ❀

nirāmayāḥ sarvabhadrāṇipatyentumākuiṣṭ ❀ pāpamagamat yānīha 以下西侧 bhūtāni ❀

samāgatāni ❀ sthitāni bhūmāni ❀ vā antalikṣe kurvantu ❀ metrī satataṃ prajā sudi vā ca

❀ rātrau ca caantu dharmaṃ

(3)断咒(judgement of dharanis)

① 八部众(the eight parts of the beings)[1](图版 12—26)

复原：

释读：devāḥ[2]nāga[3] yakṣa[4]rakṣasa[5]gantarva- asura-garuḍ-sarva-kāla-diśān-bhuvaḥ[6] kiṃnara[7]

旧译：提婆 那伽 药叉 罗乞叉萨 乾达婆 阿修罗 迦楼罗 萨日嚩 羯罗 提遐 普嚩 紧那罗

mahoraga[8]buddha-puṇyānubhāvena[9]manuṣāmanuṣa-devatānāṃ[10]matena[11]ca gṛhne[12]daṃ[13]

摩睺罗迦 佛陀 部涅阿拏帕尾那 摩奴舍阿摩奴舍 提婆达南 摩帝那 左 纥日呵乃惮

gandhebhyaḥ[14]

甘太撇

出典：《法华经·譬喻品》；《无量寿经》上；《大般若经》卷600；《文殊师利问经》卷下；《大金色孔雀王咒经》；《圣庄严陀罗尼经》卷上；《摄大乘论》卷下；《仁王护国般若经疏》卷2（p.296）。

今译：天众、龙众、夜叉、罗刹！以及乾闼婆、阿修罗、迦楼罗随时随地呈现吧！紧那罗！摩睺罗迦！您凭借诸佛功德的威力和人、非人以及诸天的智能从香集佛国赢得它（身升虚空）吧！

诠注：

[1] 八部众（the eight kinds of the beings from Indian mythology）——又名天龙八部。据神话传说，他们都是邪恶者，后来被佛陀征服皈依佛教，成了佛教的护法者。他们是天众、龙众、夜叉、乾闼婆、阿修罗、迦楼罗、紧那罗、摩睺罗迦。

天龙即天众（deva）和龙众（nāga），二者为八部的上首。经云："一切天、龙、药叉、罗刹、乾闼婆、阿修罗、迦楼罗、紧那罗、摩睺罗伽吉祥。"（《大吉祥天女十二契一百八名无垢大乘经》卷1，T21.1253.p0254b）这里讲到十部，其中多出罗刹（rākṣasa，罗刹鬼）和吉祥。其中"吉祥"为祈语，而非部众，余则九部，即天王率八部之意。

"此等异类皆归化于佛之威德，成为佛之眷属，住于诸佛之受用土，护持佛及佛法。又别指四天王率领之八部族。即：乾闼婆、毗舍阇、鸠槃荼、薜荔多、龙、富单那、夜叉、罗刹。经典中亦见天龙等八部与乾闼婆等八部混集之叙述。"（《佛光大辞典》第三版）

[2] **devāḥ**（*m.*, *pl.*, *nom.*, fr. deva）——音译为提婆；意译：居住天界者，天神，八部众之一。

[3] **nāga**（*m.*, a dragon or snake king）——音译为那伽；意译：龙众，八部众之一。特指龙族，故译为龙众。其为畜类、水族之王。《法华经》之听众有八大龙王。

[4] **yakṣa**（*m.*, N. of a class of semi-divine beings who fly about in the night）——音译为药叉、夜叉；意译：建勇。夜晚飞行于空中之半神。

[5] **rakṣasa**（*n.*, an evil being or demon, identified with Nairṛti; N. of a warlike race）——精灵，魔鬼；好战族。

[6] **gantarva-asura-garuḍa-sarva-kāla-diśān-bhuvaḥ**（*comp.*, *m.*, *pl.*, *voc.*）——复合词，阳性复数呼格。意译：乾闼婆、阿修罗、迦楼罗随时随地呈现吧！

gantarva（w.r. for gandharva, in epic poetry the gandharvas are the celestial musicians or heavenly singers）——gandharva 之误，音译为乾闼婆；意译：香阴，即五阴（五蕴，即色、受、想、行、识）之色身。据称“唯嗅香臭而长养，故名香阴”（见丁福保《佛学大辞典》“八部众”条）。帝释天的乐神，《法华经》之听众列有四乾闼婆。

Asura（*m*., a spirit, good spirit, suprime spirit; demigods of evil disposition, ghost）——精灵；魔鬼。汉译阿修罗；又译为非天，其果报虽类天，而非天部，故云非天。其形貌丑陋，常与帝释战斗之神。

garuḍ（w.r. for Garuḍa, *m*., N. of a mythical bird, golden-winged birds which eat the dragons）——神话中的鸟名。《法华文句》二下：“迦楼罗，此云金翅，翅翮金色。”意译：金翅鸟，两翅相去三十六万里，撮龙为食。《长阿含》十八云：“大海北面有大树名究罗睒摩罗。围七由旬，高百由旬，枝叶五十由旬。树东有卵生龙宫，又有卵生金翅鸟宫。南胎西湿北化，各有其龙鸟之宫，并有七重行树众鸟和鸣。取龙之时翅搏海水。卵生搏开二百由旬，胎四百湿八百化一千六百，胎卵湿化如是次第。啖一二三四龙。如是恶道住处。欲比西方安乐世界。”（No. 1719《法华文句记》卷 2，T34. p0187c）

[7] **kiṃnara**（*m*., a mythical being with a human figure and the head of a horse, heavenly music masters）——神话中的人身马首生物，非神非人，头上有角的歌神。《慧琳音义》十一：“真陀罗，古作紧那罗，音乐天也，有微妙音响，能作歌舞，男则马首人身能歌，女则端正能舞，此天女多为乾闼婆天妻室。”帝释天的乐神有二：奏俗乐之神乾闼婆，奏法乐之神紧那罗。

[8] **mahoraga**（*m*., a mythical boa or python）——神话中的大蟒蛇，汉译为摩睺罗迦。意译：大蟒神，大腹行，地龙。

[9] **Buddha-punya-anubhāvena**（*comp*., *sg*., *instr*., by the might of the virtue and the merit of the Buddhas）——复合词阳性单数具格形式。意译：凭借诸佛功德的威力。

[10] **manuṣa-amanuṣa-devatānāṃ**（*comp*., *pl*., *gen*., man and not a man and divinity）——离合释复合词，阴性复数属格。意译：人、非人以及诸天神的。

[11] **matena**（*n*., *sg*., *instr*., percepted, understood; intelligent）——被觉知的，所觉的；聪明的；智者。

[12] **gṛhne**（Sandhi form of gṛahna-idam, *Impv*., *sg*., 2nd, fr. √grah, to seize; to accept, admit, perceive）——抓住，赢得；认识，体悟。

[13] **daṃ**（Sandhi form of idam, *pron.*, *n.*, *sg.*, *acc.*, fr. idas, this）——dam 是 idam 的连声形式，代词，中性单数业格。意译：这个。

[14] **gandhebhyaḥ**（*m.*, *pl.*, *instr.*, genenally used in *pl.*, a fragrant substance, fragrance, scent, perfume）——阳性复数从格，意译：从这个香集国！

“香集”为佛国名，虚空藏菩萨之本土。《虚空藏菩萨经》曰：“西方过八十恒河沙世界，有一佛刹，名一切香集。彼国有佛，名胜华敷藏如来，彼佛今正为诸大众转妙佛轮，彼有菩萨，名虚空藏，已从彼佛闻深妙法，得诸禅定，时虚空藏菩萨即与八十亿菩萨俱顶佛足，身升虚空。诣娑婆世界。”（见《佛学大辞典》“香集”条）

② **广大普供养明**（the mantra for the widespread donations）；**虚空藏转明妃真言**（the vidya concubine mantra chanted by the void garbha）（图版 27—37）

复原：

释读：**namaḥ**[1]**sarva-tathāgatebhyo**[2] **viśva-mukhebhyaḥ**[3] **yo yo**[4]**'rthassamabhipretaḥ**[5]

旧译：曩莫　萨哩嚩怛他誐帝毗踰　尾湿嚩目契毗药　踰踰　阿日特萨摩毗部磊帖

sarvatha[6] **khaṃ**[7]**udgate**[8]**sarvārthodyesagṛdhātāṃ**[9] **udgate** **spāraṇa**[10]**imā**[11] **gagana**[12]

萨哩嚩他　朅　母捺誐帝　萨日嚩日偷迭僧迦他惮　母捺誐帝　娑颇啰拿　誐誐曩

khaṃ[13] **balyādi**[14] **svāhā**[15]

剑帕　莉亚提　娑嚩贺

出典：见《佛说持明藏瑜伽大教尊那菩萨大明成就仪轨》（T20.1169.680b）；《大藏全咒》卷 13（第 535 页）；《大毗卢遮那成佛神变加持经》卷 3（T18.848.19a）；《大毗卢遮那佛说要略念诵经》即《大日经》卷 1（T18.849.57c）[16]。

今译：皈依一切形貌遍宇的如来！他们无论谁都同样平等地利乐（众生），愿其呈现于虚空！都离却贪执！遍照金刚呀！这些（佛母）！虚空藏啊！剑薄离等！娑嚩贺！

诠注：

[1] **namaḥ**（*n.*, *sg.*, *nom.*, bow, obeisance, reverential salutation. often with *dat.*）——要求为格。意译：向……敬礼。佛典常译为皈依、皈命。

[2] **sarva-tathāgatebhyo**（Karmadhāraya *comp.*, *m.*, *pl.*, *dat.*, the whole tathagatas）——持业释复合词，阳性复数为格的连声形式。意译：一切如来。

[3] **viśva-mukhebhyaḥ**（Buhuvrīhi *comp.*, *m.*, *pl.*, *dat.*, one whose features are full of the universe）——多财释复合词，阳性复数为格形式。意译：形貌遍宇的。用以修饰“一切如来”。这个复合词与《薄伽梵歌》对大我（ātman）的描述相同。后者可能借鉴于佛教。

[4] **yo yo**（*pron.*, *m.*, *sg.*, *nom.*, whoever）——两个词均是关系代词 yad 的阳性单数体格 yaḥ 的连声形式，这两个词连用表示无论是哪一个、无论谁。

[5] **’rtha-ssamabhipretaḥ**（Karmadhāraya *comp.*, *m.*, *sg.*, *nom.*, equally devoted one’s heart to the profit of the beings, equally devoted to beings’ benefits）——复合词，其中 ’rtha 为 artha 的连声形式。意译：事物；利益，利乐；意义；原因等。此处用“利乐”为宜。ssamabhipretaḥ 为形容词阳性单数体格形式，意译：乐于，喜爱，其心被奉献给了……的利益。该词的前缀 ssam- 为 sam 在尼泊尔古语的连声形式，具有平等、同等、同样之义。整个复合词意译：同等利乐（众生）。“众生”在原文中省缺。

[6] **sarvatha**（w.r. for sarvatha, *ind.*, in every way, in every respect, by all means; entirely; at all times）——普遍地。

[7] **khaṃ**（*n.*, *sg.*, *acc.*, void, empty）——该词为中性单数体格和业格，此处为后者。它受其后的过去分词 udgate 的要求，其义为空。

[8] **udgate**（*p.p.*, *f.*, *sg.*, *voc.*, fr. ud-√gam, arisen, appeared; gone, departed）——呈现的，出现的，缘起的；离去的。选择后者合宜。此指一明妃或佛母。

[9] **udyesa-gṛddhātāṃ**（Tatpurusha *comp.*, *f.*, *sg.*, *acc.*, desirous of or eagerly longing for, or attachment to everything）——对一切事物贪执的。

sarva-artha（all the things or benefits）——一切事物或利益。

udyesa（w.r. for udyāsa, attachment）——udyāsa 之误。意译：执着。

gṛddhātā（*p.p.*, fr. √gṛdh, to endeavor to gain; to be desirous of or eager for）——贪求。

[10] **spharaṇa**（=sphuraṇa, *adj.*, glittering, sparking）——阳性单数呼格。意译：遍布，普遍，遍照。此为毗卢遮那佛，即遍照金刚的称号。

[11] **imā**（Sandhi form of imāḥ, *pron.*, *f.*, *pl.*, *nom.*, *acc.*, *voc.*, refers to the vidya concubine）——imāḥ 的连声形式，指示代词 idam 的阴性复数呼格。意译：她们，指

前面提到的明妃。

[12] **gagana**（*n.*, *sg.*, *voc.*, refers to the ākāśagarbha）——中性名词单数呼格。意译：天空，空。此为虚空藏的称号。

[13] **khaṃ**（the seed letter of Vairocana）——毗卢遮那佛的种子字。

[14] **balyādi**（fr. bali-ādi）——为 bali-ādi 的复合词的阴性单数主格形式。其中前者 bali 为一恶魔的名号，音译为薄离；后者 ādi 为复合词的后置词，有“等等”之义。

[15] **svāhā**——常置于明咒之后的吉祥结语词。常译作：娑嚩贺、莎诃等。

[16]《大毗卢遮那佛说要略念诵经》卷 1（T18.849.57c）曰：“复次普观庄严。谓观念本尊及诸圣会所居之土。令自心眼了了分明。住于彼前见佛所坐妙白莲华，金刚为茎华大开敷，严八叶具足须蕊，现众宝色放无量光，从大莲华周匝复生千百亿数宝莲华座。观华台上王交宝饰，师柱构成宫殿，于师子之座华台四周有众宝。宝柱间遍垂幢盖，复于座上珠网宝慢交络弥布，宝带垂璎华鬘交连，缤纷绮错严丽殊特。内外室中华云叆叇，上下香云遍满氛馥。于虚空中仙天竞奏无量音乐解脱妙声。贤瓶宝盘周匝布列。百宝树王华果开敷，支叶相次光明交映。重重行列覆以宝网，从于宝网垂妙摩尼。摩尼珠光照佛宫殿及彼世界，如百千日共处虚空，光明过彼不可为喻。有诸婇女从佛智生菩提妙华而为严饰各居华座，如从定起以方便力，出妙音声歌赞佛德，言词清雅句义深远。入是观时见如斯事当作是念。以我至愿蒙佛加持，由如来力及以法界力，今我所观如观而住。尔时行者于三昧中，当念供养一切如来及彼圣众，即便合掌作金刚印，想众妙华从印发生，普散佛会而为供养。诵此明妃以用加持。明曰：

> 娜么萨嚟嚩（二合）怛他（引）蘖帝鼻庾（二合）（一）微湿嚩（二合）目契婢也（二合）（二）萨嚟嚩（二合）他欠（三约带往声）捣捺蘖（二合）帝（四）萨颇（二合）罗呬摩（五）加伽那釰（六）莎诃。

当以三遍而用加持，随彼所生善愿皆成。”

③ 吉祥赞（the hymn of supplicating the auspiciousness）（图版 38—77）

复原：

释读：svasti[1] boddhi[2] pade[3] sāntu[4] svasti boḥ[5] stu[6] ca tuṣya[7] de[8] svasti vā[9] vrajatāṃ[10] mārge[11] svasti

□ [12] tyāga-[13] 以下北侧 teṣu[14] ca svasti rātro[15] svastidivā[16] svasti madhyāndine[17] sthite[18] sarvatra[19] svasti

bovāntu[20] māceṣāṃ[21] pāpa[22]m āgamāt[23] sarvasatvā[24] sarvaprāṇa sarva- bhūtāś[25] ca sarverve[26]

sukhinas[27] santu[28] nirāmayāḥ[29] sarvabhadrāṇi[30] patyentu[31] mākuśiṭ[32] pāpamāgamat yānīha[33]

以下西侧  bhūtāni[34] samāgatāni[35] sthitāni[36] bhūmāni[37] vā antalikṣe[38] kurvantu[39] me[40] trā[41] satataṃ[42]

prajā[43] sudivā[44] ca rātrau[45] ca carantu[46] dharmaṃ[47]

音译：缺。

出典：待考。

意译：祝宅中菩提树吉祥！诚愿吉祥！啊，非常吉祥！供养者啊！祝你吉祥！去旅行吧！祈愿您路途平安！祝你居住、行路吉祥！祝您夜昼吉祥！午间吉祥！旅居遍处吉祥！不要作恶！祈愿一切有情，一切生命，一切众生，一切的一切都幸福、无疾，和蔼可亲！祈愿吉祥降临工人！不要吹毛求疵！不要犯罪！祈愿那些咸集并安住于这个世界或空中的一切众生吉祥！祈愿我的保护者、子民无论是白昼、夜晚都要永远遵从佛法！

诠注：

[1] **svasti**（*n.*, *f.*, well-being, fortune, luck, success, prosperity, auspiciousness）——幸福，吉祥。

[2] **boddhi**（w.r. for bodhi, *m.*, *f.*, *sg.*, *nom.*, different from buddhi, perfect knowledge or wisdom; the tree of wisdom under which perfect wisdom is attained or under which a man becomes a Buddha）——bodhi 之误，阳性或阴性，不同于 buddhi。意译：觉，智慧，佛智；菩提树（智慧之树），据传有人坐在树下而得道，或成了佛（觉）。

[3] **pade**（*n.*, *sg.*, *loc.*, fr. pada, an abode, home, station）——住宅。

[4] **sāntu**（w.r. for santu, *Impv.*, *P.*, *pl.*, 3rd, fr. √as, to be, because）——santu 之误，动词根 √as 的命令语气，主动语态，复数，第三人称。意译：令，令成为。

[5] **boḥ**（w.r. for bhos, before vowels and soft consonants bho; before the hard consonants bhos and bhoḥ; but there is occasional confusion of these forms, esp. in later

literatures; often also bho）——感叹词，在与别人谈话时，所发出的哦、啊、呵、喂、哎等。

[6] **stu**（*ind*., aptly, fitly, well, duly, excellently, exceedingly）——极好地，非常地。

[7] **tuṣya**（*Impv*., *sg*., 2nd, fr. √tuṣ, to satisfy）——满意。

[8] **de**（*m*., *sg*., *voc*., from dā, a giver）——施与者啊。

[9] **vā**（*ind*., or）——或者。

[10] **vrajatāṃ**（*Impv*., *Ā*., *sg*., 3rd, from √vraj, to go, walk, move; to travel）——去，旅行。

[11] **mārge**（*n*., *sg*., *loc*., a way, road）——道路。

[12] □（the hiatus of syllabes may be the syllable sthi, while sthi-tyāga=sthiti-āga）——缺失的音节很可能是 sthi, 如 sthi-tyāgateṣu=sthiti-āgateṣu（见本页注 [13][14]）。

[13]（**sthi**）**tyāga**（=sthiti-āga, the former is *f*., staying, abiding）——sthityāga=sthiti-āga, 前者（sthiti）为阴性名词。意译：停留，住。

[14] **sthiti-āgateṣu**（Dvandva *comp*., mostly w.r. for gaty-āgatiṣu, staying or abiding and moving, walk）——并列复合词。意译：安住和走路。

[15] **rātro**（w.r. for rātrau, *f*., *sg*., *loc*., fr. rātri or rātrī, night）——为 rātrau 之误。意译：夜晚。

[16] **svasti-divā**（the later one, *ind*., by day）——白天。全句意译："白天吉祥！"

[17] **madhyāndine**（*m*., *sg*., *loc*., high noon）——正午。

[18] **sthite**（*n*., *sg*., *loc*., fr. sthita, staying, abiding）——居住。

[19] **sarvatra**（*ind*., everywhere）——任何地方，遍处。

[20] **bovantu**（w.r. for bhavantu, fr. √bhū, *Impv*., *P*., *pl*., 3rd, to become）——令成为。

[21] **māceṣāṃ**（= māca eṣāṃ. mace, *m*., *sg*., *loc*.; eṣāṃ, *m*., *pl*., *gen*., fr. etad, on the way of these men）——在这些人的旅途。（据季羡林译《梵文基础读本》第 23 节，māce eṣāṃ 变为 māca eṣāṃ。）

[22] **pāpa**（*n*., *sin*., fault）——罪过，罪孽。

[23] **māgamāt**（w.r. for mā-gamat, *aor*., *P*., *sg*., 3rd, not to come near or to）——不定过去式的否定命令语气，主动语态，单数第三人称。意译：不要来到；不要接近。

pāpa-māgamāt（particular *comp*., fr. Buddhiat grammer, the former is a noun, the latter is a verb mā-gamat）——一种特殊的复合词，多见于佛教经典，前面是一个名词，后面接一个不定过去时，否定命令语气的变位动词为 mā-gamat。整个复合词的

意思是“不要接近罪恶！”

[24] **sarva-satvā**（w.r. for sarva-sattvāḥ, *m.*, *pl.*, *nom.*, all the livings or sentient beings）——为 ~sattvāḥ 之误。意译：一切有情众生。

[25] **sarva-prāṇa-sarvabhūtāś**（Sandhi form of -sarvabhūtāḥ, Davandvā *m.*, *pl.*, *nom.*, life）——-sarvabhūtāḥ 的连声形式。意译：一切情命、一切众生。

[26] **sarverve**（=sarve-sarve, *pron.*, *pl.*, *nom.*, whole and whole）——一切的一切。

[27] **sukhinas**（*adj.*, *m.*, *pl.*, *nom.*, fr. sukhin, possessing or causing happiness or pleasure, happy; *m.*, a religious ascetic）——有幸福的；宗教苦行者，宗教禁欲者。

[28] **santu**（*Impv.*, *P.*, *pl.*, 3rd, fr. √as, to be, become）——令（他们）是，成为。

[29] **nirāmayāḥ**（*m.*, *pl.*, *nom.*, freedom from illness, anosis; health, happiness; *adj.*, free from illness, healthy, well）——无病，健康，幸福；无病的，健康的。

[30] **bhadrāṇi**（*adj.*, *n.*, *pl.*, *nom.*, blessed, auspicious, fortunate, prosperous, happy; gracious, friendly, beautiful, lovely）——幸福的，吉祥的，幸运的，兴旺的；亲切的，友好的，美丽的，可爱的。

sarva-bhadrāṇi（*n.*, *pl.*, *nom.*, being friendly to）——对……友好的。

[31] **patyentu**（=pati-entu, the former is a noun, the latter is a verb: etu, *Impv.*, *P.*, *sg.*, 3rd, to go; to enter）——前面是名词 pati（主人），后面连一个变位动词 entu（进入），意译：进入主人中去吧！即祝福落在主人身上吧！

[32] **mākuśiṭa**（mostly w.r. for mā kuṣit, *aor.*, *Impv.*, *P.*, *sg.*, negative, 3rd, fr. √kuṣ, to nibble）——可能为词根 kuṣ 的不定过去时，否定命令语气，主动语态，单数，第三人称 mā kuṣit 之误。意译：不要吹毛求疵！

[33] **yānīha**（=yāni-iha, the former, *pron.*, *n.*, *pl.*, *nom.*, fr. yad, these; the latter, *ind.* in the world）——前者，代词，这些（人）；后者，不变词，在这个世界上。

[34] **bhūtāni**（*n.*, *pl.*, *nom.*, that which is or exists, any living beings, the world）——一切存在物；众生；世界。

[35] **samāgatāni**（=sam-ā-gatāni, *n.*, *pl.*, *nom.*, *p.p.*, fr. sam-ā-√gam, come together, met, encountered, joined, assembled）——全部都来的，悉来集会的。

[36] **sthitāni**（*p.p.*, fr. √sthā, *n.*, *pl.*, *nom.*, stayed, abided）——居住的。

[37] **bhūmāni**（*n.*, *pl.*, *nom.*, fr. bhūman, the earth, world; a being; *pl.*, the aggregate of all existing things）——一切存在物。

[38] **antarikṣe**（*n*., *sg*., *loc*., the intermediate space between heaven and earth; the atmosphere or sky）——天地之间的空间，天空。

[39] **kurvantu**（*Impv*., *P*., *pl*., 3rd, fr. √kṛ, to do; to bestow, grant; to cause）——做，把……给予，祝愿（吉祥）。

svasti kurvantu（let them cause welfare）——让他们获益。

[40] **me**（*pron*., *m*., *sg*., *gen*., fr. mad, my）——我的（指国王）。

[41] **trā**（w.r. for trāḥ, *m*., *pl*., *nom*., the protectors, defenders）——trāḥ 之误，复数主格。意译：保护者，守卫者。

[42] **satataṃ**（*ind*., always, forever, ever）——永远。

[43] **prajā**（w.r. for prajāḥ, *f*., *pl*., *nom*., subjects）——为 prajāḥ 之误，阴性复数主格。意译：国民，子民。

[44] **sudivā**（*ind*., a bright day）——白天。

[45] **rātrau**（*ind*., night）——夜晚。

[46] **carantu**（*Impv*., *P*., *pl*., 3rd, fr. √car, to follow）——要遵从。

[47] **dharmaṃ**（*m*., *sg*., *acc*., Buddhist doctrine, Buddha dharma）——法，佛法。

2. 图版（picture）45

一字金轮曼荼罗（one-syllabled gold-wheel mandala）

此为该塔金刚宝座轮形曼荼罗之二。

（1）原文并释读（original text and decipherment）

① 一字金轮种子字（轮毂心）

原文：

释读：**bhrūṃ**[1]

音译：勃噜唵

② 轮辋（自上顺时针）

原文：

释读：**oṃ sa rva ta thā ga ta ca kra ra tna va jra pū jya te āḥ hūṃ**

（2）**复原并断咒**（restoration and judgement of dharani）

（轮辋）**三身具足咒**

复原：

释读：**oṃ sarva-tathāgata[2] cakra[3] ratna-vajra[4]pūjyate[5]āḥ[6]hūṃ[7]**

旧译：唵 萨日嚩惮他蘗多 斫讫啰 吽 啰惮娜嚩日啰菩揭底 啊贺

出典：前者见丁福保《佛学大辞典》“一字金轮”“一字金轮法”“一字轮王咒”条。

今译：唵 一切如来！值得崇拜的轮宝金刚之尊！阿贺！吽！

诠注：

[1] **bhrūṃ**（a seed syllable of Gold-Wheel King）——一字金轮佛种子字，一字金轮王咒。一字金轮为五佛顶尊之一，即金轮佛顶尊，其咒只有一个音节（bhrūṃ），故称“一字金轮”。据称其德广大无边，胜于诸佛，其咒“勃噜唵”名“三身具足”，为秘密中最秘密者。其三摩耶形象，为八辐轮尊像，坐八叶白莲花，手结智权印，顶有肉髻，其上又有发髻。据称其佛能力无限，悲悯众生，所求必能成功。

[2] **sarva-tathāgata**（*comp.*, *m.*, *sg.*, *voc.*, all tathgatas）——单数呼格。意译：一切如来。

[3] **cakra** 与 **ratna-** 相连构成复合词。

[4] **cakra-ratna-vajra**（*comp.*, *m.*, *sg.*, *voc.*, wheel-treasure-vajra）——轮宝金刚。

[5] **pūjyate**（*v.*, *pass.*, *Ā.*, *sg.*, 3rd, fr. √pūj, to worship, honour, revere）——被崇拜，被敬畏。

[6] **āḥ**（the seed syllable of Mahoshnisha）——大佛顶尊种子字。

[7] **hūṃ**（mystical syllable）——吽，佛教术语，为诸天总种子字，据称由四字贺、阿、乌、麻（h, a, u, ṃ）合成，其义含一切万法，吟一字而诵万法。其常被用于咒尾。（参见《佛学大辞典》“吽”条）

3. 图版 78—84

（1）**原文并释读**（original text and decipherment）

原文：

释读：**ye dha rmā he tu pra bhā va he tu nte ṣāṃ ta thā ga to hya va da ti ṣā**

ca yo ni ro dha e vaṃ vā dī ma hā śra ma naḥ

（2）**复原并断咒**（restoration and judgement of dharani）

法身偈（the gatha about dharma-body）**或十二因缘咒**（the dharani of pratyayas）

复原：

释读：**ye[1]dharmā[2]hetu[3]prabhāva[4]hetun[5]teṣāṃ[6]tathāgato[7]hyavadatiṣā[8] ca yo[9] nirodha[10]evaṃ[11] vādī[12]**

mahāśramanaḥ[13][14]

音译：英嗪呤麻（二合引）形珞（切身）不啰（二合）末斡（引）形珞（舌齿）碇善（引）怛达（引）遏多缬末嗪怛（二合）碇善（引）拶养祢哏嗪噢梡（合口）斡（引）溺（引）麻诃（引）实啰（二合）麻捺英

出典：《圣妙吉祥真实名经》卷 1（T20.1190.832b）。

意译：诸法从缘起，如来说是因，彼法因缘尽，是大沙门说。（见《浴佛功德经》和《南海寄归内法传》，而《大智度论》[卷 11] 和《佛本行集经》与前两经译文有所不同）

诠注：

[1] **ye**（*pron.*, *m.*, *pl.*, *nom.*, refers to dharmāḥ）——为指示代词 yad 的阳性复数主格形式。意译：那些，指的是法。

[2] **dharmā**（Sandhi form of dharmāḥ, *m.*, *pl.*, *nom.*, that which is established or firm, steadfast decree, statute, ordinance; law）——音译为达磨。意译：既成而不变的事物，如自然规律、习俗、种姓、职责等；法，特指佛法。

[3] **hetu**（*m.*, cause）——原因。

[4] **prabhāva**（w.r. for prabhavā, Sandhi form of prabhavāḥ, *m.*, *pl.*, *nom.*, origin, production）——为阳性名词 prabhava 的复数主格连声形式 prabhavā 之误。意译：生，产生。

[5] **hetun**（Sandhi form of hetum, *sg.*, *acc.*, cause）——为 hetu 的中性名词单数业格 hetuṃ 的连声形式。意译：原因，因缘。

[6] **teṣāṃ**（*pron.*, *m.*, *pl.*, *gen.*, fr. tad, these）——指示代词 tad 的复数属格。意译：这些，指法（dharmāḥ）。

[7] **tathāgato**（*m.*, *sg.*, *nom.*, one who comes in the same way, Gautama Buddha, Buddha）——如来，指乔达摩释迦牟尼佛。

[8] （w.r. for , i.e. hyavadattesāñca）——为 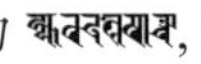, 即 hyavadattesāñca 之误。分注如下：

hyavadat（Sandhi form of hi-avadat）——为 hi-avadat 的连声形式。其中：hi（*ind.*, indeed）——加强语气的不变词；avadat（*impf.*, *P.*, *sg.*, 3rd, fr. √vad, to speak）——未完成时（表示过去），主动语态，单数，第 3 人称，意译：说。

teṣāñca（Sandhi form of teṣām-ca, the first is the *pl.*, *gen.* of *pron.*, *tad.*, their）——前者为指示代词 tad 的阳性、复数、属格形式，所指对象为诸法（dharmāḥ），意译：它们（诸法）的（泯灭也是由其因产生的）；后者为并列连词 ca，意译：和。（《圣吉祥真实名经》卷 1,T20. 1190.p0832b18）

[9] **yo**（*pron.*, *m.*, *sg.*, *nom.*, fr. yad, this）——关系代词 yad 的阳性单数主格。意译：这个，这位。

[10] **nirodha**（Sandhi form of nirodhaḥ, *m.*, *sg.*, *nom.*, destruction）——阳性单数主格 nirodhaḥ 的连声形式。意译：灭，灭尽，坏灭，寂灭等。

[11] **evaṃ**（*ind.*, so, in this way, like that）——作为副词，可译作：如是，如此，像这样。

[12] **vādī**（*m.*, *sg.*, *nom.*, fr. vādin, a speaker）——说者。

[13] **mahāśramaṇaḥ**（*m.*, *sg.*, *nom.*, great religious mendicant, N. of Gautama Budha）——大沙门。沙门（śramaṇaḥ）原指辛勤劳作者、辛勤者、尽心尽力者，疲劳者；引申义：苦行者，行者，修行者。这里特指佛教僧人。“大沙门” 特指释迦牟尼。

[14] 关于法身偈的渊源和转化，这里稍作一些探讨。《大智度论》卷 11 说：舍利弗①自幼博学多问，八岁能诵十八经，精通一切经义。当时，摩揭陀国有二龙王兄弟相助，应时降雨，国无荒年。人民安乐，每当仲春之月，人们咸集龙处，兴会弦歌，置床论议，国王、太子、大臣、论士悉皆与会，均入高雅座席。一次，八岁的舍利弗作为论师也参加了盛会，神情自若地结跏趺坐于论床，骄矜自恃的名流皆卑其年少，以为不屑面论，故只遣年少子弟传言诘难。出乎预料的是，舍利弗 “答酬旨趣，词理超绝”。诸大论师无不叹服。国王亦大欢喜，即命有司封一聚落，经常赐予。国王亲乘象舆振铃宣示，十六大国，六十大城无不欢庆。舍利弗与大目犍连②亲近友

---

① 舍利弗，“舍利弗多罗”（Sāriputra）的略称，旧译 “奢利弗” “奢利补担罗” 等；意译 “鹙露子” “秋露子” 等，释迦牟尼十大弟子之一。

② 大目犍连（Mahāmaudgalyāyana），简称 “目犍连” “目连”。据《佛本行集 · 舍利目连因缘品》及《增一阿含经》卷 3 等，其为古印度摩揭陀国王舍城人，属婆罗门种姓，皈依佛陀后，成为释迦的十大弟子之一。

好，情同手足，后因厌世，皆出家学道，作了梵志[①]的弟子，但直至师故，亦未证得道果。时值佛陀与其度化的迦叶兄弟等千人正漫游诸国，来到王舍城。舍利弗遇到一位比丘，名阿说示[②]。舍利弗见其身披袈裟，手托钵盂，“仪服仪容，诸根清净”，于是便上前问曰：“汝谁弟子，师是何人？”答曰：“释种太子，厌老死病苦出家，得阿耨多罗三藐三菩提[③]，是我师也。”舍利弗得知他是释迦弟子，便求其讲述师教。阿说示说：“我年既幼稚，受戒日初浅，岂能演至真广说如来义。”舍利弗求其略说其要，于是，阿说示便复一偈：

诸法因缘生，是法说因缘，是法因缘尽，大师如是说。

舍利弗喜获此偈，并随即将此偈转告挚友目犍连，二人悉获初道，于是，便皈依于佛陀，后成为佛陀的著名弟子。上述颂偈则是原始佛教的“缘起颂”或“缘生偈”。但用其与敦煌新发现的几幅法身偈的梵文对照，发现二者不尽切合，故断定《大智度论》卷 11 所载译文之所依原文不是敦煌所发现的梵文。这样一来，就有必要另辟蹊径，别寻他译。《大智度论》卷 18 另有一段说：“佛于四谛中或说一谛或二或三。如马星[④]比丘为舍利弗说偈：‘诸法从缘起，是法缘及尽，我师大圣主，是我如是说。’”译文与前不同。《本行集经》卷 48 马胜比丘对舍利弗说颂曰：“诸法从缘生，诸法从因灭，如是灭与生，沙门说如是。”《造像功德经》曰：“诸法因缘生，我说此因缘，因缘尽故灭，我作如是说。”经核对，这几种译文与敦煌本都不能密切吻合。但《浴佛功德经》和《寄归传》的译文却是：

诸法从缘起，如来说是因，彼法因缘尽，是大沙门说。

---

① 梵志（Brahmacārin），佛家对一切外道出家者的泛称，这里特指舍利弗和目犍连皈依佛陀之前的从师珊阇耶（Sañjaya）。据律藏《大品》所述，舍利弗和目犍连听了阿说示所说偈，意欲归佛，其师珊阇耶劝阻未果，一气之下，口吐鲜血，郁郁而死。

② 阿说示（Aśvajit），梵名音译，意译马胜，五比丘之一，舍利弗之师。

③ 阿耨多罗三藐三菩提，梵文 anuttarasamyaksambodhi 的音译，略称“阿耨三菩提”等；意译“无上正等觉”“无上正遍觉”“无上正遍知”等。佛教术语，其义为对佛教“真理”的如实觉知，即超人的智慧。

④ 马星，即马胜比丘。

喜出望外，此译与敦煌梵颂如影随形，应和密切。这一颂，即法身偈或缘起颂，据《大智度论》卷2所述，是佛陀释迦牟尼“为五比丘初开甘露门”所讲的基本教义“四圣谛”。据任继愈解释，这一学说集中反映了早期佛教的世界观，旨在阐释世俗世界的存在、起因、出世及出世道路问题。所谓“四圣谛”，即关于“苦、集、灭、道”（或“苦、习、尽、道”）的真理。“苦”和“集”讲的是世间事物的一对因果关系，“灭”和“道”讲的是出世间的一对因果关系。“苦”谛是对世间所作的价值判断，认为苦是构成世俗世界（物质和精神）的普遍存在形式。颂偈所谓的“诸法”是指以苦为其存在形式的物质和精神世界。“集”谛是指世间之所以为苦的原因，认为其表现为苦的世间事物皆由诸多因缘结集而成。简而言之，“苦”为世间的表现，“集”为世间的原因。所以就有了“法身偈”前半颂“诸法从缘起”（ye dharmā hetuprabhavāḥ）。“灭”谛是指根除世间痛苦的原因。这就是下半颂“彼法因缘尽”（teṣāṃ ca yo nirodhaḥ）的内容。“道”谛是指脱离“苦”“集”这一世间的因果关系而达到出世间，即“涅槃”[①]的修行方法。“道”谛虽然在法身偈中没有出现，但读到前三谛，该谛就会自然而然地出现在联想中。

“四圣谛”的教义虽然只用了四个字加以概括，但要穷尽其理，对于得道初浅的阿说示（马胜）比丘来说绝非易事，所以只用易于记诵的一偈作答是顺理成章的，也是很有生活情趣的。在《大智度论》中，阿说示说偈显得十分质朴，毫无圣化之意，然而，在《浴佛功德经》中却是另一番情景：“如是我闻，一时，薄伽梵王在王舍城鹫峰顶与大比丘众千二百五十人俱，复有无量无边大菩萨，众天龙八部悉皆云集。尔时，清净慧菩萨在众中坐，为欲悯念诸有情……即从坐起，偏袒右肩，顶礼佛足，长跪合掌白佛言：‘世尊！我欲请问，愿垂听许。’佛言：‘善男子！随汝所问，我当为说。’尔时，清净慧菩萨白佛言：‘……如来般涅槃后，所有众生作何供养，修何功德，令彼善根速能究竟无上菩提？’”

世尊褒奖了清净慧菩萨一番之后答道：“……诸佛世尊具有三身，谓法身、受用身、化身。我涅槃后，若欲供养此三身者，当供养舍利[②]，然有二处，一身骨舍利，二法颂舍利。”佛随即说了前偈，即法颂舍利或法颂舍利偈，也即法身偈。这一偈在《大智度论》中反映了质朴无华的原始教义，在《浴佛功德经》中却被圣化为受顶礼

---

① 涅槃，梵文 parinirvāṇa 的音译，简称“涅槃”，意译：灭，灭度，寂灭，圆寂等。佛教术语，义为熄灭生死轮回后而获得的寂静境界，达到这种境界则是佛教信仰者所追求的最高理想。

② 舍利，梵文 śarīra 的音译，意译：肢体。

膜拜的圣物。善男信女供养它，即便不解其意，但能诵持亦能达到“令其善根速能究竟无上菩提”的目的。

说完法身偈后，佛继续说道：“我般涅槃后，能供养舍利或造窣睹波[①]及以如来像，于彼像塔处涂拭曼荼罗，以种种香华散布于其上，以净妙香水灌沐于像身，上味诸饮食尽持以供养，赞叹如来德，无量难思议，方便智神通，速至于彼岸，获得金刚身，具三十二相，八十随形好，济度诸群生。”其功德可谓大矣！从这一段描述，可以看到曼荼罗的所谓功用。另据《南海寄归内法传》所述，法颂舍利偈或法身偈一般置于塔基、塔内或佛像体内。五塔寺梵字陀罗尼铭刻在金刚宝座，其所用场合与佛教文献所记是相符的。

4. 图版（picture）85

（1）**原文并释读**（original text and decipherment）

原文：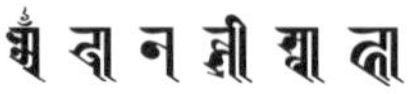

释读：**oṃ dā na śrī svā hā**

（2）**复原并断咒**（restoration and judgement of dharani）

未知名咒（a title-unknown mantra）

复原：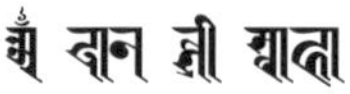

释读：**oṃ dāna[1] śrī[2] svāhā[3]**

音译：唵 檀那室 利 娑嚩贺

出典：待考。

意译：唵 施舍吧，吉祥，娑嚩贺！

诠注：

[1] **dāna**（*n.*, donation）——中性名词。音译为檀那、柁那等；意译：施，布施，惠施，供养等。

[2] **śrī**（*f.*, auspiciousness）——阴性名词。意译：胜，胜德，福德，功德；殊胜；妙相；祥，禄，吉祥等。其又为文殊、吉祥天、金曜、佛眼的种子字。

[3] **svāhā**（mystical syllables）——佛教术语，旧译繁复，有苏婆诃、苏波诃、

① 窣睹波，梵文 stupa 的音译，即佛塔。

莎嚩诃、娑婆诃、萨婆诃、娑嚩诃、娑嚩贺、莎诃等。其为真言(咒语)的结语词。其义据《大日经疏》九:莎诃可惊觉诸佛,令作证明。《经》十三:娑诃为警发义,以此真言警发诸佛,诵此真言时,诸佛受警而起加持行人。《仁王经仪轨》下曰:娑嚩贺,此云成就义,亦云吉祥义,亦云圆寂义,亦云息灾增益义,亦云无住义,所谓"无住义",即菩萨为了利乐有情众生而不住涅槃。(参见丁福保《佛学大辞典》"苏波诃"条)

5. 图版(picture)86

(1)原文并释读(original text and decipherment)

原文: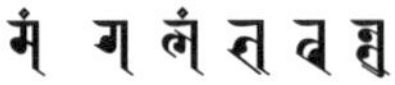
释读:**maṃ ga laṃ bha va ntu**

(2)复原并断咒(restoration and judgement of dharani)

总佛菩萨咒(the mantra of all Buddhas and Bodhisattvas)

复原:
释读:**maṃgalaṃ**[1] **bhavantu**[2]
音译:门誐蓝 婆鍐都

出典:未知名梵文经咒集。

意译:诚愿吉祥!

诠注:

[1] **maṃgalaṃ**(*n.*, *sg.*, *nom.*, auspiciousness)——中性名词,单数主格。意译:吉祥。

[2] **bhavantu**(*Impv.*, *pl.*, 3rd, fr. √bhū, to be, become)——为 √bhū 的现在时,主动语态,命令语气,复数第三人称。意译:诚愿如此。

6. 图版(picture)87—91

(1)原文并释读(original text and decipherment)

原文:
释读:**oṃ ja ya ja ya si ddhi si ddhi pā la pā la su pra ti ṣṭhi ta va jra ya svā hā**

（2）**复原并断咒**（restoration and judgement of dharani）

未知名咒（a title-unknown mantra）

复原：

释读：**oṃ jaya[1] jaya siddhi[2] siddhi pāla[3] pāla supratiṣṭhita[4]vajraya[5] svāhā**

音译：唵 迦野　迦野 悉提　悉提　拔伪 拔伪苏般若提湿提得 嚩日罗耶 娑嚩贺

出典：待考。

意译：胜利吧，胜利吧！成就，成就！保护之尊，保护之尊！善住天子啊！愿汝为金刚！娑嚩贺！

诠注：

[1] **jaya**（*Impv.*, *P.*, *sg.*, 2nd, fr. √ji, to triumph, win）——为动词 √ji 的现在时，主动语态，命令语气单数第二人称。意译：胜利。

[2] **siddhi**（w.r. for siddhe, *f.*, *sg.*, *voc.*, achievement, accomplishment, success）——当是 siddhe 之误，单数呼格。意译：成就吧，成功吧。这里的成就可以指悟道，也可以指神通，所谓“神通”，为行者的行为自在无碍之义。佛教有五神通、六神通、十神通之说，其中六神通较为多见：

ⅰ 天眼通（divya-cakṣus, a divya-eye, a supernatural vision）——谓得色界天眼根，照见无碍；

ⅱ 天耳通（divya-śrotra, a divya-ear, a supernatural audition）——谓得色界天耳根，听闻无碍；

ⅲ 他心通（pracitta-jñāna, a super power feeling the ideas of other persons）——谓知他人之心念而无碍；

ⅳ 宿命通（purva-nivāsānusmṛti-jñāna, a supernatural power knowing the past lives）——谓知自己和六道众生宿世生涯而无碍；

ⅴ 身如意通（ṛddhi-vidhijñāna, a supernatural power of conducts）——超然行为之力，谓变现不可思议境界之通力，也即游涉往来自在之通力；

ⅵ 漏尽智通（āsrava-kṣaya-jñāna, a supernatural power of the extinction of outflow）——谓一切烦恼断尽而无碍。

[3] **pāla**（*m.*, *sg.*, *voc.*, a protector）——保护者，保护之尊。

[4] **supratiṣṭhita**（*p.p.*, *m.*, *sg.*, *voc.*, N. of Buddhist god）——善住，此指善住天子。

[5] **vajraya**（*nom.*, *Impv.*, *P.*, *sg.*, 2nd, become vjra！）——为 vajra 的名动词，现在

时，主动语态，命令语气，单数第二人称。意译：愿成为金刚吧！

7. 图版（picture）92—98

（1）原文并释读（original text and decipherment）

原文：

释读：**oṃ su nbha ni su nbha hūṃ oṃ gṛ hṇa gṛ hṇa hūṃ oṃ gṛ hṇa pa ya gṛ hṇa pa ya hūṃ oṃ**

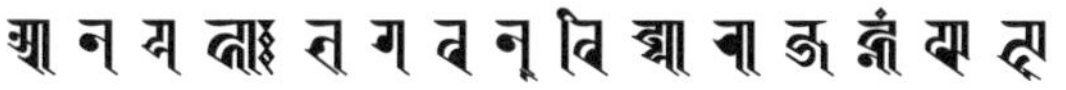

ā na ya hāḥ bha ga va n vi dyā rā ja hūṃ pha ṭ

（2）复原并断咒（restoration and judgement of dharani）

降伏三界忿怒明王真言（the mantra of Trailokyavijayaraja）（**降三世忿怒明王真言**）

复原：

释读：**oṃ sunbha-nisunbha**[1]**hūṃ oṃ gṛhṇa**[2]**gṛhṇa hūṃ oṃ gṛhṇapaya**[3] **gṛhṇapaya hūṃ oṃ ānaya**[4] **hāḥ**

bhagavan[5] **vidyārāja**[6] **hūṃ phaṭ**

旧译：唵（引）逊婆你逊婆吽（引）1 唵仡哩（二合）贺拿（二合）仡哩（二合）贺拿（二合）吽（引）2 唵仡哩（二合）贺拿（二合）播野仡哩（二合）贺拿（二合）播野吽（引）3 唵阿（引）那野哈[7] 婆誐鑁（引）4 尾鞞（切身引）啰（引）惹吽（引）发吒（k 半音）5

出典：《佛说瑜伽大教王经》卷 3（T18.890.0571b）[8]。

今译：唵 逊婆祢逊婆明王啊！吽！唵 抓捕 抓捕，吽！唵 令抓捕，令抓捕，吽！唵 引导（众生）吧！哈！世尊冥王啊！吽，发吒！

诠注：

[1] **sunbha-nisunbha**（=śumbh-nisumbha, *m.*, *sg.*, *voc.*, N. of Trilokya-vijaya-vidyaraja）——阳性单数呼格。音译为逊婆祢逊婆；意译：杀逊婆（阿修罗）。降三世明王之别名，又名月黡尊胜三世王，五大明王之一，受本地阿閦佛之教令所现四面八臂之忿怒身，脚踏大自在天夫妻，在五方中位居东方。贪嗔痴谓三世，降服之，故云“降三世”。另说，降服过去、现在、未来之贪嗔痴，谓“降三世”；降服三界之主谓“降三世”。降三世明王为普贤菩萨为降服恶魔而现的威怒相，《金刚顶瑜伽降三世成就极深密门》曰：“普贤金刚手为降服一切现吽迦罗身（hūkāra）。”《仁王经仪轨》曰：“此金刚手即普贤菩萨也。”（参见《佛学大辞典》“五大明王”条）

[2] **gṛhna**（*Impv*., *P*., *sg*., 2nd, fr. √grah, to seize, catch）——抓捕。

[3] **gṛhnapaya**（*Caus*., *Impv*., *P*., *sg*., 2nd, fr. √grah, to seize, catch）——使抓捕。

[4] **ānaya**（*Impv*., *P*., *sg*., 2nd, fr. ā-√nī, to lead）——引导。

[5] **bhagavan**（*m*., *sg*., *voc*., fr. bhagavat, glorious, illustrious, divine, adorable, holy; "the divine or adorable one"）——为 bhagavat 的阳性单数呼格。意译：世尊。

[6] **vidyārāja**（*m*., *sg*., *voc*., a king of knowledge, lord of spells）——明王，密咒主。

[7] 梵文咒第 4 句有一"哈"（hāṃ），汉文咒为"呼"（ho）。

[8]《佛说瑜伽大教王经》曰："尔时一切天人闻此明王真言已，心生惊怖迷闷躄地，唯念大遍照金刚如来。若人依法持诵此明王真言，及观想罥索金刚钩，能钩一切天女。此法于钩召法中最上最尊。"（见《佛说瑜伽大教王经》卷3，T18. 890.0571b）

8. 图版（picture）99

（1）原文并释读（original text and decipherment）

原文：

释读：**jaḥ hūṃ vaṃ hoḥ**

（2）复原并断咒（restoration and judgement of dharani）

四字密语（four mystical syllables）

复原：

释读：**jaḥ hūṃ vaṃ hoḥ**

音译：壤而吽 鑁 护

旧译：壤 吽 鑁 护；惹 吽 鑁 呼；弱 吽 鑁 斛；弱 吽 鑁 斛；等等。

出典：《金刚顶瑜伽中略出念诵经》卷 2（T18.866.238a;T18.866.239a）；施护《佛说一切如来真实摄大乘现证三昧大教王经》卷 5（T18.882.356a）；不空译《金刚顶一切如来真实摄大乘现证大教王经》卷 1（T18.874.315a）；不空译《金刚顶一切如来真实摄大乘现证大教王经》卷 3（T18.865.0220b）。

意译：钩索锁铃。

诠注：

此咒亦称"钩索锁铃四摄智菩萨种子字"或"惹吽鑁呼明"，所谓"明"即梵文 vidyā 的意译，也即"明咒"。此咒有四个音节，故称"四明"，亦称"四摄"。当强调咒语时，称“四明”；当强调其作用时，称“四摄”（救济）。其四种子字释义如下：jaḥ 象征“钩召”；hūṃ 象征“索引”；vaṃ 象征“锁缚”；hoḥ 象征“欢喜”，即“钩召、引入、坚住、欢喜”之义。这是作法事结“四明印”时所诵的“四明咒”。此手印如下：二手作愤怒拳，二小指相背钩结，最初屈二食指作钩状，诵 jaḥ；而后，二食指互交，屈头，再相拄，诵 hūṃ；再相钩结，诵 vaṃ；最后吟诵 hoḥ；然后，手腕相合而振。《秘藏记本》曰：“真言行者能作此观，以四明引入诸佛于己体。四明谓钩索锁铃，钩能召，索引入，锁坚住，铃喜悦。”（参见林光明主编、八田幸雄著《真言事典》，第 44 页）

（三）南侧西段（west part on the south side）

图版（picture）100—108

（1）原文并释读（original text and decipherment）

原文：

释读：srā kṣā ya u mā pri yā ya ni la ka ṇṭha oṃ pa śu pa ti oṃ a dhaḥ pṛ thi vye bhyaḥ oṃ

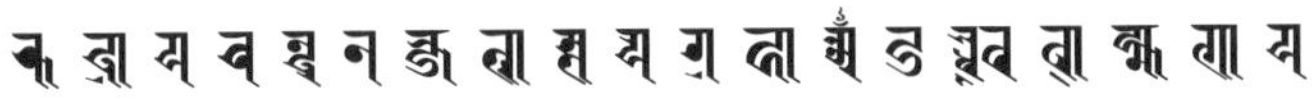

ru drā ya ca ndra na kṣa tra sta rya gra hā om u rdhva brā hma ṇā ya

（2）复原并断咒（restoration and judgement of dharani）

未知名咒（a title-unknown mantra）

复原：

释读：srākṣāya[1]umā[2]priyāya[3]nīlakaṇṭha[4]oṃ paśu-pati[5] oṃ adhaḥ[6]pṛthivyebhyaḥ[7] oṃ rudrāya[8] candra-[9]

音译：思若纥叉野 乌摩 钵利雅野 尼拉乾陀 唵 帕秫帕提 唵 阿特部里提乌夜撇诃 唵 鲁达罗野 旃陀罗

nakṣatra[10]āstarya[11]grahā[12]om urdhva[13] brāhmaṇāya[14] //

那刹多罗思多日夜歌罗哈 唵 乌日驮喔婆罗门那野

出典：待考。

意译：皈依创造者——乌摩天后之夫（湿婆）！青颈天啊！唵 兽主！唵 逃出地狱！唵 皈依鲁达罗之尊！月亮星星闪耀吧！唵 皈依至高无上的婆罗门！

诠注：

[1] **Srākṣāya**（*m.*, *sg.*, *dat.*, a creater, producer）——其意是“创造者”，指乌玛天后

（Umā）之夫（priya）湿婆（Śiva）。

[2] **Umā**（*f.*, N. of the wife of Śiva）——乌摩（天后）；神话传说，其为雪山之女、湿婆之妻。

[3] **priyāya**（*m.*, *sg.*, *dat.*, a friend; a lover, husband）——爱人，丈夫，此指湿婆神。

[4] **Nīlakaṇṭha**（*m.*, *sg.*, *voc.*, “blue-necked”, namely N. of Śiva）——音译为尼乾陀；意译：青颈，青身天。原印度教的湿婆神。湿婆原为印度教三大神（梵天、毗湿奴、湿婆）之一。神话传说他的特征是有三只眼，佩戴一条骷髅项链，头盘发辫，手执三股叉，脖颈青色。其青色是吞咽搅乳海所产生的可毁灭整个世界的剧毒所致。

[5] **Paśu-pati**（w.r. for paśupate, *m.*, *sg.*, *voc.*, a lord of animals）——兽主，特指湿婆神。

[6] **adhas**（*ind.*, under; from under）——在……之下；从下面，从。

[7] **pṛthivyebhyaḥ**（w.r. for pṛthivībhyaḥ, *f.*, *pl.*, *abl.*, fr. pṛthivī, the earth）——pṛthivībhyaḥ 之误，阴性，复数从格。意译：地。

adhas-pṛthivyebhyaḥ（*f.*, *pl.*, *abl.*, from that under the earth, from the hell）——直译为在大地之下者；从格表示离开，故整个复合词可译作：不堕任何地狱。

[8] **Rudrāya**（*m.*, *sg.*, *voc.*, N. of a god）——音译：鲁达罗、噜捺罗。原为吠陀之神，在《黎俱吠陀》中，其地位并不显著，然而经《阿闼婆吠陀》《夜柔吠陀》而渐与湿婆神（Śiva）化一。在前期，其状为青颈面褐，腹黑背赤，披辫发，佩金色饰；发怒时则以霹雳为矢，普杀人畜，损伤草木。其作为可怖，故人众求其不近人身。但他也并非全恶，也有善的一面，即能为人畜疗疾。后来被转为佛教密宗万神殿，成了护法神。

[9] **Candra**（*n.*, *sg.*, *voc.*, the moon; the moon-god）——月天。

[10] **Nakṣatra**（*n.*, a star）——星。

[11] **āstarya**（*adj.*, diffusing, brightening, bright, shining）——散开的，普遍投射的，放射（光芒）的。

[12] **Grahā**（Sandhi form of grahāḥ, *m.*, *pl.*, *voc.*, the planets, as seising or influencing the destinies of men in a supernatural manner; sometimes 5 are enumerated, viz. Mars, Mercury, Jupiter, Venus, Saturn; also 7, i.e. the preceding with Rāhu, and Ketu; also 9, i.e. the sun and moon）——有执着之义；行星（一般指五大行星，即火星、水星、木星、金星、土星；也有七星之说的，即加上罗睺星和羯度星；另有九星之说，即加上太阳和月亮；认为这些星宿能抓住或影响人类的命运），也可指北斗星（the pole star）。

[13] **urdhva**（w.r. for ūrdhva, *adj.*, supreme）——为 ūrdhva 之误。意译：最高的，

至高无上的。

[14] **Brāhmaṇāya**（*m.*, *sg.*, *dat.*, N. of one of the four castes）——阳性单数为格。意译：婆罗门。印度教分四大种姓：婆罗门（Brāhmaṇa）、刹帝利（Kṣatriya）、吠舍（Vaiśya）、首陀罗（Śūdra）。

这些咒语可能是尼泊尔僧人所书，此人是否为佛教徒，令人生疑。因为 13 世纪时，佛教在印度已经不复存在，故书写者有可能是冒牌的印度教婆罗门。这种情况在明代并非罕见。

（四）几幅曼荼罗

1. 八叶莲种子曼荼罗（the seed mandala of the eight-petalled lotus）[1]、三摩地大曼拏罗（Samadhi maha mandala）（位于塔楼梯顶）

（1）原文并释读（original text and decipherment）

① 莲台中央

原文：
释读：**oṃ**[2]
旧译：唵

② 八叶莲瓣（字首向外，自上顺时针）

原文：
释读：**hrīṃ**[3] **māṃ**[4] **trāṃ**[5] **lāṃ**[6] **hūṃ**[7] **tāṃ**[8] **aḥ**[9] **pāṃ**[10]
音译：纥哩姆 麻姆 多拉姆 拉姆 吽 多姆 恶呵 跋姆

③ 上左右角

原文：
释读：**dhṛṃ**[11] **viṃ**[12]
音译：特日穆 毗姆

（2）诠注（notes and commentary）

[1] 我们先按上文配制一表：

中央：

oṃ——毗卢遮那金刚如来（Vairocana）种子字。

从上顺时针：

hrīṃ——西方无量寿金刚如来（Amitāyus） māṃ——莽忙计佛母（Māmakī）

trāṃ——南方宝生金刚如来（Ratnasaṃbhava） lāṃ——佛眼佛母（Locanā）

hūṃ——东方阿閦金刚如来（Akśobhya） tāṃ——救度佛母（Tārā）

aḥ——北方不空成就金刚如来（Amokha） pāṃ——白衣佛母（Paṇḍarā）

在查看了现图和所有能看到的曼荼罗后，我发现无一能与之吻合。后与佛经对勘，终于在宋施护译《佛说一切如来金刚三业最上秘密大教王经》卷1中发现了类似的诸尊及其配置：

> 大毗卢遮那金刚如来，阿閦金刚如来，宝生金刚如来，无量寿金刚如来，不空成就金刚如来。如是等一切如来，譬如胡麻，遍满虚空而无间隙。是诸如来，于虚空中一一出现。
>
> 即时出现佛眼菩萨，摩摩枳菩萨，白衣菩萨，多罗菩萨……

关于他们的配置，据该经《一切如来金刚三业最上甚深秘密中秘密诸佛大集会安住一切如来三摩地大曼拏罗》描述如下：

阿閦金刚如来（Akśobhya）于东方坐，是名金刚部主；

宝生金刚如来（Ratnasaṃbhava）于南方坐，是名宝部主；

无量寿金刚如来（Amitāyus）于西方坐，是名莲华部主；

不空成就金刚如来（Amokha）于北方坐，是三昧部主；

主尊毗卢遮那金刚如来（Vairocana）于中央坐，是佛部主。

该经接下来叙述了四明妃，即四菩萨的名号和位置：

上首明妃，住女人色相，于东南隅坐，指佛眼菩萨（Buddha-locanā，种子字：lāṃ）；

上首明妃，住女人色相，于西南隅坐，指摩摩枳菩萨（Māmakī，种子字：māṃ）；

上首明妃，住女人色相，于西北隅坐，指白衣菩萨（Paṇḍarāsin，种子字：pāṃ）；

上首明妃，住女人色相，于东北隅坐，指救度佛母（Samayatārā，种子字：tāṃ）。

再下来是居于东南西北门的四明王：金刚大忿怒焰鬘得迦明王，金刚大忿怒钵啰研得迦明王，金刚大忿怒钵讷鬘得迦明王，金刚大忿怒尾覲难得迦明王。

虽然在其外层省略了余尊的配置，但从前文所述“如是等一切如来，譬如胡麻，遍满虚空而无间隙。是诸如来，于虚空中一一出现”可知，此曼荼罗是一切诸尊的大集会，故据前述曼荼罗的分类可归于大曼荼罗。根据该经的定名为“一切如来金刚三业最上甚深秘密中秘密诸佛大集会安住一切如来三摩地大曼拏罗”，简称“一切如来三摩地大曼拏罗”。此“八叶莲种子曼荼罗”诸尊与其四明王之前的配置完全相同。依据分类，可称“一切如来三摩地都会曼荼罗”。它没有象征四明王和余尊的种子字，只是“一切如来三摩地都会曼荼罗”的一种省略形式。“三摩地”是 samādhi 的音译，又译“三昧”，意思是禅定，也指禅定中的最高境界，印度教和佛教又称“瑜伽”。“一切如来三摩地都会曼荼罗”的意思是，行者在禅定中所观想的一切如来咸集一处的画面。

[2] **oṃ**（a mystical syllable）——象征毗卢遮那金刚如来（佛名）。“毗卢遮那”为梵文 Vairocana 的音译，有“除暗遍照”之义，故译“日”，为密教所信奉的本尊。因其光照遍宇而曰“大”，故佛教密宗习称“大毗卢遮那”，“大”的梵语为“摩诃”（mahā），故又曰“摩诃毗卢遮那”，意译“大日如来”。但“毗卢遮那”意译为“日”则局限于密教，而显密通译则曰“光明遍照”。据《法华文句》，毗卢遮那是法身如来，即毗卢遮那佛，位于中央，为佛部部主。

[3] **Hrīṃ**（the seed syllable of Amitābha）——象征无量寿金刚如来（Amitāyus），即无量光佛（Amitābha），音译“阿弥陀”。Hrīṃ 为其种子字，位于西方。其为莲华部主，为西方净土的主佛，也是创始于中国并流行于中国与日本等国家的净土宗的主佛。阿弥陀佛以四十八大愿为纯净无垢、美妙动人的西天乐土平添了神妙的诱惑力，广大信众相信常念阿弥陀佛名号就可以消灾祛难，死后升入极乐佛国。据称，阿弥陀佛放射着红宝石的光芒，红色象征着慈爱和悲悯。作为莲华部主，他代表着慈祥和宽容，他的容颜展现着沉静和坚定，脸上泛着甜美的微笑。这一切都能给信奉者以鼓舞和力量。

[4] **Māṃ**（the seed syllable of Māmakī）——象征摩摩枳（Māmakī）菩萨，或称“莽忙计佛母”“莽忙计”“莽忙鸡”“摩莫枳”“么么鸡”。Māṃ 为其种子字。摩摩枳菩萨又称“金刚母”，金刚部之部母，即一切金刚之母，金刚智慧从此而生。《菩提场经》说：“摩莫枳菩萨是一切菩萨之母。”其为金刚院之一尊，位于西南。

[5] **Trāṃ**（the seed syllable of Ratnasaṃbhava）——象征宝生金刚如来，即宝生佛

（Rātnasaṃbhava），金刚界曼陀罗五智如来中的第三位。《秘藏记末》曰："南方中台宝生如来，金色，左手拳，右手开外，无名小指屈，中指大指剑立。"《守护经》曰："复于南方面向北坐，亦作如上金刚结跏，端身正坐，左手如前执衣两角，右手仰掌，名满愿印，此即宝生如来之印。"其为月轮之中尊，位于南方，为宝部主。

[6] **Lāṃ**（the seed syllable of Locanā）——象征佛眼佛母（Locanā），又称"佛眼尊"或"佛母尊"。密宗所立尊体之名，又名"虚空佛"。密宗有三部和五部之分，各部都有主部母，佛眼尊为主佛部功德之母，故云"佛母"，又云"部母"，位于东南。

[7] **Hūṃ**（the seed syllable of Akśobhya）——象征阿閦金刚如来，"阿閦"为Akśobhya的音译。据密宗所释，"阿閦"为金刚界五智如来中的第二位，住于东方之如来。《阿弥陀经》译为"阿閦鞞佛"。《慈恩疏》曰："阿閦鞞佛，名无嗔恚，在东方阿比罗提国。"《玄应音义》曰："阿閦鞞，亦云阿閦婆，此译云无动。"故又称"不动佛"，位于东方，为金刚部主。

[8] **Tāṃ**（the seed syllable of Tārā）——象征多罗菩萨，亦称"救度佛母"（Tārā）。Tāṃ是其种子字，其是观音院之一尊，即多罗观音，为莲华部之部母。观音，有定慧二德，毗俱胝主其慧德，多罗主定德。位于东北。《大日经疏》五曰："此是观自在三昧，故作女人像。多罗是眼义，青莲华是净无垢义。以如是慈眼摄受群生，既不先时，亦不后时，故作中年女人像，不大老，不大少。其像合掌，掌中持此青莲，如微笑形。通身圆光如净金色，被服白衣。首有发髻作天髻形，不同大日髻冠。"《方广曼殊室利经》曰："多罗大悲者，一切之慈母，天人及乐叉无一非子者，故号世间母。"

[9] **Aḥ**（the seed syllable of Amoghasidha）——象征不空成就金刚如来，即不空成就佛（Amoghasidha）。金刚界五智如来中的第五位，五大月轮中北方月轮之中尊，隋业护牙拳之四金刚，金色，左手作拳印，右手舒五指当胸，为成所作智所成，成自利利他之事业，故名不空成就。密号不动金刚。位于北方，为三昧部主。

[10] **Pāṃ**（the seed syllable of Paṇḍarāvasin）——象征白衣菩萨，亦称"白衣佛母"（Pāṇḍarāvasin），音译"半拏啰婆悉宁"。Pāṃ为其种子字。《大日经疏》曰："'半拏啰婆悉宁'译云白处，以此尊常在白莲华中，故以为名，亦戴天发髻冠，袭纯素衣，左手持开敷莲华，从此最白处出生普眼，故三昧名莲华部母也。"其为胎藏界观音院之一尊，莲华部之部母。位于西北。

[11] **dhṛṃ**（a seed syllable of Dhṛtarāṣṭra）——东方的持国天王种子字。

[12] **viṃ**（a seed syllable of Virudhaka）——南方的增长天王种子字。

2. 牟尼曼荼罗（the mandala of Sākyamuni）

（1）原文并释读（original text and decipherment）

① 莲台中央

原文：（莲台中央）
释读：**mum**[1]

② 八叶莲瓣（由下顺时针）

原文：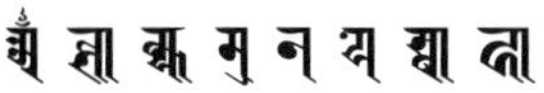
释读：**oṃ śā kya mu na ye svā hā //**

复原：
释读：**oṃ śākyamunaye**[2] **svāhā //** [3]

③ 上左右角

原文：
释读：**dhiṃ dhiṃ**[4]

（2）译注（translation and commentary）

音译：慕，唵 皈依释迦牟尼，娑嚩贺！提姆提姆。

出典：待考。

诠注：

[1] **muṃ**（a seed syllable of Śākyamuni）——慕，释迦牟尼种子字。

[2] **Śākyamunaye**（*m.*, *sg.*, *dat.*, N. of Buddha）——阳性单数为格。意译：释迦牟尼。

[3] 释迦咒在林光明《大藏全咒》中无，但在一本蓝扎体梵文经咒集中有，但比该咒长：Oṃ namo bhagavate paramagurave mahākaruṇikaya Śākyamunaye tathāgatāya arhate samyaksaṃbuddhāya tadyathā oṃ mune mune mahāmunaye svāhā（意译：唵 皈依怀有极致怜悯之心的世尊释迦牟尼如来大师，阿罗汉，正遍知！于是［称颂曰：］牟尼，牟尼，摩诃牟尼！娑嚩贺！）//。

[4] **dhiṃ dhiṃ**（seed syllables）——种子字，象征意待考。

3. 施舍真言曼荼罗（donation mantra）（外壁佛像基部铭文 1）

（1）原文并释读（original text and decipherment）

原文：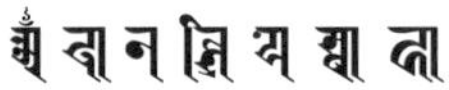

释读：**oṃ dā na śrī ye svā hā //**

（2）复原并断咒（restoration and judgement of dharani）

复原：

释读：**oṃ dāna[1]śriye[2] svāhā[3] //**

音译：唵 檀那 室利曳 娑嚩贺！

出典：待考。

意译：唵 施舍吧！为了好运！娑嚩贺！

诠注：

[1] **dāna**（*n., sg., voc.*）——中性单数呼格。意译：施舍。

[2] **śriye**（*f., sg., dat.*, fr. śrī, prosperity, welfare, auspiciousness, wealth, good fortune）——为了吉祥，为了好运。

[3] **svāhā**——佛教术语，旧译繁复，有苏婆诃、苏波诃、莎嚩诃、娑婆诃、萨婆诃、娑嚩诃、娑嚩贺、莎诃等。其为真言（咒语）的结语词。其义据《大日经疏》九：莎诃可惊觉诸佛，令作证明。《经》十三：娑诃为警发义，以此真言警发诸佛，诵此真言时，诸佛受警而起加持行人。《仁王经仪轨》下曰：娑嚩贺，此云成就义，亦云吉祥义，亦云圆寂义，亦云息灾增益义，亦云无住义。所谓“无住义”，即菩萨为了利乐有情众生而不住涅槃。（参见《佛学大辞典》“苏波诃”条）

4. 施舍真言曼荼罗（donation mantra）（外壁佛像基部铭文 2）

（1）原文并释读（original text and decipherment）

原文：

释读：**oṃ dā na śri ye svā hā //**

(2)复原并断咒(restoration and judgement of dharani)

复原:

释读:**oṃ dāna śriye svāhā //**

音译:唵 檀那 室利曳 娑嚩贺!

出典:待考。

意译:唵 施舍吧!为了好运!娑嚩贺!

诠注:

此处铭文与外壁佛像基部铭文 1 同,诠注请参见上页施舍真言曼荼罗诠注。

第二节　中塔梵字铭文

Ⅱ　Inscription on the Middle Smaller Pagoda

一、图版（pictures）

图版（picture）1

图版（picture）2

图版（picture）3

图版（picture）4

图版（picture）5

图版（picture）6

图版(picture)7

图版(picture)8

图版(picture)9

图版(picturc)10

图版(picture)11

图版(picture)12

图版(picture)13

图版(picture)14

图版(picture)15

图版(picture)16

图版(picture)17

图版(picture)18

图版(picture)19

图版(picture)20

图版(picture)21

图版(picture)22

图版(picture)23

图版(picture)24

图版(picture)25

图版(picture)26

图版(picture)27

图版(picture)28

图版(picture)29

图版(picture)30

图版(picture)31

图版(picture)32

图版(picture)33

图版(picture)34

图版(picture)35

图版(picture)36

图版(picture)37

图版(picture)38

图版（picture）39

图版（picture）40

二、拓片（rubbings）

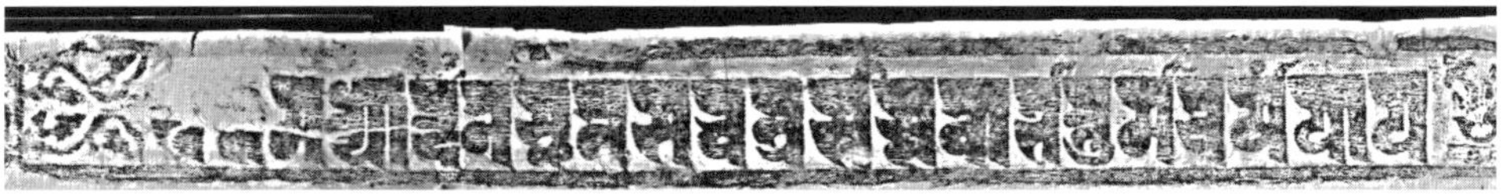

三、中塔铭文考（a study of the inscription on the middle smaller pagoda）

（一）原文并释读（original text and decipherment）

原文：

释读：

oṃ sva sti va ku ru tā nbu ddhāsvasti de vāḥ sa śā kra kaḥ sva sti sa rvā ṇi bhū tā ni

sa rva kā la ndi śā nbhu vaḥ bu ddha pu nyā nu bhā ve na de va tā nā nma te na ca yo

yo a rthāḥ sa mā bhi pre tāḥ sa rvā rthā dya sa mṛ dhā tāṃ sva sti vā dvi pa de bho ntu

sva sti voḥ stu ca tu ṣpa de sva sti vo vra ja ta nmā rge sva sti pra tyā ga te ṣu ca sva sti

rā trau sva sti di vā sva sti ma dhya ndi ne sthi te sa rva tra sva sti vo bho ntu mā ce ṣām pā pa mā ga ma t sa rve sa tvā sa rve pra ṇāḥ sa rve bhū tā śca ke va lāḥ sa rve rve

su khi na ssa ntu sa rve sa ntu ni rā ma yāḥ sa rve bha dra ṇi pa śya ntu mā ka ści

pā pa mā ga ma t yā nī ha bhū tā ni sa mā ga tā ni sthi tā ni bhū mā ni vā a

nta li kṣe ku rva ntu mai trī sa ta taṃ pra jā su di vā ca rā trau ca ca ra ntu dha rmam

ra kṣaḥ //

（二）复原并断咒（restoration and judgement of dharani）

吉祥赞（the hymn of supplicating the auspiciousness）

复原：

释读：oṃ[1] svasti[2] va[3] kurutāṃ[4] buddhā[5] svasti devāḥ[6] saśakrakaḥ[7] svasti sarvāṇi[8] bhūtāni[9]

音译：唵 莎悉帝 婆 俱庐担 佛陀 莎悉帝 提婆 萨释揭罗羯喝 莎悉帝 萨日婆尼 普塔尼

sarvakālan[10] diśān[11]bhuvaḥ[12]buddha-[13]puṇya[14]anubhāvena[15]devatānā[16]nmatena[17] ca[18] yo

萨日婆珈蓝提贤 普嚩呵 佛陀 补涅 阿努帕维那 提婆答难 麻逮那 左 哟

yo[19]arthāḥ[20]samābhipretāḥ[21] sarvārthā[22] dya[23] samṛdhātāṃ[24]svasti vā dvipade[25] bhontu[26] svasti

哟 阿尔特 萨麻毗般瑞达荷 萨日婆尔塔嘻 阿 三幕利塔丹 莎悉帝喔 德维博逮 袍万度 莎悉帝

voḥ[27] stu[28] catuṣpade[29] svasti vo vrajatā[30]nmārge[31]svasti pratyāgateṣu[32] ca svasti rātrau[33]svasti

喔喝 思度 左度湿波逮 莎悉帝 喔 乌拉佳丹 麻儿 莎悉帝般若底亚格逮属 左 莎悉帝 拉多若莎悉帝

divā[34] svasti madhyandine[35]sthite[36]sarvatra[37]svasti vo[38]bhontu māreṣām[39] pāpam[40]āgamat[41]

提娲 莎悉帝 摩阗提那 湿提底 萨日婆得罗莎悉帝 喔 袍万度 麻莱善 巴般 阿格莫特

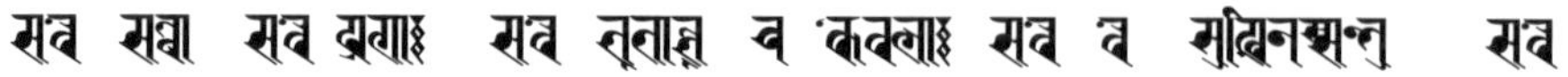

sarve[42]satvā[43]sarvepraṇāḥ[44] sarve bhūtāś[45] ca kevalāḥ[46] sarve rve[47] sukhinas[48]santu[49]sarve

萨日尾萨多哇萨尔维般若那喝 萨日尾 普答喝 左 改婆拉喝 萨日尾 日尾 苏启那思三度 萨日尾

santu nirāmayāḥ[50] sarve bhadraṇi[51]paśyantu[52]mā[53]kaści[54] pāpa[55]mā gamat[56] yāni[57]iha[58] bhūtāni[59]

三度 你拉摩亚和 萨日尾 颇抓尼 帕限度 麻 格袭几特 巴般 阿格莫特 雅尼 已喝 普达尼

samāgatāni[60] sthitāni[61] bhūmāni[62]vā[63] antalikṣe[64] kurvantu[65]maitrī[66]satata[67]prajā[68] sudivā[69]

萨麻各达尼思提达尼 普麻尼 哇 安德里纥舍 股日弯度 迈德里 萨德耽 般若佳 苏底哇

ca rātrau ca carantu[70] dharmmam[71]rakṣaḥ[72] //[73]

左 拉多若 左 左蓝度 达曼 若纥舍喝

出典：待考。

意译：唵 佛母吉祥！连同帝释天在内的诸天吉祥！一切众生，诸方世界凭借诸佛的功德果和对众神的信仰永远吉祥！今天任何人和事以及所有人的，且被普遍认可的一切吉祥！你们两足人吉祥！四足兽吉祥！祈愿（众生）旅途吉祥！诸事吉祥！祈愿（众生）夜晚吉祥！白天吉祥！中午吉祥！在任何情况下，在任何场合悉皆吉祥！切勿堕入摩罗人的罪过！一切众生、一切生命、一切万有、一切的一切都享有欢乐！一切（众生）都无病痛！一切（众生）都要感受幸福！任何人都不要去犯罪！祈愿那些已咸集并安住于这个世界上的，以及天空中的一切众生都要做善事！人们永远都要慈善！保护者无论白天、夜晚都要遵从佛法！

诠注：

[1] **oṃ**（mystical syllable）——真言密语，无实词意义。常置于咒前作神秘的发语词，在佛教密宗中被圣化为“一切真言之母”，“含无量法门”。说如来苦修多年不得菩提，“后习此观便成正觉”，并称“一切如来皆因观想此字而得成佛”。另外，唵（oṃ）字又含不可估量的威慑力量，行者只要吟诵一声“唵”，一切诸佛菩萨天龙八部悉皆匍匐于前如奴仆。

[2] **svasti**（*n.*, *acc.*, *sg.*, well-being, fortune, luck, auspiciousness; success, prosperity）——中性名词，单数，业格。意译：康乐，好运，成功，吉祥等。

[3] **va**（w.r. for vā, *ind.*, laying stress on the preceding word, just, even, indeed, very）——加强语气的不变词 vā 之误，通常加强前一个词，有正是、确实、非常等义，一般不译出。

[4] **kurutān**（Sandhi form of kurutām, *Impv.*, *sg.*, 3rd, *Ā.*, fr. √kṛ, to make, render［with two *acc.*］; to procure for another, bestow, grant［with *gen.* or *loc.*］; to procure for one's self, appropriate）——为 samābhipretām 的连声形式，现在时，命令语气，中间语态，单数，第三人称。意译：为他人弄到，授予；为自己弄到；占有，拥有。

[5] **Buddhā**（*f.*, *nom.*, *sg.*, female Buddha）——阴性名词，单数，主格。意译：佛母。

svasti va kurutāṃ Buddhā（the Buddhā cause an auspiciousness）——佛母吉祥。

[6] **devāh**（*m.* or *f.*, *nom.*, *pl.*, gods）——阳性名词，复数，主格。意译：诸天神。

[7] **saśakrakaḥ**（w.r. for saśakrikāḥ, *adj.*, *f.*, *pl.*, *nom.*, along with śakrakāḥ）——形容词，阴性复数，主格。其中 sa 作为前缀，有"连同，携带，和……一起"等义。śakra 为帝释天。kā 作为后缀为 ikā 之误。整个复合词的意思是"连同帝释天母在内的"。

svasti（**kurutāṃ**）**devā saśakrakāḥ**（the goddess along with the queen of Śakra cause an auspiciousness）——连同帝释天母在内的佛母吉祥。

[8] **sarvāṇi**（*n.*, *pl.*, *nom.*, "everything", beings）——中性，复数，主格。意译：一切，所有的。在永乐大钟铭文中为 sarvāṇin（*m.*, *voc.*, *sg.*, "having everything", viz. one who has everything）——阳性，单数，呼格。意译：拥有一切的；拥有一切者，此指一尊主佛。

[9] **bhūtāni**（*n.*, *nom.*, *pl.*, the beings）——众生。

[10] **sarva-kālan**（=sarva-kālam, *ind.*, as an *adv.*, at all time）——复合词，中性，单数，业格，在这里作为不变词。意译：在任何时候。

[11] **diśān**（Sandhi form of diśaṃ, *f.*, *gen.*, *pl.*, fr. diś, direction）——diśāṃ 的连声形式，阴性名词 diś 的复数属格。意译：诸方。

[12] **bhuvaḥ**（w.r. for Sandhi form of bhuvo, *f.*, *pl.*, *nom.*, fr. bhū, the place of being, space, world or universe）——为 bhū 的阴性，复数，主格形式。意译：空界，世界，宇宙。

[13] **Buddha**（*m.*, Buddha）——佛，佛陀。

[14] **puṇya**（*adj.*, meritorious）——有功德的。

[15] **anubhāvena**（*m.*, *instr.*, *sg.*, consequence）——结果。

[16] **devatānāṃ**（*f.*, *gen.*, *pl.*, godhead, divinity; image of a deity）——神主，神性，神；神像。

[17] **matena**（*n.*, *instr.*, *sg.*, belief）——有信仰。

[18] **ca**（*ind.*, and, both, as well as）——和。

[19] **yo yo**（*m.*, *nom.*, *sg.*, fr. yad, which is often repeated to express "whoever" "whatever" "whichever"）——无论谁；什么都，任何；无论哪一个，任何一个。

[20] **arthāḥ**（*m.*, *nom.*, *pl.*, aim, purpose; cause; thing, object）——目的；事情；利益。

[21] **samābhipretā**（Sandhi form of samābhipretāḥ, *adj.*, approved, accepted）——samābhipretāḥ 的连声形式。意译：被认可的。

[22] **sarvārthā**（*ind.*, in all respects）——不变词。意译：在一切方面。

[23] **dya**（*ind.*, today, now）——今天，现在。

[24] **samṛdhātām**（w.r. for samṛddhānāṃ, *adj.*, *m.*, *gen.*, *pl.*, whole, entire）——为 samṛddhānāṃ 之误。意译：全体，所有人。

[25] **dvipade**（*adj.*, 2-footed, biped; *m.*, *loc.*, *sg.*, a man）——阳性，单数，依格，义为"有两只脚的"（人），两足（人）。

[26] **bhontu**（w.r. for bhavantu, *Impv.*, *pl.*, 3rd, *P.*, fr. √bhū, to be, exist, become）——为 bhavantu 之误，复数第三人称。两者读音相近，快读往往将后者读作前者。意译：存在；成为。在这里，主语"吉祥"的梵文 svasti 为单数，与其相应的动词 √bhū 也应该用单数第三人称 bhavatu。在古代印度，经咒传承仅凭口耳相继，而非书面文字。尤其咒语只重读音，不尚释义。善写蓝扎的喇嘛，又未必懂得梵文，故书写不免出错。这在佛经咒中并非罕见。

[27] **voḥ**（perhaps w.r. for vas, *pron.*, *gen.*, *pl.*, your）—— vas 之误。意译：你们的。

[28] **stu**（i.e suṇṭhu, *ind.*, aptly, fitly, well, excellently, exceedingly）——适宜地，适合地，很好地，非常。

[29] **catuṣpade**（*adj.*, *m.*, *loc.*, *sg.*, 4-footed; *m.*, an animal）——阳性，单数，依格。义为"有四只脚的"，牲畜。

[30] **vrajatān**（Sandhi form of vrajatām, *Impv.*, *sg.*, 3rd, *Ā.*, fr. √vraj, to obtain, attain to）——vrajatām 的连声形式，现在时，命令语气，中间语态，单数第三人称。意译：令达到。

[31] **mārge**（*m.*, *loc.*, *sg.*, road, path）——道路。

[32] **pratyāgateṣu**（w.r. for pratyāgatiṣu, *n.*, *pl.*, *loc.*, in everything）——pratyāgatiṣu 之误。意译：任何事情。

[33] **rātrau**（*f.*, *loc.*, *sg.*, fr. Rātri, at night）——阴性名词，单数，依格形式，作为时间状语。意译：于暗夜。

[34] **divā**（*f.*, *instr.*, *sg.*, fr. div, as an indeclinable word, often opposed to naktaṃ or rātrau, means "by day"）——相当于阴性名词 div 的单数具格形式，作为不变词。意译：在白天。

[35] **madhyan-dine**（for madhyaṃ-dine or madhya-dine, *m.* or *n.*, *loc.*, *sg.*, as an indeclinable word, at noon or midday）——阳性或中性名词单数，依格形式，作为时间状语。意译：在中午。

[36] **sthite**（*p.p.*, *loc.*, *sg.*, fr. √sthā, as indeclinable word, being or remaining or keeping in any state or condition）——动词 √sthā 的过去分词 sthita 的单数，依格形式，作为不变词（状语）。可译作"在任何情况下"。

[37] **sarvatra**（*ind.*, everywhere）——在任何地方。永乐大钟铭文为 sarva-maho-rātraṃ（= sarva-maho-rātrau, as an indeclinable word, by all the great night of the complete destruction of the world）——复合词，中性，业格，作为时间状语。意译：在全世界毁灭的非常之夜。

[38] **vo**（Sandhi form of vaḥ., *pron.*, *gen.*, *pl.*, your）——代词 vaḥ 的连声形式。意译：你们的。

[39] **māreṣām**（*adj.*, *m.*, *gen.*, *pl.*, evil ones who tempts men to indulge their passion and are the great enemy of the Buddha and his religion; four Māras are enumerated in Dharmas. Viz. skandha-māra, gleśa-māra, devaputra-māra and mṛtyu-māra; but the later Buddhist theory of races of gods led to the figment of millions of Māras ruled over by a chief Māra）——音译：摩罗。一类恶人，他们试图让人们沉迷于色情，他们是佛陀及其宗教的大敌。在法经中提到四种：五蕴摩罗（skandha-māra）、迦莱歇摩罗（gleśa-māra）、神子摩罗（devaputra-māra）和死神摩罗（mṛtyu-māra）。后期，虚构出了由摩罗首领统辖的数百万个摩罗。在金刚宝座同类铭文中是 māceṣāṃ（见前宝座铭文相关注释，本书第 32 页注［21］）。

[40] **pāpam**（*n.*, *nom.*, or *acc.*, *sg.*, sin, guilt）——罪过。

[41] **māgamat**（=mā-gamat, *aor.*, 3rd, *sg.*, *P.*, fr. a-√gam, not to go to）——否定不定过去时，命令语气，单数，第三人称。意译：不要趋近……！

[42] **sarve**（*m.*, *nom.*, *pl.*, all, entire）——所有的，无论哪个。

[43] **satvā**（w.r. for sattvāḥ, fr. sattva, *adj.*, living, breathing; *m.*, *pl.*, *nom.*, a living being）——sattvāḥ 之误。意译：生物；众生。

[44] **prāṇāḥ**（*m.*, *nom.*, *pl.*, the breath of life, breath, vitality; *pl.*, life）——呼吸；生命。

[45] **bhūtāś**（fr. bhūtāḥ, *m.*, *nom.*, *pl.*, the sons, children; the great devotees, or ascetics; the world）——一切事物；虔诚的信仰者，修行者；众生。bhūta 原本为中性名词，复数，主格 bhūtāni，这里被当作阳性名词，故有复数变格形式 bhūtāḥ。

[46] **kevalāḥ**（*adj.*, alone, only; abstract, absolute; pure; entire, whole, all）——唯一的，绝对的；纯净的；全部的。

[47] **rve**（the abbreviation of sarve, *m.*, *pl.*, *nom.*, all, entire）——应是 sarve 的缩略。

sarve rve = sarve sarve——一切的一切。

[48] **sukhinas**（*adj.*, *m.*, *nom.*, *pl.*, possessing or causing happiness, happy, joyful）——幸福的。

[49] **santu**（*Impv.*, *pl.*, 3rd, *P.*, fr. √as, to be, become; to exist）——√sa 的命令语气，主动语态，复数第三人称。意译：令其是……吧！成为……吧！

[50] **nirāmayāḥ**（*m.*, *pl.*, *nom.*, freedom from illness, health, welfare; *adj.*, free from illness, healthy, well）——无病，健康，幸福；无病的，健康的。

[51] **bhadraṇi**（w.r. for bhadrāni, *n.*, *nom.*, *pl.*, fr. bhadra, prosperity, happiness, health, welfare, good fortune）——繁荣，幸福，健康，好运。

[52] **paśyantu**（*Impv.*, *pl.*, 3rd, fr. paś, to see, experience）——看，体验。在金刚宝座上的铭文是 patyentu，即 pati-entu, 意思是“进入主人”、“与主人融为一体”（冥想状态）。

[53] **mā**（*ind.*, a particle of prohibition or negation）——禁止或否定的小品词，通常加在丢掉前加元音 a 的不定过去时形式之前，表示否定命令式。见本页注 [56]。

[54] **kaści**（w.r. for kaścid, indefinite pronoun, any one）——不定代词，任一个。

[55] **pāpa**（*n.*, sin）——罪过，与后边的动词构成一个复合词（见本页注 [56]）。

[56] **mā gamat**（i.e. mā joined with the augmentless form of an *aor*. tense, as negative *Impv.*, *P.*, *sg.*, 3rd, please don't come ）——mā 加在丢掉前加元音 a 的不定过去时构成否定命令式，主动语态，单数第三人称。意译：不要去。

papa-māgamat（Tadpuruṣa *comp.*）——特殊的依主释复合词，前词为名词，后词是不定过去时，构成否定命令式主动语态，单数第三人称。意译：不要去犯罪。

[57] **yāni**（*pron.*, *n.*, *nom.*, or *acc.*, *pl.*, fr. yad, who, which, what, whichever, whatever）——哪些，无论哪些，无论什么。

[58] **iha**（*ind.*, in the world）——在这个世界上。

[59] **bhūtāni**（*p.p.*, *n.*, *pl.*, *nom.*, or *acc.*, the living beings or beings like anything; the world）——众生。

[60] **samāgatāni**（*p.p.*, *n.*, *nom.*, *pl.* , come together, met; come to, arrived）——聚合到一起的，咸集的。

[61] **sthitāni**（*p.p.*, *n.*, *pl.*, *acc.*, standing, abiding, remaining in; being there, existing, present）——居住的；现存的，现在的。

[62] **bhūmāni**（*n.*, *nom.*, or *acc.*, *pl.*, fr. bhūman, the earth, world; the beings, the aggregate of all existing things）——众生，一切存在物的总合。

[63] **vā**（*ind.*, or）——或者。

[64] **antalikṣe**（*n.*, *loc.*, *sg.*, the intermediate space between heaven and earth, the atmosphere or sky; the air; the middle of three sphere or region of life）——天地之间，天空。

[65] **kurvantu**（*Impv.*, *P.*, *pl.*, 3rd, fr. √kṛ, to do）——命令语气，复数，主动语态，第三人称。意译：做；（为自己）弄到。

[66] **maitrī**（*f.*, friendship, friendliness, benevolence; benevolence personified as the wife of dharmas）——友善，慈善。

[67] **satataṃ**（*ind.*, constantly, always, ever）——永远。

[68] **prajā**（*f.*, a creature, animal, mankind; people, subjects）——创造物，动物，人类；臣民。

[69] **sudivā**（*ind.*, by day）——在白天。

[70] **carantu**（*Impv.*, *pl.*, 3rd, *P.*, fr. √car., to observe）——命令语气，主动语态，复数，第三人称。意译：遵守，遵从。

[71] **dharmmam**（dharmam, *m.*, *acc.*, *sg.*, law）——佛法。

[72] **rakṣaḥ**（*adj.*, *m.*, *nom.*, *pl.*, fr. rakṣ, guarding, watching; a watcher, keeper）——复数主格。意译：看护者，守护者。

[73] 此吉祥赞与永乐大钟铭文有较大差异，前者有 234 梵字（音节），而后者仅

有 66 梵字(音节):

oṃ sva stiva ku ru tāṃ bu ddhā sva sti de vā sa śa kra kā sva sti sa rvā ṇi tā ni sa rva kā laṃ di śānbhu va ḥrā trau sva sti di vā sva sti sva sti ma dhya ndi ne sthite sva sti sa rva ma ho rā traṃ sa rva bu ddhā di śan bhu vaḥ//

复原：oṃ svasti vā kurutāṃ buddhā svastidevāsaśakrakā svasti sarvāṇin

音译：唵 莎悉帝 婆 俱庐担 佛陀 莎悉帝提婆萨释揭罗 莎悉帝 萨日婆尼

tānisarvakālaṃ diśān bhuvaḥ rātrau svasti divā svastisvasti madhyan-dine

塔尼萨日婆珈蓝 提贤 普波 拉多若 莎悉帝 提娲 莎悉帝莎悉帝 摩阗提那

sthite svasti sarva-maho-rātraṃ sarva-buddhādiśanbhuvaḥ //

湿提底 莎悉帝 萨日婆摩侯拉多蓝 萨日婆佛陀底羡普嚩呵

意译：唵 佛母吉祥！连同帝释天母在内的女天吉祥！拥有一切者呀！诸方世界永远吉祥！祝愿一切诸佛，诸方世界夜晚吉祥！白天吉祥！中午吉祥！无论在任何情况下，即便在全世界毁灭的非常之夜吉祥！

此与永乐大钟汉文咒也不尽相同，抄录于下以便比较：

昼夜吉祥妙吉祥，一切时中愿吉祥，昼夜恒常吉祥者，惟愿三宝降吉祥！(见《永乐大钟铭文真迹》第 816—817 页)

而时下所唱吉祥赞如下：

愿昼吉祥夜吉祥，昼夜六时恒吉祥，一切时中吉祥者，愿诸上师哀摄受！

愿昼吉祥夜吉祥，昼夜六时恒吉祥，一切时中吉祥者，愿诸三宝哀摄受！

愿昼吉祥夜吉祥，昼夜六时恒吉祥，一切时中吉祥者，愿诸护法常拥护！

景德镇古瓷博物馆藏青花瓷匙曼荼罗中的吉祥赞有 104 梵字(音节):

oṃ svasti va kurutāṃ buddhā svasti devā saśakrakā svasti sarvāṇi bhūtāni (sarvakā) laṃ dīśānbhuvaḥ rātrau svasti divā svasti svasti madhyandine sthite svasti sarva maho rātraṃ sarva buddhādīśānbhuvaḥ oṃ svasti siddham svasti divā svasti svasti madyāndine sthite svasti sarva maho rātraṃ sarvabuddhādiśānbhuvaḥ

意译：唵 佛母吉祥！连同帝释天母在内的女天吉祥！一切众生吉祥！诸方

世界永远吉祥！祝愿一切诸佛，诸方世界夜晚吉祥！白天吉祥！中午吉祥！无论在任何情况下，即便在全世界毁灭的非常之夜吉祥！唵 成就吉祥！祝愿一切诸佛，诸方世界白天吉祥！中午吉祥！无论在任何情况下，即便在全世界毁灭的非常之夜吉祥！

此咒文与永乐大钟铭文基本一致，只是后部重复。

第三节　东南小塔铭文

Ⅲ Inscription on the South-east Smaller Pagoda

一、图片（pictures）

图版（picture）1

图版（picture）2

图版（picture）3

图版（picture）4

图版（picture）5

图版（picture）6

图版（picture）7

图版（picture）8

图版（picture）9

图版（picture）10

图版（picture）11

图版（picture）12

图版（picture）13

图版（picture）14

图版（picture）15

图版（picture）16

图版（picture）17

图版（picture）18

图版（picture）19

图版（picture）20

图版(picture)21

图版(picture)22

图版(picture)23

图版(picture)24

图版(picture)25

图版(picture)26

图版(picture)27

图版(picture)28

图版(picture)29

图版(picture)30

图版(picture)31

图版(picture)32

图版(picture)33

图版(picture)34

图版(picture)35

图版(picture)36

图版(picture)37

图版(picture)38

图版(picture)39

图版(picture)40

图版(picture)41

图版(picture)42

图版（picture）43

图版（picture）44

二、拓片（rubbings）

三、东南小塔铭文考(a study of the inscription on the south-east smaller pagoda)

(一)原文并释读(original text and decipherment)

原文:

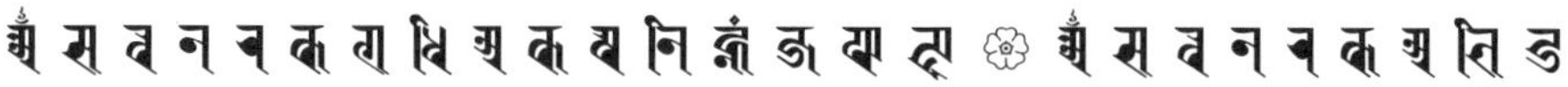

释读: oṃ sa rva na ra ka ṇa dhi a ka rṣa ni hūṃ ja pha ṭ ✻ oṃ sa rva na ra ka a bhi u

ddha ra ni hūṃ hūṃ pha ṭ ✻ oṃ sa rva a pa ya ba ndha na vi śo dha na mo ca ni hūṃ

✻ ✻ vaṃ pha ṭ oṃ sa rva a pa ya pa ti ni ga ha ni vi ✻ ni śa ni hūṃ hūṃ

ho pha ṭ oṃ ma ṇi dha ri va jri ni ma hā pra ti sa re hūṃ hūṃ pha ṭ pha ṭ svā hā

oṃ ✻ ✻ a mṛ ta va re va re va ra pra va ra vi śo dhe hūṃ hūṃ pha ṭ pha ṭ svā hā

oṃ mṛ ta vi lo ki ni ga rbha saṃ ra kṣa ṇi a ka rmā ṇi hūṃ hūṃ pha ṭ pha ṭ svā

✻ hā oṃ vi ma le vi pu le ja ya va re a mṛ te hūṃ hūṃ pha ṭ phaṭ svā hā oṃ bha

ra bha ra saṃ bha ra sa mbha ra i ✻ ndri ya va la vi śo dha ni ru ru ca le hūṃ hūṃ

pha ṭ phaṭ svā hā //

(二)复原并释读(restoration and decipherment)

复原:

释读: oṃ sarvanarakaṇadhi akarṣani hūṃ ja phaṭ oṃ sarvanaraka abhi-uddha rani hūṃ hūṃ phaṭ oṃ

sarv-apaya-bandhana-viśodhana-mocani hūṃ vaṃ phaṭ oṃ sarva apayapatini gahani viniśani

hūṃ hūṃ ho phaṭ oṃ maṇidharivajrini mahāpratisare hūṃ hūṃ phaṭ phaṭ svāhā oṃ amṛtavare

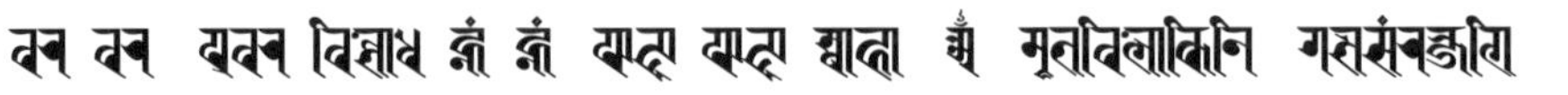
vara vara pravara viśodhe hūṃ hūṃ phaṭ phaṭ svāhā oṃ mṛtavilokini garbhasaṃrakṣaṇi

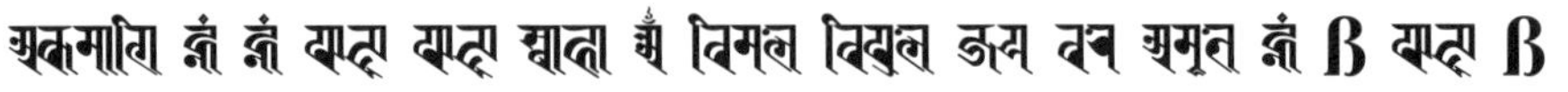
akarmāṇi hūṃ hūṃ phaṭ phaṭ svāhā oṃ vimale vipule jaya vare amṛte hūṃ hūṃ phaṭ phaṭ

svāhā oṃ bhara bhara sanbhara sanbhara indriya vala viśodhani ru ru cale hūṃ hūṃ phaṭ phaṭ

svāhā //

（三）断咒（judgement of dharanis）

1. 四摄菩萨明（the mantra of Four Uptake Bodhisattvas）（见图版 1—12）

据相续四咒中的种子字“壤吽鍐护”（jaḥ, hūṃ, vaṃ, hoḥ）可判定为“四摄菩萨明”，这四个种子字分别象征金刚钩菩萨、金刚索菩萨、金刚锁菩萨和金刚铃菩萨。

所谓四摄菩萨，乃金刚界三十七尊中四金刚菩萨，即金刚钩菩萨、金刚索菩萨、金刚锁菩萨、金刚铃菩萨。此四摄菩萨是化他之德。此三十七尊皆有自行化他之德，三十七尊位于五轮塔婆中之五解脱轮中，无为安乐之内证，此四摄菩萨与三十七尊中之随一同居塔中，是为内证，然住于月轮外塔之四门者，是表化他之德，四摄出四门而利益众生。出四摄之门，非出于塔外。其化他之德如世法钩索锁铃。譬如于世间取鱼初必有钩，是钩菩萨。次当以绳引之，是索菩萨。次当以绳贯之，是锁菩萨。锁鱼已，则为我有，故当有欢喜之心，是铃菩萨，铃表示欢喜。如是四摄，为摄引众生之四德。钩众生于法界宫而缚之，自欢喜复使他欢喜。见曼荼罗秘钞上。《秘藏记钞》三曰：“凡四摄有二种功能：一众生请诸师，二诸师引众生。”出生义曰：“人天得之而集解脱之众，圣贤用之而摄迷倒之流，则塔之四门之外采其业用住位者是也。由四菩萨智之所发起焉，是诸圣人不得晏然本所宫观，而疾甚覆掌，以应群方之请也。”（见丁福保《佛学大辞典》）

（1）金刚钩菩萨明（the mantra of Bodhisattva Vajrankusa）（见图版 1—3）

复原：

释读：oṃ[1] sarvanarakaṇadhi[2] akarṣani[3] hūṃ[4] ja[5] phaṭ[6]

音译：唵 萨日渥那罗羯匝尼 阿羯日奢尼 吽 桀 发吒

出典：待考。

意译：唵！受地狱煎熬的贞洁女人啊！吽 桀 发吒！

诠注：

[1] **oṃ**（a mystical syllable）——神秘音节，旧译：唵（佛教术语）。“唵”（oṃ）其原始义是表示肯定和赞同的语助词，可译为“诚愿如此”“好吧”或“是”，后来被圣化为表示吉祥、辟邪的声音和符号。“唵”在婆罗门教中被视为神圣的音节，在诵读吠陀前后，或在举行宗教仪式之前都要吟诵此音。到了奥义书时代，“唵”音被圣化为宇宙的本原——梵（brahman）的标志。在《蛙氏奥义书》（*Maṇḍūkyopaniṣad*）中，“唵”被说成是已有、现有和将有的一切。若按吠檀多哲学的解释，“唵”是阿（a）、乌（u）和麻（ṃ）三个音的合音，三者分别代表非眠、睡眠和无梦熟眠境界的精神。三位一体的“唵”被说成是不可思议、不可言状的终极存在，进入“唵”境，整个虚幻的世界亦即消失，终极的幸福便会到来。后期“唵”被演化成印度教的三大神毗湿奴（Viṣṇu）、湿婆（Śiva）和梵天（Brahmā）的集合名称。“唵”在佛教密宗中被圣化为“一切真言之母”，“含无量法门”。说如来苦修多年不得菩提，“后习此观便成正觉”，并称“一切如来皆因观想此字而得成佛”。另一方面，唵（oṃ）字又含不可估量的威慑力量，行者只要吟诵一声“唵”，一切诸佛菩萨天龙八部悉皆匍匐于前如奴仆。

密宗“胎藏界之陀罗尼，冠曩莫之语，金刚界之陀罗尼，冠唵之语。《秘藏记》末曰：‘唵字有五种义：一归命，二供养，三惊觉，四摄伏，五三身。’一归命者，归依于佛，献无二之命之义也。所归之佛体有自佛他佛之二，自佛者，自心之本觉佛，即在缠如来也，《莲华三昧经》所谓‘归命本觉心法身，（中略）还我顶礼心诸佛’是也。众生无始以来违背吾本觉之佛流转生死中，今始知自心之本佛，归于本觉之佛，是还源之最初，真言之归命也。他佛者，已成之佛，即出缠如来，并一切众生之本觉佛在缠如来也。诵此唵字则归于如是自他佛之功德，一时成就。二供养者，是亦有自他佛之二，准上可知。三惊觉者，诵唵字时，其音自行者毛孔入，惊觉自心本有之佛及一切之佛，现于目前，如由春风与雷雨而蛰虫破地出现，草木花果开结（春风者，大悲愿行；雷雨者，如来加持力；蛰虫者，本有法身之如来；草木者，本有之法身；华果者，始成之智身）。四摄伏者，譬如诸司百官有王之敕召时，身心不厌寒暑而参集，行者诵此唵字时，一切诸天龙神等闻此音，皆悉摄伏而参集也（摄伏法有忍之功，《瑜祇经》曰：‘摄伏如奴仆。’）。五三身者，法报化之三身也。其故以唵之一字为阿、乌、麻（a，u，ṃ）之三字合成，阿者本不生之义，是法身；乌者譬喻不可得，是不可思议之报身；麻者，吾我不可得，现人天鬼畜之诸众生。因而诵此唵字则三身成现加持掌护行者也。见《守护国经》九,《秘藏记钞》七”。(见丁福保《佛学大辞典》“唵”条)

[2] **sarvanarakaṇadhi**(*comp*., perhaps fr. sarva-naraka-ṇādhī, *f*., *sg*., *voc*., all women oppressed in the hell)——一切受地狱折磨的女人。

[3] **akarṣani**(erroneous for a-dharṣaṇi, fr. a-dharṣaṇī, *f*., *sg*., *voc*., an chaste woman)——贞洁的女人。

[4] **hūṃ**(a mystical syllable)——音译：吽或件。“吽”据称源于母牛的叫声。吠陀先民是游牧部落，他们瞧不起被征服的印度土著民族的农业。故在《摩奴法典》(*Manusmṛti*)中，婆罗门是被禁止从事农业的。而牛则是他们最为宝贵的财富。“母牛催唤牛犊的吽吽声被古印度人视为最甜蜜的音乐。‘歌手正在向上帝因陀罗呼号，’诗人吟道，‘正像母牛向她的牛犊吽叫。’”(引自德·恰托巴底亚耶《顺世论》中译本，第290页)后来“吽”引申为没有语法形式变化的感叹词(exclamation)，具有回忆和赞同之义。该字在印度古代吠陀中被用作真言；在印度教中被圣化为神秘的音节，具有“诚愿如此”之义；在大乘佛教中被赋予性空的哲学内涵。据《般若理趣释》卷上：此字“吽”(hūṃ)具四个字(音符)之义，其中贺(h)字为该字本体。贺字从阿(a)字生，由于阿(a)字表一切法本不生的缘故，所以一切法因(所有产生万象的原因)不可得。其字中有污(u)声,(因为一切法本来就没有产生出来，故)污声表一切法损减不可得。其字头上有圆点半月，即谓么(ṃ)字者，表一切法我义不可得。我有二种，所谓人我(执着于人为实有的观念)、法我(执着于法为实有的观念)，此二种皆是妄情所执，名为增益边，若离损减、增益，即契中道。(见《佛光大辞典》第三版“吽”条)另据称,“吽”为一切如来菩提心种子，一切如来不共真如妙体恒沙功德，皆从此生。在佛教密宗中被圣化为诸天总种子，亦为金刚部通种子，有疑惑、承诺、愤怒、恐怖、摧破等义，往往被置于咒语的后部。

[5] **ja**(w.r. for jaḥ., a seed of Bodhisattva Vajrankusa)——金刚钩菩萨种子字。

四摄菩萨种子字合而构成“四字密语”：壤吽鑁护(jaḥ hūṃ vaṃ hoḥ)(《金刚顶瑜伽中略出念诵经》卷2，T18.866.238a；T18.866.239a)；惹吽鑁呼(《佛说一切如来真实摄大乘现证三昧大教王经》卷5，T18.882.356a)；嗬吽鑁斛(《金刚顶一切如来真实摄大乘现证大教王经》卷1，T18.874.315a)；弱吽鑁斛(《金刚顶一切如来真实摄大乘现证大教王经》卷3，T18.865.220b)。此四种子字释义如下：jaḥ象征“钩召”，hūṃ象征“索引”，vaṃ象征“锁缚”，hoḥ象征“欢喜”，即“钩召、引入、坚住、欢喜”之义。这是作法事结“四明印”时所诵的“四明咒”。

[6] **phaṭ**（a secret syllable）——神秘音节，常与吽（hūṃ）结合构成吽钹吒（hūṃ phaṭ）（癹吒或发吒）复合密语，出现在降伏咒的末尾，《秘藏记》末曰：“降伏初吽后发吒。”同私钞九曰：“吽字其音如牛吠，是降伏声也，又风轮种子也，风有摧破能，故为降伏加句。发吒者破坏义，是又与调伏相应。”加于咒末，能破坏一切魔障。（见丁福保《佛学大辞典》“发吒”条）phaṭ 作为神秘结语词，常使用于咒语末尾。单独使用，名“最上法印”、“金刚部法印”（见《佛说一切如来真实摄大乘现证三昧大教王经》T18.882.365a, 383b）、“救拔拥护世间心印咒”（见《不空羂索陀罗尼经》T20.1096.419c）。

（2）金刚索菩萨明（the mantra of Bodhisattva Vajrapasa）（见图版 3—5）

复原：

释读：**oṃ sarvanaraka[1]abhyuddharani[2] hūṃ[3]hūṃ phaṭ**

音译：唵 萨日渥那罗羯 阿皮尤陀罗尼 吽 吽 发吒

出典：待考。

意译：唵！拯救（众生）出诸地狱之佛母啊！吽 吽 发吒！

诠注：

[1] **sarvanarka**（all hells）——地狱。

[2] **Abhyuddharani**（w.r. for abhyuddharani, fr. ~uddharanī, *f.*, *voc.*, *sg.*, N. of a bodhisattva）——拯救（众生）之佛母。

[3] **hūṃ**（a seed syllable of Bodhisattva Vajra-Pasa）——金刚索菩萨种子字。

（3）金刚锁菩萨明（the mantra of Bodhisattva Vajrasphona）（见图版 5—9）

复原：

释读：**oṃ sarva[1]apaya[2]bandhana[3]viśodhana[4]mocani[5]hūṃ[6]vaṃ[7]phaṭ**

音译：唵娑日婆阿把野 槃陀那 尾须他那 冒左尼 吽 鑁 发吒

出典：待考。

意译：唵！解脱一切死生束缚的清净之尊啊！吽 鑁 发吒！

诠注：

[1] **sarva**（all, entire）——一切。

[2] **apaya**（w.r. for apāya, death）——死亡。

[3] **bandhana**（*n*., bond, tie）——束缚。

[4] **viśodhana**（*n*., cleansing , purifying）——净除，清净。

[5] **mocani**（*adj*., *f*., *voc*., *sg*., liberating, free, releasing）——解脱。

sarva-apaya-bandhana-viśodhana-mocani（*comp*., *f*., *sg*., *voc*., an untroubled person releasing from the bound of death; N. of a bodhisattva）——解脱一切死生束缚的清静之尊！

[6] **hūṃ** 与最后的 **phaṭ**——构成一组复合音节 hūṃ phaṭ，后词依然为震摄之义。

[7] **vaṃ**（a seed of Boddhisattva Vajra-Lock）——音译：鑁。金刚锁菩萨种子字。

（4）金刚铃菩萨明（the mantra of Bodhisattva Vajraghanta）（见图版 9—12）

复原：

释读：**oṃ sarva-apaya**[1]**pati**[2] **gahani**[3]**vinaśani**[4] **hūṃ hūṃ**[5]**ḥ**[6] **ho**[7] **phaṭ**

音译：唵 娑日婆阿把野抹提 迦诃尼 尾那歇尼 吽 吽 护 发吒

出典：待考。

意译：唵！消除一切来自死神的痛苦之尊啊！吽 吽 护发吒！

诠注：

[1] **apaya**（death）——死亡。

[2] **pati**（*m*., a lord, ruler, sovereign）——主人，统治者，主宰。

apaya-pati（a ruler being in charge of death）——掌管死亡的主人，死神。

[3] **gahani**（may be prakrit, = gahana, pain, distress）——痛苦；灾难。

[4] **vinaśani**（*f*., *voc*., *sg*., disappearing, vanishing; destroying, annihilating）——消失；消除，毁灭。

[5] **hūṃ hūṃ**（mystical syllables）——神秘音节。

[6] **ḥ**（should be put after the syllable "ho"）——应该被置于音节 ho 之后，构成金刚铃菩萨的种子字 hoḥ。

[7] **hoḥ**（the seed of Vajra-Bell）——金刚铃菩萨种子字。

2. 明王大随求陀罗尼（the mantra of Mahapratisara Vidyaraja）（见图版 13—17）

复原：

释读：**oṃ maṇidhari**[1]**vajrini**[2] **mahāpratisare**[3] **hūṃ hūṃ phaṭ phaṭ**[4] **svāhā**[5]

旧译：唵 么抳驮礼嚩日礼尼 摩诃布罗提萨里 吽 吽 发吒 发吒 娑嚩诃

出典：唐不空译《普遍光明清净炽盛如意宝印心无能胜大明王大随求陀罗尼经》卷下（T20.1153.0633a30）（梵本加下记真言）。 oṃ maṇi dhari vajrini mahā pratire hūṃ 2 phaṭ 2 svāhā,【原】灵云寺版普通真言藏,【甲】高楠顺次郎氏藏古写本。

今译：唵！持珠菩萨哟！金刚持菩萨哟！大随求菩萨哟！吽 吽 发吒 发吒 娑嚩诃！

诠注：

[1] **maṇidhari**（*comp.*, *f.*, *voc.*, *sg.*, “holding pearls” , N. of a bodhisattva）——“持珠”，菩萨名。

[2] **vajrini**（fr. vajrinī, *f.*, *voc.*, *sg.*, “holding a vajra” , N. of a bodhisattva）——“持金刚”，菩萨名。

[3] **mahāpratisare**（*f.*, *voc.*, *sg.*, N. of a bodhisattva, one of the 5 protectors）——大随求菩萨，五护菩萨之一。

[4] **hūṃ hūṃ phaṭ phaṭ**（= hūṃ phaṭ hūṃ phaṭ, see above）——见本书第 79 页 “金刚钩菩萨明” 注 [6] 及第 80 页 “金刚锁菩萨明” 注 [6]。

[5] **svāhā**（see above）——见本书第 40 页注 [3]。

3. 四陀罗尼（four dharanis）（又称无能胜妃大心真言）（见图版 18—42）

此 “四陀罗尼” 出自唐不空译《普遍光明清净炽盛如意宝印心无能胜大明王大随求陀罗尼经》卷下。《经》说：“佛告大梵复有四陀罗尼，是无能胜妃大心真言。” 表明四陀罗尼也即无能胜妃大心真言。在录下此四咒之后，又说：“才说此四大陀罗尼已，一切诸佛诸大菩萨声闻，异口同音说此大随求大明王无能胜陀罗尼甲胄密言句。” 表明此咒又称 “大随求大明王无能胜陀罗尼甲胄密言句”。又据中华电子佛典协会制作的电子版校勘，该咒当属唐代原咒。其梵字真言及灵云寺藏版真言附于该经卷末：［0633a27］oṃ amṛtavare vara 2 pravara viśuddhe hūṃ hūṃ phaṭ 2 svāhā. oṃ amṛta vilokini garbha saṃrakṣiṇi akarmani hūṃ 2 phaṭ 2 svāhā. oṃ vipule vimale jayavale jayavāhini amṛte hūṃ hūṃ phaṭ svāhā. oṃ bhara 2 sambhara 2 indrīya valaviśodhani hūṃ 2 phaṭ 2 svāhā.

（1）无能胜妃大心真言 1（the heart mantra of Aparajita Concubine 1）（见图版 18—23）

复原：

释读：**oṃ amṛtavare[1]vara[2]vara pravara[3]viśudhe[4] hūṃ hūṃ phaṭ phaṭ svāhā**

旧译：唵 阿蜜哩多嚩隸 嚩啰 嚩啰 钵啰嚩啰 尾戍第 吽 吽 颇吒 颇吒 娑嚩贺

出典：不空译《普遍光明清净炽盛如意宝印心无能胜大明王大随求陀罗尼经》卷下（T20.1153.0622c08）。

今译：唵！不朽的妙胜佛母！妙胜，妙胜，最为妙胜的纯洁佛母哟！吽 吽 颇吒 颇吒 娑嚩贺！

诠注：

[1] **amṛtavare**（*comp.*, *f.*, *voc.*, *sg.*, “immortally wonderful”, N. of a bodhisattva）——不朽的妙菩萨。

[2] **vara**（*adj.*, select, wonderful）——妙胜的，优胜的。

[3] **pravara**（*adj.*, most excellent）——最好的，最优胜的。

[4] **viśudhe**（fr. viśudhi, *f.*, *voc.*, *sg.*, complete purification, purity, holiness, virtue, N. of a bodhisattva）——清净之尊。

（2）无能胜妃大心真言 2（the mantra of Aparajita Concubine 2）（见图版 23—30）

复原：

释读：**oṃ amṛtavilokini[1]garbha[2]saṃrakṣaṇi[3]akarṣāṇi[4]hūṃ hūṃ phaṭ phaṭ svāhā**

旧译：唵 阿蜜哩多尾卢枳寧 蘖婆 僧啰乞洒抳 阿羯哩洒抳 吽 吽 颇吒 颇吒 娑嚩贺

出典：不空译《普遍光明清净炽盛如意宝印心无能胜大明王大随求陀罗尼经》卷下（T20.1153.0622c08）。

今译：唵！不朽的善察之尊！胎藏大日之尊！不害之尊！吽 吽 颇吒 颇吒 娑嚩贺！

诠注：

[1] **amṛta-vilokini**（fr. amṛta-vilokinī, *comp.*, *f.*, *voc.*, *sg.*, imperishable one who is good at perceiving）——不朽的善察之尊。

[2] **garbha**（*m.*, *sg.*, *voc.*, the womb, N. of a Buddha）——子宫，胎藏（佛名）。此为胎藏界中台八叶院之中尊，于大自在天广大金刚法界宫，显本有理德之理法身。菩萨形，首戴发髻，身缠轻妙之衣，手结法界定印，通身金色（或云白色），密号谓之遍照金刚。《大日经疏》四曰：“观作宝莲华台宝王宫殿，于中敷座，座上置白莲华台，以阿字门转作大日如来身，如阎浮檀紫摩金色，如菩萨形，首戴发髻犹如冠形，通身放种种色光，被绢縠衣，此是首陀会天成最正觉之标帜也。（首陀会，译云净居。《大日经疏》一曰：‘《释论》云：第四禅五种那含住处，名净居天。过之以往有十住菩萨住处，亦名净居号曰大自在天王是也。’）彼界诸圣天众，衣服轻妙，乃至

无有铢两，本质严净不复假以外饰，故世尊俯同其像也。”《秘藏记》上曰：“阿字者，毗卢遮那理法身种子。” 同书下曰：“八叶九尊中台大日如来。（中略）黄色金，入定印。”（见《佛学大辞典》“胎藏界大日” 条）

[3] **saṃrakṣaṇi**（*f.*, *sg.*, *voc.*, fr. saṃrakṣiṇī, one who guards）——保护者。

garbha-saṃrakṣiṇi（a guardian of the womb）——胎藏界的保护者。

[4] **akarṣāṇi**（*f.*, *sg.*, *voc.*, non-agriculture; not hurting, injuring）——非农业的，非耕作之业的；不伤害的。《普遍光明清净炽盛如意宝印心无能胜大明王大随求陀罗尼经》卷下梵文咒为 akarmaṇi，这里应为 akarmaṇī 的阴性单数呼格。意译：无为的（菩萨）。但据不空译汉文 “阿羯哩洒抳”，其中 “洒” 的相应梵音为 “ṣa”，可见此处的汉梵对应是贴切的，而 “洒” 对 “ma” 是不相应的。我们知道《普遍光明清净炽盛如意宝印心无能胜大明王大随求陀罗尼经》译自唐代。而卷末的《普遍光明清净炽盛如意宝印心无能胜大明王大随求陀罗尼经》卷下的梵咒为明代所加，其后的汉梵咒文为明代或明以后所加。故推断 akarmaṇi 为 akarṣaṇi 之误。后者意译：不伤害的（菩萨）。

（3）无能胜妃大心真言 3（the mantra of Aparajita Concubine 3）（见图版 31—36）

复原：

释读：**oṃ vimale**[2] **vipule**[3] **jaya**[4] **vare**[5] **amṛte**[6] **hūṃ hūṃ phaṭ phaṭ**[7] **svāhā//**

旧译：唵 尾磨黎 惹也 嚩隸 蜜哩 吽吽 吽吽 [8] 颇吒 颇吒 颇吒颇吒 [9] 娑嚩贺

出典：不空译《普遍光明清净炽盛如意宝印心无能胜大明王大随求陀罗尼经》卷下（T20.1153.0622c08）。

今译：唵！伟大的无垢之尊！赢得胜利吧！杰出的不朽之尊！吽 吽 颇吒 颇吒 娑嚩贺！

诠注：

[1] **ß**（the mark of repeating the preceding syllable）——重复前音节符号。

[2] **vimale**（*adj.*, *f.*, *voc.*, *sg.*, stainless, N. of a buddhist god）——无垢的，无垢至尊，一佛教神名称。

[3] **vipule**（*adj.*, *f.*, *voc.*, *sg.*, great）——伟大的。

[4] **jaya**（*Impv.*, *sg.*, 2nd, *P.*, fr. √ji, cl. 1, to win, acquire）——胜利。

[5] **vare**（*adj.*, *f.*, *voc.*, *sg.*, best, excellent）——杰出的。

[6] **amṛte**（*adj.*, *f.*, *voc.*, *sg.*, not dead, immortal, N. of a goddess）——不朽之尊。

[7] **hūṃ hūṃ phaṭ phaṭ**（see bove）——前出。旧译多出 4 个音节。

[8] 吽吽（no corresponding syllables in the Samskrit mantra）——该梵咒缺。

[9] 颇吒颇吒（no corresponding syllables in the Samskrit mantra）——梵咒缺。

（4）无能胜妃大心真言 4（the mantra of Aparajita Concubine 4）（见图版 36—42）

复原：

释读：**oṃ bhara[1]bhara sanbhara[2]sanbhara indriya[3]vala[4]viśodhani[5]ru ru cale[6] hūṃ hūṇ phaṭ phaṭ**

旧译：唵 跛啰 跛啰 三跛啰 三跛啰印 捺啰也 尾戍驮𩕳 吽 吽 噜左𠼝[7]

svāhā

娑嚩贺[8]

出典：不空译《普遍光明清净炽盛如意宝印心无能胜大明王大随求陀罗尼经》卷下（T20.1153.0622c08）。

今译：唵！施与，施与吧！遍施与，遍施与吧！净除感官之魔的佛母阿！卢卢！幸运女神哟！吽 吽 颇吒 颇吒 娑嚩贺！

诠注：

[1] **bhara**（*Impv.*, *sg.*, 2nd, *P.*, fr. √bhṛ, to offer, grant, bestow）——施与。

[2] **sanbhara**（*Impv.*, *sg.*, 2nd, *P.*, fr. saṃ-√bhṛ, to offer, present）——普遍施与。

[3] **indriya**（the organ of sense）——感官。

[4] **vala**（*m.*, N. of a demon）——一魔鬼名。

[5] **viśodhani**（*adj.*, *f.*, *voc.*, *sg.*, cleaning, purging, washing）——清净，净除。

[6] **ru ru cale**（no the corresponding syllables in the mantra in Chinese）——汉咒缺。

ru ru（mystical syllables）——真言密语。

cale（*f.*, *voc.*, *sg.*, the goddess of fortune）——幸福（幸运）女神。

[7] 噜左𠼝——应对应“ruru cale”，见本段注 [6]。

[8] 对于该咒，《普遍光明清净炽盛如意宝印心无能胜大明王大随求陀罗尼经》卷下有一段奇妙的表述，大意如下：

［0622c17］才说此四大陀罗尼已，一切诸佛诸大菩萨声闻，异口同音说此大随求大明王无能胜陀罗尼甲胄密言句，又称此密语为大随求大无能胜陀罗尼。它极难得闻，极甚难得，能尽诸罪，能摧一切魔众，能断一切习气聚及魔罗羂。能除他真

言毒，压祷药法、相憎法、降伏法，能令恶心众生起大慈心，能护佑爱乐供养佛菩萨等圣众之人，能护佑书写受持读诵听闻大乘经典者，又能满足修佛菩提者。大梵持此大随求无能胜明王，不被沮坏，于一切处获大供养。此明王能摧一切诸魔。大梵过去有佛，号广博微笑面摩尼金宝光焰照曜高勇王如来应正觉，初成道时，往诣菩提场欲转法轮，一切如来称赞。尔时一切魔并无量俱胝那庾多眷属围绕。现种种形作可畏声。示种种魔境现作神通。雨种种器仗来往四方而作障难。

[0623a27]又说，乌禅那城有一王，名梵施。他有一重罪犯人。王敕令将罪人弄到山中断其性命。到了山间一山窟中，举刀砍了下去，但见刀光如火，于响声中，罪人完好，而刀却片片断坏犹如微尘。此因罪人于右臂带有此随求无能胜陀罗尼。尔时杀者见状，目瞪口呆，无奈迅即将上事具白于王。其王闻之大怒，复令将其送药叉窟，令窟中的众多药叉食之。罪人被送于药叉窟。才送窟中，众药叉欢喜踊跃奔走向前，欲食罪人，但见其人身上光明炽盛晃曜。诸药叉众悉皆惊怖，各作是念，此火欲来烧我，故都大惊失色，遂送此罪人到安窟门外旋绕礼拜。

[0623b14]王闻此倍加瞋怒，又命将其绑缚掷于深河。但才入河中，河便枯竭，用以所缚绳索片片断绝。王闻此事极大惊怪，熙怡微笑生大奇特，于是便唤罪人问其所缘，如何得解。罪人白工言，我无所解，是我身上带有大随求无能胜大明王陀罗尼。王闻之赞叹不已，说此大明微妙能摧死罚。

皇帝生前享尽人间荣华，死后亦能享有佛菩萨的护佑，得享冥府富贵，即便犯阴界之法，阎罗也无可奈何。

第四节　东北小塔铭文

Ⅳ　Inscription on the North-east Smaller Pagoda

一、图版（pictures）

图版（picture）1

图版（picture）2

图版（picture）3

图版（picture）4

图版（picture）5

图版（picture）6

图版(picture)7

图版(picture)8

图版(picture)9

图版(picture)10

图版(picture)11

图版(picture)12

图版(picture)13

图版(picture)14

图版(picture)15

图版(picture)16

图版(picture)17

图版(picture)18

图版(picture)19

图版(picture)20

图版(picture)21

图版(picture)22

图版(picture)23

图版(picture)24

图版(picture)25

图版(picture)26

图版(picture)27

图版(picture)28

图版(picture)29

图版(picture)30

图版(picture)31

图版(picture)32

图版(picture)33

图版(picture)34

图版(picture)35

图版(picture)36

图版(picture)37

图版(picture)38

图版(picture)39

图版(picture)40

图版(picture)41

图版(picture)42

图版(picture)43

图版(picture)44

图版(picture)45

图版(picture)46

图版(picture)47

图版(picture)48

图版(picture)49

图版(picture)50

图版(picture)51

图版(picture)52

图版(picture)53

图版(picture)54

二、拓片（rubbings）

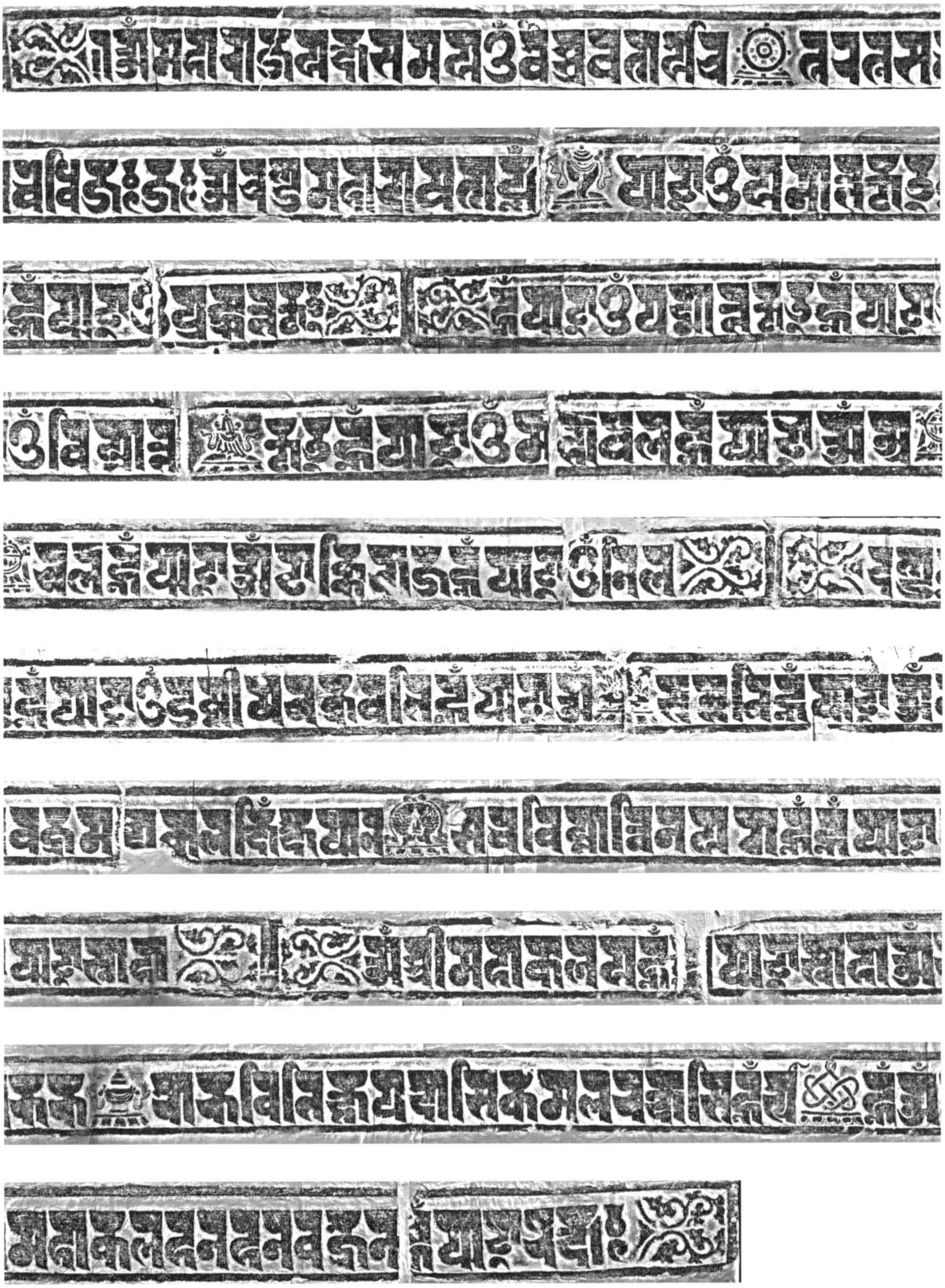

三、东北小塔铭文考（a study of the inscription on the north-east smaller pagoda）

（一）原文并释读（original text and decipherment）

原文：

释读：oṃ ma hā rā ja ya kṣa sa ma ya oṃ vai śra va ṇa ye ci ❀ tta ra tna sa rva dhi ja ḥ

ja ḥ oṃ ca ṇḍa ma hā ro ṣa ṇa hūṃ ❀ pha ṭ oṃ ya mā nta kṛ t hūṃ pha ṭ oṃ pra jña

nta kṛ t hūṃ pha ṭ oṃ pa dmānta kṛ t hūṃ pha ṭ oṃ vi ghnā nta kṛ t hūṃ pha ṭ oṃ

ma hā ba la hūṃ pha ṭ oṃ a ❀ ca la hūṃ pha ṭ oṃ ṭa kki rā ja hūṃ pha ṭ oṃ

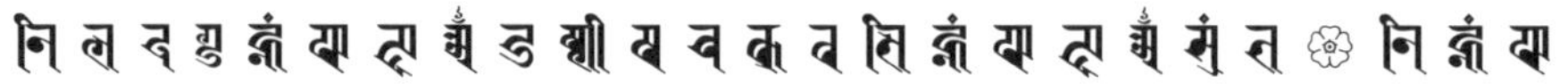

ni la da ṇḍa huṃ pha ṭ oṃ u ṣṇī ṣa ca kra va rti hūṃ pha ṭ oṃ sum bha ❀ ni hūṃ pha

ṭ oṃ va jra ma hā kā la kṣiṃ kṣa pha la sa rva vi ghnā nvi na ya ga hūṃ hūṃ pha ṭ

pha ṭ svā hā oṃ śrī ma hā kā la ya hūṃ pha ṭ svā hā oṃ ru ru ro ru vi ti kṣṇa

pa do si ka ma la ra kṣa si hūṃ bhyo hūṃ oṃ ma hā ka la ha na ha na va jre hūṃ pha

ṭ ra kṣa ḥ

（二）复原并释读（restoration and decipherment）

复原：

释读：oṃ mahā rāja yakṣa samaya oṃ vaiśrvaṇaye citta ratna sarva dhijaḥ jaḥ oṃ caṇḍa mahāroṣaṇa hūṃ

phaṭ oṃ yamāntakṛt hūṃ phaṭ oṃ pra jña nta kṛ t hūṃ pha ṭ oṃpadmānta kṛ t hūṃ pha ṭ oṃ

vighnāntakṛ t hūṃ pha ṭ oṃ ma hā bala hūṃ pha ṭ oṃ acala hūṃ pha t oṃ ṭakkirāja hūṃ phaṭ

oṃ niladaṇḍa huṃ phaṭ oṃ uṣṇī ṣa ca kravarti hūṃ phaṭ oṃ sumbhani hūṃ pha ṭ oṃ vajra

ma hākāla kṣiṃ kṣa phala sarvavighnān vinayaga hūṃ hūṃ phaṭ phaṭ svāhā oṃ śrī mahākālaya

hūṃ phat svāhā oṃ ru ru ro ru vitikṣṇa pado sikamala Rakṣasi hūṃ bhyai hūṃ oṃ

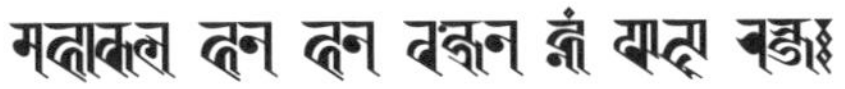

mahākala hana hana vajrena hūṃ phat rakṣaḥ

（三）断咒（judgement of dharanis）

1. 未知名咒（a title-unknown mantra）（南侧，见图版 1—7）

复原：

释读：oṃ[1] mahā[2] rāja[3] yakṣa[4] samaya[5] oṃ vaiśrvaṇaye[6] citta[7] ratna[8] sarva[9] dhijaḥ[10] jaḥ oṃ

音译：唵 摩诃罗舍 夜叉 三昧耶 唵 毗沙门那迤 吉多 罗多纳 萨日嚩 提劫喝 劫喝 唵

caṇḍa[11] mahāroṣaṇa[12] hūṃ phaṭ[13]//

旃陀 摩诃卢舍那 吽 发吒

出典：待考。

意译：唵 大王啊，夜叉三昧耶！唵 对于毗沙门天妃来说，如意宝（等）诸有均为心生，心生。唵 愤怒的大卢舍那佛哟！吽 发吒！

诠注：

[1] **oṃ**（a mystical syllable）——见本书第 77—78 页注 [1]。

[2] **mahā**（fr. mahat, *adj.*, great）——大，伟大。

[3] **rāja**（fr. rājan, a king）——王。

[4] **yakṣa**（N. of a class of semi-divine beings）——夜叉。据称系半神仙一类。它们一般被认为是性情温和慈悲的生物，偶尔也被归于怀有恶意的另类精灵。在佛教中被归于护法天类。

[5] **samaya**（a Buddhist term）——三昧耶（术语），佛三身之一。密教按次第谓种子、三昧耶、尊形等三身。塔婆、宝珠、莲华、五钴等为大日三昧耶身。相当于显教

之报身。依通门，一切事物，尽为大日三昧耶身；依别门，则以塔婆为大日三昧耶身，乃至以莲华为弥陀三昧耶身等，各有别种标帜。《杂谈集》九曰：“密教之意，佛有三身：种子，三昧耶，尊形也。如次第为法、报、应三身。”（见丁福保《佛学大辞典》）

[6] **vaiśrvaṇaye**（*m.*, *f.*, *dat.*, *sg.*, fr. vaiśravaṇi, the wife of Vaiśravaṇa）——毗沙门天妃（多闻天妃）。

[7] **citta**（*n.*, thought; wish; the heart, mind）——思想；心，意愿。

[8] **ratna**（*n.*, a jewel, gem, treasure）——宝。

citta-ratna-sarvardhījaḥ（*comp. m.*, *sg.*, *nom.*）——复合词，如意宝（等）一切均由心生。

[9] **sarva**（*adj.*, all, entire）——所有的。

[10] **dhijaḥ**（w.r. for dhījaḥ, born from the thought or meditation）——为 dhījaḥ 之误。意译：从思想或禅定生出的。

[11] **caṇḍa**（*adj.*, fierce, violent, cruel, angry）——厉害的，残忍的，愤怒的。

[12] **mahāroṣaṇa**（*m.*, a great roṣaṇa, an abbreviation of Vairocana Buddha, the main buddha of the *Huayan Jing* who is the teacher in the Lotus Flower Treasury Realm）——卢舍那，也即毗卢舍那佛，其为佛教密宗主尊。

[13] **hūṃ phaṭ**（mysterious syllables）——神秘音节。音译：吽钹吒（癹吒或发吒），常出现在降伏咒的末尾。《秘藏记》末曰：“降伏初吽后发吒。”同私钞九曰：“吽字其音如牛吠，是降伏声也，又风轮种子也，风有摧破能，故为降伏加句。发吒者破坏义，是又与调伏相应。”加于咒末，能破坏一切魔障。（见丁福保《佛学大辞典》“发吒”条）phaṭ 作为神秘结语词，常使用于咒语末尾。单独使用，名“最上法印”、“金刚部法印”（见《佛说一切如来真实摄大乘现证三昧大教王经》，T18.882.365a, 383b）、“救拔拥护世间心印咒”（见《不空羂索陀罗尼经》，T20.1096.419c）。

2. 十方忿怒明王（Angry Vidyārājas in the ten directions）（见图版 7—29）

（1）东方金刚大忿怒焰鬘得迦明王（Angry Vajra Vidyaraja Yamantakṛt in the east）（南侧，见图版 7—9）

复原：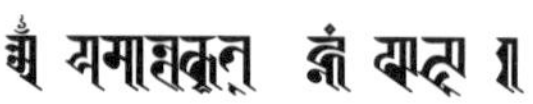

释读：**oṃ yamāntakṛt[1] hūṃ phaṭ//**

旧译：唵 野鬘得讫哩咄（吽 发吒）

旧译原文：唵(引一句)野鬘(引)得讫哩(三合)咄(半音二)。[2]

出典：参见宋法贤译《幻化网大瑜伽教十忿怒明王大明观想仪轨经》(T183.891)；宋施护译《佛说一切如来金刚三业最上秘密大教王经》(T18.885.0417c)；《妙吉祥平等秘密最上观门大教王经》卷1(均可查到十大明王的名号)。

今译：唵 焰鬘得迦明王啊！吽 发吒！（东方）

诠注：

[1] **Yamāntakṛt**(*m.*, *voc.*, *sg.*, N. of a Vidyārāja)——阳性名词，单数，呼格，一明王名号。佛经旧译：野鬘得讫哩咄。等同于焰鬘得迦明王(《幻化网大瑜伽教十忿怒明王大明观想仪轨经》)，或东方焰曼怛迦大明王(《妙吉祥平等秘密最上观门大教王经》卷1)，也即大威德明王。

焰鬘得迦大忿怒明王以吽(hūṃ)字为大智观想字所呈现的形象：光如劫火，身作青云色，六面六臂六足，身短腹大，作大忿怒相，利牙犹如金刚，每面各有三目，以八大龙王而为严饰，穿虎皮衣，戴髑髅冠，顶有阿閦佛，乘坐水牛，足踏莲花，须赤黄色，有大辩才，自在而坐，恶相顾视。其正面笑容，右面黄色，舌相出外。其左面白色，咬唇，为妙吉祥菩萨化身。其右第一手执剑，第二手执金刚杵，第三手执箭；左第一手执罥索复竖头指，第二手持《般若波罗蜜多经》，第三手执弓。持明(咒)者于此明王之下，入定观想诸天魔因怖畏作礼，焰鬘得迦大忿怒明王身有日轮圆光，变化诸佛如云。持明(咒)者若如是依法观想及诵此大明(咒)。彼人行住坐卧，常受五欲快乐而无过失，犹如虚空物不能染。

[2] 见《佛说一切如来金刚三业最上秘密大教王经》卷1(T18.885.471c)："唵(引一句)野鬘(引)得讫哩(三合)咄(半音二)。"旧译末无"吽 发吒"(hūṃ phaṭ)。

(2)南方金刚大忿怒钵啰研得迦明王(Angry Vidyaraja Prajnantakṛt in the south)(南侧，见图版9—11)

复原：

释读：**oṃ prajñantakṛt[1] hūṃ phaṭ //**

旧译：唵 钵罗研得讫哩咄(吽 发吒)

旧译原文：唵(引一句)钵啰(二合)研得讫哩(三合)咄(半音二)。[2]

出典：参见宋法贤译《幻化网大瑜伽教十忿怒明王大明观想仪轨经》(T18.891)；宋施护译《佛说一切如来金刚三业最上秘密大教王经》(T18.885.0417c)；《妙吉

祥平等秘密最上观门大教王经》卷 1（均可查到十大明王的名号）。

今译：唵 钵啰研得迦明王啊！吽 发吒！（南方）

诠注：

[1] **Prajñāntakṛt**（*m.*, *voc.*, *sg.*, N. of a Vidyārāja）——阳性名词，单数，呼格，一明王名号。佛经旧译：钵罗研得讫哩咄。等同于钵罗研得迦明王（Prajñāntaka），或南方钵啰抳也怛迦大明王（《妙吉祥平等秘密最上观门大教王经》卷 1）。据《幻化网大瑜伽教十忿怒明王大明观想仪轨经》，第二明王为无能胜，其梵名 Ajita 或 Aparajita。其种子字为 pra（钵啰），种子字一般为佛菩萨名号的词头，而 pra 正是 prajāntakṛt 的词头，故推断钵罗研得迦与无能胜是一位明王的两个梵名。

无能胜大忿怒明王是观想钵啰（pra）字所呈现的形象：三面各三目六臂，身黄色，日轮圆光，光明普照自在而住，以八大龙王为严饰。其正面为笑容，右面大青色微呈忿怒之相，左面白色咬唇呈大恶相。其右第一手执金刚杵，第二手执宝杖，第三手执箭；左第一手执罥索复竖头指，第二手持《般若波罗蜜多经》，第三手执弓。如是观想成坏变幻之相。其顶戴阿閦佛。若能依法持诵即可速成正觉。

[2] 见《佛说一切如来金刚三业最上秘密大教王经》卷 1（T18.885.0471c）：“唵（引一句）钵啰（二合）研得讫哩（三合）咄（半音二）。”旧译末无“吽 发吒”（hūṃ phaṭ）。

（3）西方金刚大忿怒钵讷鬘得迦明王（Angry Vajra Vidyaraja Padmantakṛt in the west）（南—东侧，见图版 12—13）

复原：

释读：oṃ padmāntakṛt[1] hūṃ phaṭ //

旧译：唵 钵讷鬘得讫哩咄（吽 发吒）

旧译原文：唵（引一句）钵讷鬘（引）得讫哩（三合）咄（半音二）。[2]

出典：参见宋法贤译《幻化网大瑜伽教十忿怒明王大明观想仪轨经》（T18.891）；宋施护译《佛说一切如来金刚三业最上秘密大教王经》（T18.885.417c）；《妙吉祥平等秘密最上观门大教王经》卷 1（均可查到十大明王的名号）。

今译：唵！钵讷鬘得迦明王啊！吽 发吒！（西方）

诠注：

[1] **Padmāntakṛt**（*m.*, *voc.*, *sg.*, N. of a Vidyārāja）——阳性名词，单数，呼格，一明王名号。佛经旧译：钵讷鬘得讫哩咄，或西方钵纳么怛迦大明王（见《妙吉祥平

等秘密最上观门大教王经》卷 1)，等同于《幻化网大瑜伽教十忿怒明王大明观想仪轨经》中的钵讷鬘得迦(Padmāntaka)明王。

钵讷鬘得迦大忿怒明王的形象：三面各三目八臂。正面笑容；右面大青色，舌相出外如金刚杵；左面黄色利牙咬唇。穿虎皮衣。右第一手执金刚杵，第二手执宝杖，第三手执迦那野，第四手执箭；左第一手执罥索竖头指，第二手持《般若波罗蜜多经》，第三手持莲花，第四手执弓。观想变幻之相，能化无数尊佛，顶戴阿閦佛。若依法观想必得成就。

[2] 见《佛说一切如来金刚三业最上秘密大教王经》卷 1(T18.885.0471c)："唵(引一句)钵讷鬘(引)得讫哩(三合)咄(半音二)。" 旧译末无 "吽 发吒"(hūṃ phaṭ)。

(4)北方金刚大忿怒尾觐难得迦明王(Anger Vajra Vidyaraja Vignantakṛt in the north)(东侧，见图版 14—16)

复原：
释读：**oṃ vighnāntakṛt[1] hūṃ phaṭ //**
旧译：唵 尾觐难得讫哩咄(吽 发吒)

旧译原义：唵(引)尾觐难(二合引)得讫哩(三合)咄(半音二)。[2]

出典：参见宋法贤译《幻化网大瑜伽教十忿怒明王大明观想仪轨经》(T18.891)；宋施护译《佛说一切如来金刚三业最上秘密大教王经》(T18.885.0417c)；《妙吉祥平等秘密最上观门大教王经》卷 1(均可查到十大明王的名号)。

今译：唵！尾觐难得迦明王啊！吽 发吒！(北方)

诠注：

[1] **Vighnāntakṛt**(corresponds to Vignāntakṛt in the inscription on the Yongle Bell, *m.*, *voc.*, *sg.*, N. of a Vidyārāja)——永乐大钟铭文为 Vignāntakṛt，阳性名词，单数，呼格，一明王名号。佛经旧译：尾觐难得讫哩咄，或北方尾屹曩怛迦大明王(见《妙吉祥平等秘密最上观门大教王经》卷 1)，等同于《幻化网大瑜伽教十忿怒明王大明观想仪轨经》中的尾觐难得迦(Vighnāntaka)明王。

尾觐难得迦大忿怒明王是观想吽(hūṃ)字所呈现的形象：大青云色，三面六臂，面各三目。其正面笑容，右面白色，左面黄色，作忿怒相咬唇。右足踏诸魔，左足踏莲花。右第一手执利剑，第二手执钺斧，第三手执箭；左第一手执罥索竖头指，第二手持《般若波罗蜜多经》，第三手执弓。顶戴阿閦佛具大神通，能降一切魔，变大慈悲雨。如是依法观想除一切魔。

[2] 见《佛说一切如来金刚三业最上秘密大教王经》卷 1（T18.885.472a）：“唵（引一句）钵讷鬘（引）得讫哩（三合）咄（半音二）。”旧译末无“吽 发吒”（hūṃ phaṭ）。

（5）西北摩诃跋蓝大忿怒明王（Angry Vidyaraja Mahabala in the north-west）（东侧，见图版 16—18）

复原：

释读：**oṃ mahābala[1] hūṃ phaṭ //**

旧译：唵 摩诃跋蓝 吽 癹吒

出典：参见宋法贤译《幻化网大瑜伽教十忿怒明王大明观想仪轨经》（T18.891）；宋施护译《佛说一切如来金刚三业最上秘密大教王经》（T18.885）；《妙吉祥平等秘密最上观门大教王经》卷 1（均可查到十大明王的名号）。

今译：唵！大力大忿怒明王啊！吽 发吒！（西北）

诠注：

[1] **Mahābala**（*m*., *voc*., *sg*., N. of a Vidyārāja）阳性名词，单数，呼格，一明王名号。佛经旧译：大力大忿怒明王，或西北摩诃么攞大明王（见《妙吉祥平等秘密最上观门大教王经》卷 1）。十大明王之一。《佛说一切如来金刚三业最上秘密大教王经》和《幻化网大瑜伽教十忿怒明王大明观想仪轨经》只有大力大忿怒明王等其余六明王咒。（下同）

大力大忿怒明王是观想吽（hūṃ）字所化之形象：三面各三目八臂，身作青云色，以八大龙王为严饰，炽焰遍身，头发竖立，眼目红赤，顶戴阿閦佛。正面笑容，右面金色，左面白色咬唇，足踏莲花，呈大忿怒相。日轮圆光，诸天怖畏驰散诸方。右第一手执金刚杵，第二手执宝杖，第三手执剑，第四手执箭；左第一手执罥索竖头指，第二手持《般若波罗蜜多经》，第三手执骨朵，第四手执弓。变化诸佛如云。

（6）东北啊左叻大忿怒明王（Angry Vidyaraja Acala in the north-east）（东侧，见图版 18—19）

复原：

释读：**oṃ acala[1] hūṃ phaṭ //**

旧译：唵 啊左叻 吽 癹吒

出典：参见宋法贤译《幻化网大瑜伽教十忿怒明王大明观想仪轨经》(T18.891)；宋施护译《佛说一切如来金刚三业最上秘密大教王经》(T18.885)；《妙吉祥平等秘密最上观门大教王经》卷 1(均可查到十大明王的名号)。

今译：唵 不动尊大忿怒明王啊！吽 发吒！（东北）

诠注：

[1] **Acala**(*m.*, *voc.*, *sg.*, N. of a Vidyārāja)——阳性名词，单数，呼格，一明王名号。佛经旧译：啊左叻，或东北阿左攞曩他(Acalanatha)大明王(见《妙吉祥平等秘密最上观门大教王经》卷 1)，或不动尊大忿怒明王。十大明王之一。

不动尊大忿怒明王是观想憾(hūṃ)字所化之形象：眇目童子相，六臂三面，面各三目，作童子装严。正面笑容，右面黄色，舌相外出上有血色，左面白色忿怒相，而作吽字声。身作翡翠色。足踏莲花及宝山。立势舞姿，能除诸魔。遍身炽焰，日轮圆光。右第一手执剑，第二手执金刚杵，第三手执箭；左第一手执罥索竖头指，第二手持《般若波罗蜜多经》，第三手执弓。顶戴佛冠，其为阿閦如来所化，具大神通，变化诸佛如云。持明者如是观想，速成无上菩提。

(7)东南吒枳罗阇人忿怒明王(Angry Vidyaraja Takkiraja in the south-east)(东侧，见图版 20—22)

复原：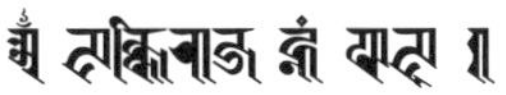

释读：**oṃ ṭakkirāja[1] hūṃ phaṭ //**

旧译：唵 吒枳罗阇 吽 登吒

出典：参见宋法贤译《幻化网大瑜伽教十忿怒明王大明观想仪轨经》(T18.891)；宋施护译《佛说一切如来金刚三业最上秘密大教王经》(T18.885)；《妙吉祥平等秘密最上观门大教王经》卷 1(均可查到十大明王的名号)。

今译：唵 吒枳大忿怒明王啊！吽 发吒！（东南）

诠注：

[1] **Ṭakkirāja**(*m.*, *voc.*, *sg.*, N. of a Vidyārāja)——阳性名词，单数，呼格，一明王名号。佛经旧译：吒枳罗阇，或吒枳大忿怒明王名号，或东南方吒枳啰大明王(见《妙吉祥平等秘密最上观门大教王经》卷 1)。十大明王之一。

吒枳大忿怒明王是观想吽(hūṃ)字所化之形象：三面各三目六臂，顶戴有佛宝冠，头垂长发。正面笑容，右面黄色颦眉，左面白色忿怒相咬唇。身青云色，日轮圆光。左右二手结于本印，右第二手执金刚杵，第三手执箭；左第二手持《般若波罗蜜多经》，第三手执弓。足踏莲花，立如舞势。其形多变，能化诸佛。下面诸魔惊恐怖畏。持明者依法观想速证菩提。

（8）西南你罗难拏大忿怒明王（Angry Vidyaraja Niladaṇḍa in the south-west）（东—北侧，见图版 22—24）

复原：

释读：**oṃ niladaṇḍa[1] huṃ phaṭ //**

旧译：唵 你罗难拏 吽 婺吒

出典：参见宋法贤译《幻化网大瑜伽教十愤怒明王大明观想仪轨经》（T18.891）；宋施护译《佛说一切如来金刚三业最上秘密大教王经》（T18.885）；《妙吉祥平等秘密最上观门大教王经》卷 1（均可查到十大明王的名号）。

今译：唵 你罗难拏大忿怒明王！吽 发吒！（西南）

诠注：

[1] **Niladaṇḍa**（w.r. for nīladaṇḍa, *m.*, *voc.*, *sg.*, N. of a Vidyārāja）——阳性名词，单数，呼格，一明王名号。佛经旧译：你罗难拏，或西南方䫫攞能拏大明王（见《妙吉祥平等秘密最上观门大教王经》卷 1）。意译："青杖"，你罗难拏大忿怒明王名号，十大明王之一。

你罗难拏大忿怒明王是观想吽（hūṃ）字所化之形象：三面各三目六臂。正面青色作笑容，左面黄色，右面白色咬唇。身青云色，以八大龙王为装严。发髻青润，顶戴佛冠，足踏莲花，立如舞势。右第一手执金刚杵，第二手执宝杖，第三手执箭；左第一手执罥索竖头指，第二手持《般若波罗蜜多经》，第三手执弓。日轮圆光，变化诸佛如云。能降除魔怨。

（9）上方乌瑟腻沙遮迦罗伐辣底大忿怒明王（Angry Vidyaraja Ushnishaa Cakra-Vartti）（北侧，见图版 24—27）

复原：

释读：**oṃ uṣṇīṣacakravarti[1] hūṃ phaṭ //**

旧译：唵 乌瑟腻沙遮迦罗伐辣底 吽 婺吒

出典：参见宋法贤译《幻化网大瑜伽教十愤怒明王大明观想仪轨经》（T18.891）；宋

施护译《佛说一切如来金刚三业最上秘密大教王经》（T18.885）；《妙吉祥平等秘密最上观门大教王经》卷 1（均可查到十大明王的名号）。

今译：唵！佛顶如意轮明王啊！吽 发吒！（上方）

诠注：

[1] **Uṣṇīṣa-cakra-varti**（corresponds to Uṣṇīṣā-cakra-vartti in the inscrption on the Yongle Bell, *f.*, *voc.*, *sg.*, fr. -vartī, N. of a Vidyārāja）——永乐大钟铭文为 Uṣṇīṣa-cakra-vartti，阴性，单数，呼格，一明王的称号。指佛顶转轮明王，十大明王之一，居于十方中的上方。

（10）**送婆大忿怒明王根本心咒**（the basic heart mantra of Angry Vidyaraja Sambhani）（北侧，见图版 27—29）

复原：

释读：**oṃ sumbhani**[1] **hūṃ phaṭ //**

旧译：唵 送婆尼 吽 癹吒

出典：参见宋法贤译《幻化网大瑜伽教十忿怒明王大明观想仪轨经》（T18.891）；宋施护译《佛说一切如来金刚三业最上秘密大教王经》（T18.885）；《妙吉祥平等秘密最上观门大教王经》卷 1（均可查到十大明王的名号）。

今译：唵 送婆尼大忿怒明王啊！吽 发吒！（下方）

诠注：

[1] **Sumbhani**（*m.*, *voc.*, *sg.*, N. of a Vidyārāja）——阳性名词，单数，呼格，一明王名号。佛经旧译：送婆大忿怒明王，或下方嚩日啰播多罗大明王（见《妙吉祥平等秘密最上观门大教王经》卷 1）。十大明王之一。

观想吽（hūṃ）字化为送婆大忿怒明王：身大青色，以左右二手结于本印；右第二手执剑，第三手执箭；左第二手持《般若波罗蜜多经》，第三手执弓。此大明王于三界之内威力最胜。

3. 未知名咒（a title-unknown mantra）（北侧，见图版 30—38）

复原：

释读：**oṃ vajra**[1] **mahākāla**[2] **kṣiṃ**[3] **kṣa**[4] **phala**[5] **sarva**[6] **vighnān**[7] **vinaya**[8] **ga**[9] **hūṃ hūṃ phaṭ phaṭ**[10] **svāhā**[11] **//**

音译：唵 伐折罗摩诃迦罗 纥沈 帕勒 萨日嚩 维克难 尾那也 伽 吽 吽 发吒 发吒 娑嚩贺

出典：待考。

意译：唵！金刚大黑天啊！纥沈 毁灭，爆裂，驱除一切障碍！乾达婆（ga 即 Gandharva）！吽 吽 发吒 发吒！娑嚩贺！

诠注：

[1] **vajra**（*m.*, a thunderbolt）——金刚，金刚杵。

[2] **mahākāla**（*comp.*, *m.*, *voc.*, *sg.*, "great black heaven god", N. of a Buddhist deity）——一天神名号，大黑天。

[3] **kṣiṃ**（mostly a seed of Mahākāla）——可能是大黑天的种子字。

[4] **kṣa**（*m.*, *sg.*, *voc.*, destruction）——毁灭。

[5] **phala**（*Impv.*, *sg.*, 2nd, *P.*, fr. √phal, to burst, cleave open, split; to bear or produce fruit）——劈开；产生结果。

[6] **sarva**（all, entire）——所有的。

[7] **vighnān**（*n.*, *acc.*, *pl.*, obstacles, preventions, difficulties）——障碍，阻碍，困难。

[8] **vinaya**（*Impv.*, *sg.*, 2nd, *P.*, fr. vi-√nī, to throw off, draw away, dispel）——扔掉，引开，驱散，驱逐。

[9] **ga**（*m.*, *voc.*, *sg.*, a Gandharva）——乾达婆。在《梨俱吠陀》（*Ṛgveda*）中又名"遍居天"（Viśva-vasu）或"伐尤给舍"（Vāyu-keśa，风之卷发），居于天空。他的职责就是保护天上的苏摩（Soma，一种植物饮料或酿造的酒），众神获得它需要通过他的介入，而因陀罗（Indra，佛教称帝释天）却凭借武力劫掠了它。乾达婆被设想成一位好医师，因为他有最好的药品——苏摩。苏摩原初并非指一种饮料，而是指月亮，故乾达婆在原始阶段很可能被设想为月亮的保护者，甚至是月亮的统一体。他还被设想为太阳马匹行进路线的规定者，他知道并让人知道天上的秘密和神圣的真谛。它是人类太始的父母——焰摩和焰蜜，他对妇女有神秘的力量，并有权占有她们。因此，他在结婚仪式上被祈请。而心醉神迷的、为邪恶精灵所占有的精神状态也被设想源于乾达婆。一说，乾达婆是一集团神名，经典提到的有 27 位之多。他们也居住在天空，守护着苏摩，为伐楼那（Varuṇa）所统辖。他们知道最好的药品，规定了群星运行的轨道。他们是爱神，在结婚仪式上受到祈请，有时在掷色子赌博时也被祈请。他们也被设想为如与罗刹（Rākṣasas）、Kimidins、Piśācas 在一起的邪恶精灵那样可怕，戴上护身符可以免受那些精灵之害。据称，他们把吠陀启示给人间，并被称为仙人们的保护者。在印度史诗中，乾达婆被称为天上的乐师或歌手，在天神的

宴会上组成管弦乐队为其演奏。他们也与他们的妻子们 Apsarasas 一起到因陀罗天界参与战斗。

[10] **hūṃ hūṃ phaṭ phaṭ**（corresponds to hūṃ phaṭ hūṃ phaṭ, mystical syllables）——相当于 hūṃ phaṭ hūṃ phaṭ。可参见第 96 页注 [13]。

[11] **svāhā**（mystical syllables）——音译“娑嚩(二合)贺(引)”，出于《妙吉祥平等秘密最上观门大教王经》，汉文咒无，明代永乐大钟的蓝扎铭文亦无。佛教术语，旧译繁复，有苏婆诃、苏波诃、莎嚩诃、娑婆诃、萨婆诃、娑嚩诃、娑嚩贺、莎诃等。其为真言（咒语）的结语词。其义据《大日经疏》九：莎诃可惊觉诸佛，令作证明。《经》十三：娑诃为警发义，以此真言警发诸佛，诵此真言时，诸佛受警而起加持行人。《仁王经仪轨》下曰：娑嚩贺，此云成就义，亦云吉祥义，亦云圆寂义，亦云息灾增益义，亦云无住义，所谓“无住义”，即菩萨为了利乐有情众生不住涅槃。（参见丁福保《佛学大辞典》“苏波诃”条）

单独出现则有两种象征义：金刚结印咒（见《不空羂索陀罗尼经》卷 1，T20.1096.0419c）；赞辩才天女咒（见《金光明最胜王经》，T16.665.437c）。《不空羂索陀罗尼经》说：“以二手小指无名中指向内相叉，以右押左并屈作卷，竖二头指及二大指并令相着。咒曰莎（去）诃。此是观世音金刚结印咒，称能摧破一切魔众，乂亦能断一切厌蛊。”（见卷 1，T20.1096.0419c）

4. 大黑天心咒（the heart mantra of Mahakala）（西侧，见图版 39—41）

复原：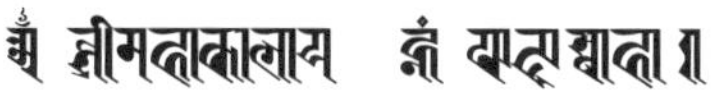

释读：**oṃ śrī[1]mahā[2]kālāya[3] hūṃ phaṭ svāhā //**

旧译：唵 希里摩贺迦啰野　　吽　发吒 娑缚贺

旧译原文：唵室哩(二合)麻曷葛辣耶 吽 吽发吒(二合)沙河。

出典：台北故宫博物院藏明代《吉祥喜金刚集轮甘露泉》，见林光明《兰札体梵字入门》，台北：嘉丰出版社，2004 年版，第 245 页；台北故宫博物院藏明《大乘经咒》“马曷葛剌神咒”条。

今译：唵 供奉大威德黑天！吽 发吒 娑嚩贺。

诠注：

[1] **śrī**（*f.*, auspiciousness, glory, welfare）——利，胜，德，威德，殊胜，吉祥。

[2] **mahā**（great）——大，伟大。

[3] **Kālāya**（*m., dat., sg.*, “black”, N. of a Buddist deity）——是 kāla 的单数为格，译为黑天、大黑天（Mahākāla）、大黑神、大黑天神等。旧译：摩诃迦罗、摩诃迦罗天、莫诃哥罗、嘛哈噶拉等。印度教称其为湿婆（Śiva）的忿怒形化身。佛教密宗称其为密宗本尊大日如来（Vairocana）欲降伏恶魔而示现的忿怒药叉主形象。大黑天被密宗誉为战斗之神，民间古有“若祀彼神增其威德举事皆胜”的信仰。据称，他是世间的保护神和财富神。

关于大黑天的形象，传说不一，有一面八臂或三面六臂等。系髑髅为璎珞，身披象皮，横把一枪，一头穿人头，一头穿羊；或横把三戟叉，周身雷电烟火，足下一地神女天。《大黑天神法》曰：“大黑天神者，胎藏界梵号云摩诃迦罗天，亦云大黑天神。用普印。三摩耶形剑。青色三面六臂。前左右手横执剑，左次手执人头，右次手执牝羊。次左右象皮张背后，以髑髅为璎珞也。”《慧琳音义》十曰：“摩诃迦罗，唐云大黑天神也，有大神力，寿无量千岁，八臂青身黑云色，二手怀中横把一三戟叉，右第二手把一青羖羊，左第二手把一恶鬼头髻，右第三手把剑，左第三手执羯咤冈迦（khaṇvāṅga），是一髑髅幢也。后二手各于肩上共张一白象皮如披式，以七蛇贯穿髑髅以为璎珞。虎牙上出作大愤怒形。雷电烟火以为威光。身形极大，足下有一地神女天，以两手承足者也。”（参见丁福保《佛学大辞典》“大黑天”条）。《大黑天神法》曰：“若吾（大黑天）安置伽蓝。日日敬供者。吾寺中令住众多僧。每日必养千人之众。乃至人宅亦尔也。若人三年专心供吾者。吾必此来。供人授与世间富贵乃至官位爵禄。应惟悉与焉。”（《大黑天神法》卷 1，T21.1287.355b）

显宗称大黑天神为大自在天的变身，将其视为施福之神。印度和中国都将其安置于伽蓝。每日以炊饭供养。其形象：皮肤、头冠均为黑色；着裤驱褰不垂，着狩衣，裙短袖细。右手作拳收右腰。左手拎持鼠毛色大袋，搭在肩上。垂下裎过臀。《仁王经·佛祖通载》三十五曰：“西竺诸寺皆于食橱安置供养之。”《寄归传》曰：“西方诸大寺处或于食橱柱侧，或在大库门前，雕木表形，或二尺三尺为神王状坐把全囊，却踞小床，一脚垂地，每将油拭，黑色为形。号曰莫诃歌罗，即大黑神也。古代相传，是大天之部署，性爱三宝，护持五众，使无损耗。求者称情，但至食时，厨家每荐香火。所有饮食随列于前。”

大黑天神在云南白族中被称为“朵恨哼日”（白语），倍受崇拜敬仰，其地位仅次于观世音菩萨。据称其是佛教的守护神、财富神和厨神，常被绘制和铭刻于灶房。在胎藏界曼荼罗中位于外金刚部中左第三位。大黑天的形象颇多：或三头六臂，或三头四臂，或三头八臂，或站或坐，但均有三只眼，第三只眼位于前额。兵器或剑，或枪，或三戟叉。骷髅串为璎珞，蛇为臂钏。头戴牛冠，腰系虎皮，戟叉人头。三目圆睁，双耳悬蛇，獠齿上出，怒发竖立，如炽如燃。其职分：或掌管人间寿命和官禄，或降伏贼寇，驱逐强敌，或免除刑狱之苦，或统御冥司，超度亡灵，或祛瘟灭疠，绝人间涂炭。

顺便讲一下大黑天的特征，如黑色的皮肤和头冠、狰狞的面目、髑髅璎珞、横把的戟叉或枪或剑、足下的地神女天、周身的火焰等，它们都有一定的象征意义。譬如他的狰狞面目和髑髅璎珞象征对恶魔的威慑等。其他确切的象征意义，还有待深入考察。而它们不仅被赋予后期和现代的象征意义，还折射着印度更古老乃至史前的社会余光。

我们知道约公元前 2000 年，白种雅利安人侵入印度西北部，征服了印度的黑皮肤的土著人（达罗毗荼人），后又经过 1000 多年才逐渐统治了大部分印度次大陆。在漫长的历史时期，始终存在着白皮肤的雅利安人和黑皮肤的土著居民间的矛盾和斗争，彼此的文化也不断发生冲突和融合。在宗教信仰上，原始的土著居民所信仰的，就主流而言，是原始密教，而雅利安人所信仰的是吠陀教。这两支对立的宗教，随着时间的推移，也在发生剧烈的斗争和相互的融合。以前者为主流的密教衍生出了耆那教和佛教以及后来的佛教密宗，后者衍生出婆罗门教和印度教。虽然后来人们不大在意宗教的种族性质，但在其中仍然烙有原始种族的印记。就大黑天而论，他是原始湿婆（Śiva）的化身。湿婆原是印度黑皮肤的土著居民的大神，后被融入印度教的神祇行列，成为古代印度教三大神（梵天、毗湿奴和湿婆）之一。而原始印度教大神也被收进佛教的殿堂。但在佛教神殿中，这些大神如大黑天，仍然具有原始土著居民的特征：黑皮肤。所以黑天的皮肤和头冠的黑色，象征印度的土著民族；白色的象皮披风，象征被战胜的象族部落，这里也可能隐含着对入侵的白种雅利安人的仇视。而足下的地神女天象征产生和载持万物的大地。大地为阴性，其中折射着原始农业母系社会的余晖。

5. 未知名咒（a title-unknown mantra）（西侧，见图版 41—45）

复原：

释读：**oṃ ruru[1] roru[2] vitikṣṇa[3] pado[4] sikamala[5] rakṣasi[6] hūṃ[7] bhyo[8] hūṃ**

旧译：唵 卢卢 楼卢 尾底刹那 没驮 悉圪么勒 罗圪舍悉 吽 嘌 吽

出典：参见拙著《永乐大钟梵字铭文考》正文第 37 页，杂咒（cf. a mixed mantra in the study of the inscription in Sanskrit on the Yongle Bell）。

今译：唵！卢卢，楼卢！以莲为剑的怜悯慈悲之佛陀哟！您来护佑（我们吧）！吽嘌 吽！

诠注：

[1] **ruru**（mystical syllables, *m.*, a species of antelope; a kind of savage animal; a dog; a form of Bhairava, ie. Śiva）——神秘音节，也许是一种羚羊，一种野兽，狗，呈现为某动物的仙人，湿婆的一种恐怖形象。

[2] **roru**（mystical syllables）——神秘音节。

[3] **vitikṣṇa**（mostly w.r. for vi-tīkṣṇa which is in the same mantra in the inscription on the Yongle Bell. "Vi" as a prefix, it is especially used to verbs or nouns and other parts of speech derived from verbs, to express "division", "distinction", "negation", or "opposition", etc., sometimes it gaves a meaning opposite to the idea contained in the simple root. tīkṣṇa, *adj.*, expressing "sharp", "hot", "acid", etc; vi-tīkṣṇa, *adj.*, denoting "sympathetic"）——vi 作为名词或动词的前缀，有分开、特殊、否定、反面等义，有时表示与词根相反的意思。tīkṣṇa，尖刻、冷酷之义。故 vi-tīkṣṇa 则为 tīkṣṇa 的反义词，意译：无冷酷之心的，也即慈悲的。

[4] **pado**（mostly w.r. for Buddho which is in the same mantra in the inscription on the Yongle Bell. *m.*, *nom.*, *sg.*, fr. Buddha）——据季羡林先生的考证，pado 应该是西域大夏文 podo 的误写（见季羡林先生的《浮屠与佛》,《季羡林文集》第 7 卷）。可见，此咒有大夏文的影子。此字相当于梵文 buddha（佛）。而 pado 相当于阳性、单数、主格 buddhaḥ 的连声形式。

[5] **sikamala**（a Sandhi form of asi-kamala, denoting "one whose lotus is his sword"）——为 asi-kamala 的连声形式。意译：剑莲，或以莲为剑的。

[6] **rakṣasi**（*pres.*, *sg.*, 2nd, *P.*, fr. √rakṣ, to guard, take care of, protect; or mostly w.r. for rākṣasī in the same mantra in the inscription on the Yongle Bell［*f.*, *nom.*, *sg.*, a female demon］）——rākṣasī（罗刹女）之误，意思是"你来守护"。

[7] **hūṃ**（mystical syllable）——神秘音节。音译：吽。

[8] **bhyo**（mystical syllable）——神秘音节。

6. 未知名咒（a title-unknown mantra）（西侧，见图版 46—48）

复原：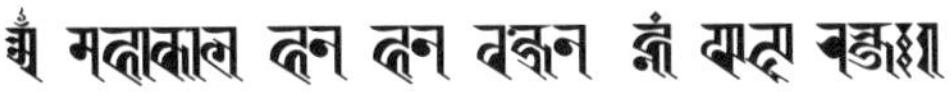

释读：**oṃ mahākala hana[1] hana vajrena[2] hūṃ phaṭ rakṣaḥ[3] //**

音译：唵 摩诃迦罗 诃那 诃那 伐折雷纳 吽 发吒 罗纥沙曷

出典：待考。

意译：唵 大黑天神啊！用金刚杵杀，杀！吽 发吒，护佑（我们）吧！

诠注：

[1] **hana**（*m.*, *voc.*, *sg.*, substitutes for *Impv. sg.*, 2nd, *P.*, fr. √han, to kill）——杀。

[2] **vajrena**（*m.*, *instr.*, *sg.*, thunderbolt）——金刚杵。

[3] **rakṣaḥ**（*adj.*, *m.*, *voc.*, *sg.*, fr. rakṣas, guarding, watching）——守护的。

第五节　西南小塔铭文

V　Inscription on the South-west Smaller Pagoda

一、图版（pictures）

图版（picture）1

图版（picture）2

图版（picture）3

图版（picture）4

图版（picture）5

图版（picture）6

图版（picture）7

图版（picture）8

图版（picture）9

图版（picture）10

图版（picture）11

图版（picture）12

图版（picture）13

图版（picture）14

图版(picture)15

图版(picture)16

图版(picture)17

图版(picture)18

图版(picture)19

图版(picture)20

图版(picture)21

图版(picture)22

图版(picture)23

图版(picture)24

图版(picture)25

图版(picture)26

图版(picture)27

图版(picture)28

图版(picture)29

图版(picture)30

图版(picture)31

图版(picture)32

图版(picture)33

图版(picture)34

图版(picture)35

图版(picture)36

图版(picture)37

图版(picture)38

图版（picture）39

图版（picture）40，法轮正中央为一字金轮王种子字

图版（picture）41

图版（picture）42

二、拓片（rubbings）

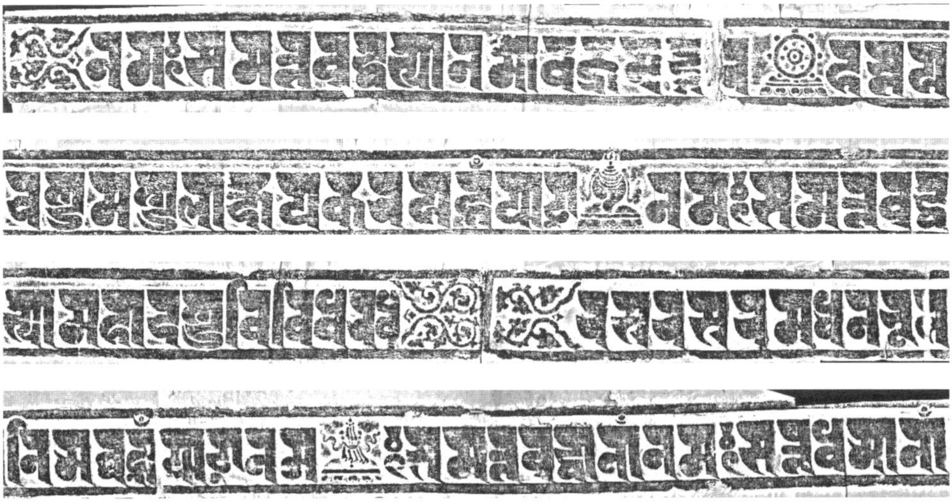

三、西南小塔铭文考（a study of the inscription on the south-west smaller pagoda）

（一）原文并释读（original text and decipherment）

原文：

释读：na maḥ sa ma nta bu ddhe bhyo na mo va jra mu ḍga ra ha sta ya ca ṇḍa ma ṇḍa lā kṣa pa ka

ra ya hūṃ pha ṭ na mah sa ma nta bu ddhe bhyo ma hā da ṇḍa vi vi dha ra dha ra su ra su

ra ma rdhana bhū ta ni rmatha hūṃ pha ṭ na maḥ sa ma nta bu ddhā nāṃ na maḥ sa nta dha

rmā nāṃ na maḥ sa nta sa ṅgha nāṃ oṃ si tā ta pa tre oṃ vi ma la oṃ oṃ śaṃ ka ra oṃ pra tyaṃ gi ra va jra u ṣṇi ṣa ca kra va rti sa rva ya ntra ma ntra sa la ka rma ba ndha na

ta ḍa naṃ kī la nāṃ va ma ma kri te ye na ke na ci t kri ra kṣa tam ta tsa rva ntu cchi

nda cchi nda bhi nda bhi nda ci ri ci ri gi ri gi ri hūṃ hūṃ hūṃ pha ṭ pha ṭ pha ṭ oṃ

ka ra li hūṃ pha ṭ //

（二）复原并释读（restoration and decipherment）

复原：नमः समन्तबुद्धेभ्या नमा वज्रमुद्गरहस्तय चण्डमण्डलाक्षयपकरय हूं यात नमः

释读：namaḥ samantabuddhebhyo namo vajra muḍgarahastaya caṇḍamaṇḍalākṣe pakaraya hūṃ phaṭ namaḥ

samantabuddhebhyo mahādaṇḍavividhara dhara sura sura mardhanabhūta nirmatha hūṃ phaṭ

नमःसमन्तबुद्धानां नमःसन्तधर्मानां नमः सन्तसङ्घनां यैं सितातयत यै

namaḥ samantabuddhānāṃ namaḥ santadharmānāṃ namaḥ santasaṅghanāṃ oṃ sitātapatre oṃ

विमल यैं यैं सङ्कर यैं प्रत्यंगिरवज्रउष्णिषचक्रवति सर्वयन्त्रमन्त्रमलकर्मबन्ध

vimala oṃ oṃ śaṃkara oṃ pratyaṅgiravajra-uṣṇiṣa-cakravarti sarvayantramantramalakarma bandha

nataḍanaṃ kīlanāṃ vamamakrite yena kena cit kriraksatam tatsarvantu cchinda cchinda bhinda

bhinda ciri ciri giri giri hūṃ hūṃ hūṃ phaṭ phaṭ phaṭ oṃ karali hūṃ phaṭ //

（三）断咒（judgement of dharanis）

1. 未知名咒（a title-unknown mantra）（见图版 1—5）

复原：

释读：namaḥ[1] samantabuddhebhyo[2] namo[3] vajra[4] muḍgara[5] hastaya[6] caṇḍa[7] maṇḍala[8] ākṣepa[9] karaya[10]

音译：那谟 萨满多普忒票 那谟 喔戟罗门伽罗 诃思多也 剑托 门得嘞 拆波羯罗夜

hūṃ phaṭ

吽　发吒

出典：待考。

意译：皈依一切诸佛！皈依驱除猛烈麻风病（或天花）的手执金刚杵的（金刚手）！吽 发吒！

诠注：

[1] **namaḥ**（*n.*, *nom.*, *sg.*, bow, obeisance, reverential salutation）——中性，单数，主格，音译为曩谟、南无、那谟、南谟、那莫、囊谟。意译：躬身致敬、致礼、敬礼、归命、归依、归礼等，要求为格。

[2] **samantabuddhebhyo**（*comp.*, *m.*, *dat.*, *pl.*, all the Buddhas）——一切诸佛。

[3] **namo**（see the note 1）——同注 [1]。

[4] **vajra**（*m.*, a thunderbolt）——金刚。

[5] **muḍgara**（*m.*, a hammer）——锤，杵。

[6] **hastaya**（w.r. for hastāya, *m.*, *dat.*, *sg.*, the hand）——手。

vajra-muḍgara-hastāya（*Bahu.*, *comp.*, *m.*, *dat.*, *sg.*, one who has a vajra hammer in his hand）——手持金刚杵的（者），金刚手。

[7] **caṇḍa**（*adj.*, fierce, violent, cruel, impetuous）——猛烈的。

[8] **maṇḍala**（*n.*, a sort of cutaneous eruption or leprosy with circular spots）——一种皮肤麻疹或麻风病。

caṇḍa-maṇḍala（*com.*, *m.*, a violent leprosy）——凶猛的麻风病，也可能是一种皮肤发疹的传染病，如天花、瘟疫等。

[9] **ākṣepa**（throwing away, giving up, removing）——抛弃，放弃。

[10] **karaya**（mostly w.r. for karāya, a doer）——做者，为者。

maṇḍala-ākṣepa-karāya（Tatapuruṣa *comp.*, *adj.*, *m.*, *dat.*, *sg.*, doing the renunciation of the leprosy）——依主释复合词，驱走麻风病的（直译：做了麻风病驱离的）。

caṇḍa-maṇḍala-ākṣepa-karāya（doing the renunciation of the violent leprosy）——驱除猛烈的麻风病的。

2. 末知名咒（a title-unknown mantra）（见图版 6—12）

复原：

释读：namaḥ [1] samantabuddhebhyo[2] mahādaṇḍa[3] vividhara dhara[4] sura[5] sura mardhanabhūta[6] nirmatha[7]

音译：那谟 萨满多普忒票 摩诃耽吒 尾尾忒罗 忒罗 修罗 修罗 摩尔特那普特 尼尔莫特

hūṃ phaṭ

吽 发吒

出典：待考。

意译：皈依一切诸佛！执握长杖，执握长杖！（阿）修罗啊，（阿）修罗！粉碎让人痛苦的精灵！吽 发吒！

诠注：

[1] **namaḥ**（see above）——前出，见上页注 [1]。

[2] **samantabuddhebhyo**（*comp*., *m*., *dat*., *pl*., all Buddhas）——诸佛。

[3] **mahādaṇḍa**（*bahu. comp*., *m*., one whose stick in his hand is long）——一持长棒的（者）。

mahādaṇḍa-vidhara（*m*., *voc*., *sg*., laying hold of a long staff）——执长棍的（者）。

[4] **vividhara dhara**（i.e vidhara, vidhara, *Impv*., *P*., *sg*., 2nd, from vi-√dhṛ, to lay hold of, seize）——执，握。

[5] **sura**（*m*., *sg*., *voc*., a class of eight kinds of beings from Indian mythology. Formerly they were evil, but now having been converted by the Buddha, they protect his dharma. The eight kinds of beings are:1. devas 天［gods］, 2. nāgas 龙［snake kings］, 3. yakṣas 夜叉［spirits of the dead who fly about in the night］, 4. ghandharvas 乾闼婆［half-ghost music masters］, 5. asuras 阿修罗［demigods of evil disposition］, 6. garudra 迦楼罗［golden-winged birds which eat dragons］, 7. kiṃnara 紧那罗［heavenly music masters who are neither human nor not human］, 8. mahoraga 摩睺罗迦［snake spirits］）——修罗，又作阿素罗、阿须罗、阿素洛、阿索罗、阿须伦。佛教所谓八部众之一，以战斗为事的鬼类。意译非天、不端正。阿修罗原为印度最古诸恶神之一，与帝释天率领之天族对抗。在佛教中，则与乾闼婆、紧那罗等同属天龙八部众，守护释尊。

[6] **mardhanabhūta**（mostly w.r. for mardhanabhūtaṃ, *n*., *sg*., *acc*., a paining

ghost）——多半是 mardhanabhūtaṃ 之误。意译：使人痛苦的精灵。

[7] **nirmatha**（*pres*., *Impv*., *sg*., 2nd, *P*., fr. √nirmath, to grind down, destroy）——粉碎，毁灭。

3. 皈敬颂（paying respects to the three treasures）（见图版 12—16）

复原：
释读：namaḥ samantabuddhānāṃ[1]namaḥ santadharmānāṃ[2]namaḥ santa-saṅghanāṃ[3]
音译：那谟　萨满多普塔难　那谟　散多达磨难　那谟　散满多 僧迦难

出典：待考。

意译：皈敬诸佛，皈敬诸法，皈敬诸僧！

诠注：

[1] **samantabuddhānāṃ**（*comp*., *m*., *gen*., *pl*., all the Buddhas）——一切诸佛。

[2] **santadharmānāṃ**（w.r. for samantabuddhānāṃ, *comp*., *m*., *gen*., *pl*., all the dharmas）——一切诸法。

[3] **santasaṅghanāṃ**（w.r. for samantasaṅghānāṃ, *comp*., *m*., *gen*., *pl*., all the saṅkhas）——一切诸僧。

4. 未知名咒（a title-unknown mantra）（见图版 17—39）

复原：
释读：oṃ[1]sitātapatre[2] oṃ vimala[3] oṃ oṃ śaṃkara[4] oṃ pratyaṃ[5] gira[6] vajra[7] uṣṇiṣa[8] cakra[9]
音译：唵 悉达多帕多罗 唵 尾末勒 唵 唵 商羯罗 唵 般若底盎 给罗 伐折罗乌湿尼舍 遮迦罗

varti[10]sarvayantra[11]mantra[12]mala[13]karma[14]bandhana[15]taḍanaṃ[16] kīlanāṃ[17]va[18]mama[19]krite[20] yena
瓦利提 萨利婆衍多罗 曼佗罗 摩勒 羯磨 般特纳 多柘难 给拉难 斡 末末 羯利提 英那

kenacit[21] kri[22]rakṣatam[23]tat[24]sarvantu[25] cchinda[26]cchinda bhinda[27]bhinda ciri[28] ciri giri[29] giri
给那几吒 羯利罗纥舍耽耽萨利婆多罗 亲砣 亲砣 频铎 频铎 佶利 佶利 给里 给里

hūṃ hūṃ hūṃ phaṭ phaṭ phaṭ[30] oṃ karali[31] hūṃ phaṭ[32]//
吽 吽 吽 发吒 发吒 发吒 唵 羯勒里 吽 发吒

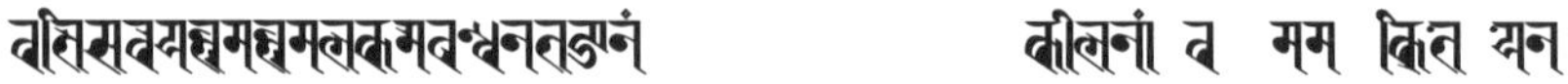

出典：待考。

意译：唵 白伞盖之尊！唵 无垢之尊！唵 商羯罗哟！唵 唵 西方啖食金刚！佛顶转轮王哟！粉碎国人的一切束缚，粉碎一切吠陀仪式的污浊，粉碎一切业的束缚！婆楼那（水天）哟！为了我！无论如何，都要把那为羯里（kri）所保护的一切（恶魔）斩杀，斩杀！劈砍，劈砍！诛灭，诛灭！吞没，吞没！吽 吽 吽 发吒 发吒 发吒！唵 烈焰之尊！吽 发吒！

诠注：

[1] **oṃ**（a mystical syllable）——真言密语，无实词意义。常置于咒前作神秘的发语词，在佛教密宗中被圣化为"一切真言之母"，"含无量法门"。说如来苦修多年不得菩提，"后习此观便成正觉"，并称"一切如来皆因观想此字而得成佛"。另外，唵（oṃ）字又含不可估量的威慑力量，行者只要吟诵一声"唵"，一切诸佛菩萨天龙八部悉皆匍匐于前如奴仆。

[2] **sitātapatre**（*f.*, *voc.*, *sg.*, a white umbrella）——白伞盖佛顶尊！

[3] **vimala**（*adj.*, stainless, spotless, pure; N. of Buddhist deity）——无垢之尊，佛教一神尊名。

[4] **śaṃkara**（N. of a Cakra-vardin）——商羯罗，转轮王的名号。

[5] **pratyaṃ**（corresponds to pratyañc, western）——西方的。

[6] **gira**（*adj.*, swallowing）——啖食。

[7] **vajra**（*m.*, vajra pestle）——伐折罗，或曰缚日罗，跋折罗，即金刚或金刚杵。《大藏法数》四十一曰："梵语跋折罗，华言金刚。此宝出于金中，色如紫英。百炼不销，至坚至利，可以切玉，世所希有，故名为宝。"金刚杵原为印度之兵器。密宗假借之，以标示坚利之智，无坚不摧，能断烦恼、伏恶魔。故密宗甚为崇尚。

gira-vajra（*m.*, a personified thunderbolt of swallowing）——啖食金刚。

pratyaṅ-gira-vajra——西方啖食金刚顶转轮王。

[8] **uṣṇiṣa**（w.r. for uṣṇīṣa, *m.*, or *n.*, a kind of excrescence on the head of Buddha）——佛顶（上的赘生物）。

[9] **cakra**（*n.*, a wheel）——轮。

[10] **varti**（*f.*, *voc.*, *sg.*, of vartī from vartin, turning, rolling）——转动的。

uṣṇīṣa-cakra-varti（*comp.*, *f.*, *voc.*, *sg.*）——佛顶转轮王。

[11] **sarvayantra**（*comp.*, *n.*, all fetters）——所有束缚。

[12] **mantra**（*m*., “instrument of thought”, speech, sacred text or speech; a Vidic hymn or sacrificial formula; a mystical verse; incantation）——“思想工具”，语言；圣典，吠陀圣歌；祭祀仪式；神秘的诗文；咒语。

[13] **mala**（*n*., dirt, filth, impurity）——污浊。

[14] **karma**（*n*., act, action）——业。

[15] **bandhana**（*n*., fetter, tie）——束缚。

[16] **taḍanaṃ**（*n*., *sg*., *nom*., crack, mostly fr. √taḍ, to beat, strike）——打击；破碎，粉碎。

sarva-yantra-mantra-mala-karma-bandhana-taḍanaṃ——直译：一切束缚，吠陀仪式的污浊，业的束缚的粉碎（省略了 bhū 的命令语气 bhavatu）。

[17] **kīlanāṃ**（mostly w.r. for kīrānāṃ, *m*., *gen*., *pl*., N. of the people and of the country of Kaṣmir）——很可能是 kīrānāṃ 之误。意译：克什米尔国和人民的。

[18] **va**（=vama, *m*., *voc*., *sg*., N. of Varuṇa; the Chinese translation of “water god” which is Varuṇa in Indian mythology. One of the oldest Vedic gods, the personification of the heavens, who is the creator and preserver of the universe. He later became the lord of the sun gods, and still later became the god of the oceans and rivers.）——婆楼那（Varuṇa）的名号，汉译“水天”或“婆楼那”。他本是印度吠陀神话中的一尊，宇宙的创造和保护神，后来演化成海神、河神。

[19] **mama**（*pron*., *m*., *sg*., *gen*., my）——我的。

[20] **krite**（mostly w.r. for kṛite, *loc*., *ind*., on account of, for the sake of, for [with *gen*. or *ifc*.]）——多半为 kṛite 之误，依格，作为不变词。意译：为了……（要求属格，或作为复合词的后部）。

mama-kṛite（on account of me）——为了我。

[21] **yena kenacit**（by any means, whatsoever）——无论如何，无论什么。

[22] **kri**（mostly N. of a demon）——很可能是恶魔的名字。

[23] **rakṣata**（*adj*., protecting）——保护。

krirakṣataṃ（mostly kari-rakṣataṃ, *comp*., *m*., *acc*., *sg*., protected by the demon Kri）——受恶魔羯里保护的。

[24] **tat**（*pron*., from tad）——代词。

[25] **sarvantu**（=sarvaṃtu, the former, *pron*., *m*., *sg*., *acc*., entire, whole, all; the latter,

sometimes used as a mere expletive）——即 sarvaṃtu，前者为代词阳性，单数，业格，意译：一切，全部等；后者在这里仅仅为附加成分。

[26] **cchinda**（short vowel or mā or ā before ch, ch changes to cch. irregular *v.*, *Impv.*, *sg.*, 2nd, fr.√chid, cl. 7, to cut, split）——在 ch 前，如果是短元音或 mā 或 ā，则 ch 变成 cch。其为第七类不规则动词，命令语气，第二人称单数，主动语态。如按规则应为 chinddhi，在密教文献中，非第 1 类动词按第 1 类动词变化。若预感则为命令语气，第二人称单数，主动语态。意译：劈，砍。

[27] **bhinda** （irregular *v.*, *Impv.*, *sg.*, 2nd, *P.*, fr. √bhid, to split, cleave, cut; destroy）——劈开，打破；毁灭。

[28] **ciri**（*v.*, √ciri, cl.5, to hurt, kill. Here used as *Impv.*, *sg.*, 2nd, *P.*, cirinu）——第五类动词根，这里被当作现在时，命令语气，主动语态，单数第二人称 cirinu 使用。意译：伤害，杀灭。

[29] **giri**（irregular *v.*, used as *Impv.*, *sg.*, 2nd, *P.*, fr. √gir, to swallow）——吞没（特殊变化）。

[30] **hūṃ hūṃ hūṃ phaṭ phaṭ phaṭ**（mystical syllables）——神秘音节，可分为三组 hūṃ phaṭ，音译：吽 钹吒（癹吒或发吒），常出现在降伏咒的末尾，《秘藏记》末曰："降伏初吽后发吒。" 同私钞九曰："吽字其音如牛吠，是降伏声也，又风轮种子也，风有摧破能，故为降伏加句。发吒者破坏义，是又与调伏相应。" 加于咒末，能破坏一切魔障。（见丁福保《佛学大辞典》"发吒" 条）"phaṭ" 为神秘结语词，常使用于咒语末尾。单独使用，名 "最上法印" "金刚部法印"（见《佛说一切如来真实摄大乘现证三昧大教王经》，T18.882.365a,383b），"救拔拥护世间心印咒"（见《不空羂索陀罗尼经》，T20.1096.419c）。

[31] **karali**（w.r. for karāli, fr. kalālī, *f.*, *voc.*, *sg.*, one of the seven tongues and nine Samidhs of Agni）——有七舌九焰者，烈焰之尊。

[32] **hūṃ phaṭ**（see note 30）——见本页注 [30]。

5. 一字轮王曼荼罗（见图版 40）

原文：
释读：**bhrūṃ**
旧译：勃隆

诠注：

此字为一字金轮种子字。

6. 图版 41—42

为横向相互连接的一组浮雕。浮雕主调是仰俯莲花，最上方是梵字铭文（释读如上），铭文中间有法轮，之下是缠枝花纹；仰俯莲之间有象、狮，二兽之间有象征佛法坚不可摧的金刚。

金刚，一作金刚杵，梵语音译伐折罗（Vajra），原为印度之兵器。密宗假借之，以标示坚利之智，能断烦恼，伏恶魔。按其两端所分股数，分为独股、三股、五股、九股。作为密宗法器往往以金、石、木制作成象征物，有大、中、小三品。《大日经疏》一曰："伐折罗即是金刚杵。"又曰："伐折罗如来金刚智印。"又曰："譬如帝释手持金刚破修罗军，今此诸执金刚亦复如是。各从一门持大空之战具，能破众生无相之烦恼。故以相况也。"《仁王经念诵仪轨》上曰："手持金刚杵者，表起正智犹如金刚。"《诸部要目》曰："杵，金，银，铜，铁，石，水精，佉陀罗木等，无量种各不同。杵，五股三股一股。长十六指为上，十二指为中，八指以为下，乃至一指节为下。此经中说：不持金刚杵念诵，无由得成就。金刚杵者，菩提心义。能坏断常二边，契中道。中有十六菩萨位，亦表十六空为中道。两边各有五股五佛五智义。亦表十波罗蜜，能摧十种烦恼，成十种真如，便证十地。"（参见丁福保《佛学大辞典》）。

白象有大威力，其性柔顺，故菩萨自兜率天降下，或乘六牙之白象，或自化白象而入摩耶夫人之胎。《瑞应本起经》上曰："菩萨初下，化乘白象，贯日之精，因母昼寝，而示梦焉，从右胁入。"《因果经》一曰："尔时菩萨，观降胎时至，即乘六牙白象，发兜率宫。无量诸天作诸伎乐，烧众妙香，散天妙华。随从菩萨。"《普曜经》曰："菩萨便从兜率天上垂降威灵，化作白象，口有六牙。"《宗轮论》曰："一切菩萨，入母胎时，作白象形。"同书记曰："以象调顺，性无伤暴有大威力如善住龙，故现此仪。意表菩萨性善柔和有大势，师子王等虽有威力然多杀伤，故圣不现师子形。"又象为普贤菩萨所乘，是表菩萨之大慈力也。《法华经·普贤劝发品》曰："是人若行若立读诵此经，我尔时乘六牙白象王，与大菩萨众俱诣其所而自现身。"《普贤观经》曰："六牙表六度，四足表四如意。"《止观》二曰："言六牙白象者，是菩萨无漏六神通。牙有利用如通之捷疾，象有大力，表法身荷负，无漏无染，称之为白。

头上有三人，一持金刚杵，一持金刚轮，一持如意珠，表三智居无漏顶。”（参见丁福保《佛学大辞典》）

白象又作白象宝，白象者，谓转轮圣王清旦升殿，有白象宝忽然出现，其身纯白，其首杂色，口有六牙，牙七宝色，力能飞行。若王乘时，一日之中，周遍天下，朝往暮回，不劳不疲；若行渡水，水不动摇，亦不濡足，是名白象宝。（见明一如等撰《三藏法数》）

狮子也为佛教象征物。佛被称为“人中师子”（佛经上的“狮”字多写作“师”字）。释迦牟尼佛初诞生时，一手指天，一手指地，作狮子吼，云：“天上地下，唯我独尊。”后来，佛菩萨甚至高僧大德演说佛法，降伏一切外道异说，亦称狮子吼。如《普曜经·论降神品》：“譬如狮子吼，诸小虫怖惧，畅佛狮子吼，降伏外异学。”唐刘禹锡《送鸿举游江南》诗：“与师相见便谈空，想得高斋师子吼。”又如《五灯会元》卷9谓：“寂子说禅如师子吼，惊散狐狼野干之属。”俗语中则每称悍妇恶骂为“河东狮吼”，如《官场现形记》第39回：“无奈瞿老爷一来怕有玷官箴，二来怕河东狮吼，足足坐了一夜。”这里有个掌故。相传宋代苏轼有个朋友，姓陈名慥字季常，号龙丘居士，喜招宾客，好谈禅理。不过，其妻柳氏悍妒，陈慥甚惧。苏轼曾赋诗戏之云：“龙丘居士亦可怜，谈空说有夜不眠。忽闻河东狮子吼，拄杖落手心茫然。”（见宋洪迈《容斋三笔·陈季常》）后明朝汪廷讷根据此事改编为杂剧《狮吼记》。“河东”，旧属柳姓的郡望，如唐代柳宗元，人称“柳河东”。（参见中国佛教文化研究所编《俗语佛源》）

第六节　西北小塔铭文

Ⅵ Inscription on the North-west Smaller Pagoda

一、图版（pictures）

图版（picture）1

图版（picture）2

图版（picture）3

图版（picture）4

图版（picture）5

图版（picture）6

图版（picture）7

图版（picture）8

图版（picture）9

图版（picture）10

图版（picture）11

图版（picture）12

图版（picture）13

图版（picture）14

图版(picture)15

图版(picture)16

图版(picture)17

图版(picture)18

图版(picture)19

图版(picture)20

图版(picture)21

图版(picture)22

图版(picture)23

图版(picture)24

图版(picture)25

图版(picture)26

图版(picture)27

图版(picture)28

图版(picture)29

图版(picture)30

图版(picture)31

图版(picture)32

图版(picture)33

图版(picture)34

图版(picture)35

图版(picture)36

图版(picture)37

图版(picture)38

图版（picture）39

图版（picture）40

图版（picture）41

图版（picture）42

图版（picture）43

图版（picture）44

图版（picture）45

图版（picture）46

图版（picture）47

图版（picture）48

图版（picture）49

图版（picture）50

图版（picture）51

图版(picture)52

二、拓片(rubbings)

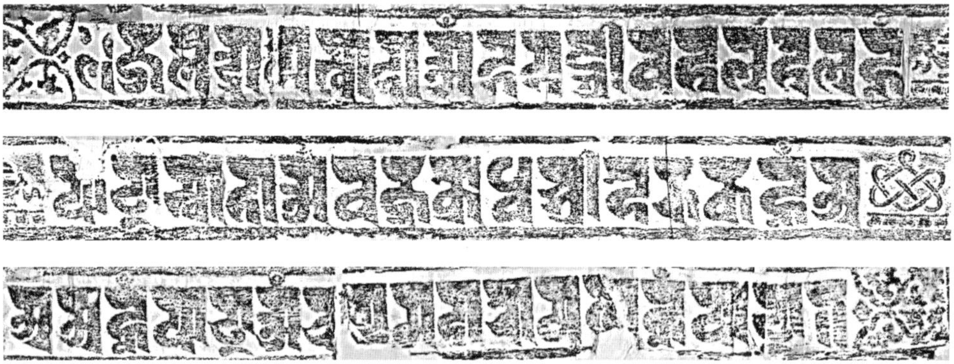

三、西北小塔铭文考（a study of the inscription on the north-west smaller pagoda）

（一）原文并释读（original text and decipherment）

原文：

释读：ta dya thā oṃ ha ra ha ra va jra ma tha ma tha va jra dhu na dhu na va jra ha na ha na va

jra da ha da ha va jra pa ca pa ca va jra dha ra dha ra va jra dhā ra ya dhā ra ya va jra

dhā ru ṇa dhā ru ṇa va jra cchi nda cchi nda va jra bhi nda bhi nda va jra hūṃ pha ṭ na

ma ca ṇḍa va jra kro dhā ya hu lu hu lu ti ṣṭha ti ṣṭha ba ndha ba ndha ha na ha na oṃ a

mṛ tā hūṃ pha ṭ oṃ a pa ra ci ta a ci te svā hā oṃ ma hā kā la hūṃ pha ṭ oṃ

śrī ma hā kā lā ya hūṃ hūṃ pha ṭ svā hā oṃ ja va la ya svā hā oṃ jñāṃ svā hā oṃ

jam ba la ja le ndrā ya svā hā oṃ ha ya ṅgrī va hu lu hu lu hūṃ pha ṭ svā hā oṃ va

jra kro dha śrī he ru ka hūṃ a a a hūṃ pha ṭ oṃ ca ṇḍa ma hā ru ṣa ṇa hūṃ pha ṭ

（二）复原并释读（restoration and decipherment）

复原：

释读：ta dyathā oṃ hara hara vajra matha matha vajra dhuna dhuna vajra hana hana vajra daha daha

vajra paca paca vajra dhara dhara vajra dhāraya dhāraya vajra dhāruṇa dhāruṇa vajra cchinda

cchinda vajra bhnda bhinda vajra hūṃ phaṭ nama caṇḍa vajra krodhāya hulu luhu tiṣṭha tiṣṭha

bandha bandha hana hana oṃ amṛtā hūṃ phaṭ oṃ aparacita acite svāhā oṃ mahā kāla

hūṃ phaṭ oṃ śrī māhākālāya hūṃ hūṃ phaṭ svāhā oṃ javalaya svāhā oṃ jñāṃ svāhā oṃ jam

bala jalendrāya svāhā oṃ ha yaṅgrīva hulu hulu hūṃ phaṭ svāhā oṃ vajra krodha śrī heruka

hūṃ a a a hūṃ phaṭ oṃ caṇḍa mahā ruṣaṇa hūṃ phaṭ

（三）断咒（judgement of dharanis）

1. 未知名咒（a title-unknown mantra）（见图版 1—16）

复原：

释读：tadyathā[1]oṃ[2]hara[3]haravajra[4]matha[5]matha vajra dhuna[6]dhuna vajra hana[7]hanavajra daha[8]daha

音译：怛垤达 唵 赫罗 赫罗伐折罗末特 末特 伐者罗 涂那 涂那 伐者罗赫那 赫那 伐者罗 德诃 德诃

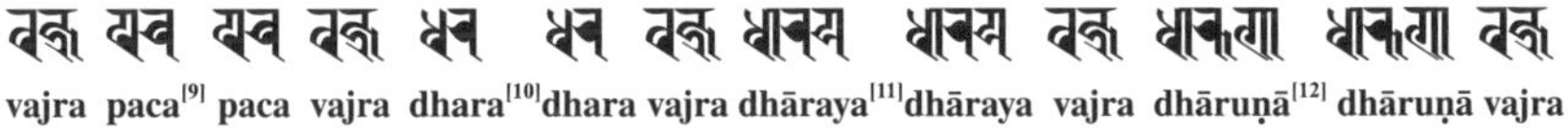

vajra paca[9] paca vajra dhara[10]dhara vajra dhāraya[11]dhāraya vajra dhāruṇā[12] dhāruṇā vajra

伐折罗 巴扎 巴扎 伐者罗 塔罗 塔罗 伐折罗塔拉耶 塔拉耶 伐折罗 他鲁纳 他鲁纳 伐折罗

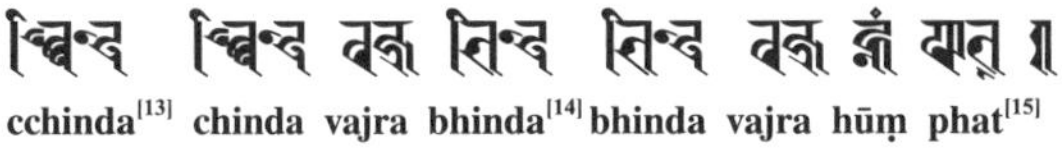

cchinda[13] chinda vajra bhinda[14] bhinda vajra hūṃ phat[15]

亲托 亲托 伐折罗 拼得 拼得 伐折罗 吽 发吒

出典：待考。

意译：也即 唵 毁灭，毁灭！金刚啊！令其痛苦，令其痛苦！金刚啊！伤害，伤害！

金刚啊！杀，杀！金刚啊！烧，烧！金刚啊！煮，煮！金刚啊！镇压，镇压！金刚啊！令其被镇压，被镇压！金刚啊！支持者，支持者啊！金刚啊！劈，劈！金刚啊！粉碎，粉碎！吽 发吒！

诠注：

[1] **tadyathā**（*ind.*, namely）——不变词。意译：换句话说，即，也即。

[2] **oṃ**（a mystical syllable）——真言密语，无实词意义。常置于咒前作神秘的发语词，在佛教密宗中被圣化为“一切真言之母”，“含无量法门”。说如来苦修多年不得菩提，“后习此观便成正觉”，并称“一切如来皆因观想此字而得成佛”。另外，唵（oṃ）字又含不可估量的威慑力量，行者只要吟诵一声“唵”，一切诸佛菩萨天龙八部悉皆匍匐于前如奴仆。

[3] **hara**（*Impv.*, *sg.*, 2nd, *P.*, fr. √hṛ, cl.1, to bear, carry; to remove, destroy）——命令语气，主动语态，单数，第二人称。意译：携，持；除去，毁灭。

[4] **vajra**（*m.*, *sg.*, *voc.*, a thunderbolt）——阳性，单数，呼格。意译：金刚，金刚杵。

[5] **matha**（*Impv.*, *sg.*, 2nd, *P.*, fr. √math, cl.1, to disturb, trouble; to distress; to hurt, destroy）——命令语气，主动语态，单数，第二人称。意译：扰乱，使困扰；使悲痛；伤害，毁灭。

[6] **dhuna**（w.r. for dhūna, irregular *Impv.*, *sg.*, 2nd, *P.*, fr. √dhū, cl.5, to hurt, destroy）——第 5 类动词，不规则变位，现在时，命令语气，主动语态，单数，第二人称。意译：伤害，毁灭。

[7] **hana**（*Impv.*, *sg.*, 2nd, *P.*, fr. √han, to slay, kill, smite）——命令语气，主动语态，单数，第二人称。意译：杀，杀戮，打击，毁灭。

[8] **daha**（*Impv.*, *sg.*, 2nd, *P.*, fr. √dah, to burn, consume by fire, scorch）——第 2 类动词 √dah 的不规则变位，现在时，命令语气，主动语态，单数，第二人称。意译：烧毁，烧焦。

[9] **paca**（*Impv.*, *sg.*, 2nd, *P.*, fr. √pac, to boil, bake）——第 1 类动词，现在时，命令语气，主动语态，单数，第二人称。意译：煮，烤，烧。

[10] **dhara**（*Impv.*, *sg.*, 2nd, *P.*, fr. √dhṛ, to restrain, suppress）——命令语气，主动语态，单数，第二人称。意译：压制，镇压。

[11] **dhāraya**（*Impv.*, *sg.*, 2nd, *P.*, fr. √dhṛ, cl.1, to cause to be suppressed）——致使动词，命令语气，主动语态，单数，第二人称。意译：使受镇压。

[12] **dhāruṇā**（mostly w.r. for dhāraṇā, *f*., *nom*., *sg*., supportter）——支持者。

[13] **cchinda**（irregular *Impv*., *sg*., 2nd, *P*., √chid, cl.7, to cut off, amputate）——第 7 类动词，不规则变位，现在时，命令语气，主动语态，单数，第二人称。意译：砍断，切断，锯断。

[14] **bhinda**（irregular *Impv*., *sg*., 2nd, *P*., fr. √bhid, cl.7, to split, cleave, break）——第 7 类动词，不规则变位，现在时，命令语气，主动语态，单数，第二人称。意译：劈开，撕裂，粉碎。

[15] **hūṃ phat**（mystical syllables）——神秘音节，音译：吽 钹吒（登吒或发吒），常出现在降伏咒的末尾。加于咒末，能破坏一切魔障。

2. 军荼利明王咒（the mantra of Vidyaraja Kundali）（见图版 16—24）

复原：

释读：**namo[1]（ratnatrayāya[2]namaś[3]）caṇḍa[4]vajra[5]krodhāya[6]hulu[7] hulu tiṣṭha[8] tiṣṭha bandha[9]**

旧译：曩谟 啰怛曩怛啰夜也 曩么室战拿 嚩日啰 俱噜驮也 户噜 户噜 底瑟咤 底瑟咤 拔瑟咤满驮

bandha hana[10]hana oṃ amṛtā[11]hūṃ phaṭ//

满驮 贺曩 贺曩 唵 [12] 阿蜜哩帝吽登咤

旧译原文：曩谟啰怛曩(二合)怛啰(二合)夜也 曩么室战(二合)拿么贺—嚩日啰(二合)—俱噜(二合引)驮(引)也户噜户噜底瑟咤(二合)底瑟咤(二合)拔瑟咤满驮满驮贺曩贺曩阿蜜哩(二合)帝 吽登咤(半音)。

出典：《甘露军荼利菩萨供养念诵成就仪轨》卷 1（T21.1211.48a）。

今译：（皈依三宝！）向愤怒的金刚愤怒明王致敬！公绵羊，公绵羊！站起来，站起来！（绵羊族的人啊！）捆绑、捆绑、捆绑、捆绑！斩杀、斩杀！唵 甘露佛母哟！吽 发吒！

诠注：

[1] **namo**（see above）——见本书第 118 页注 [1]。

[2] **ratnatrayāya**（*m*., *dat*., *sg*., "three jewels"）——皈依三宝：佛、法、僧。本梵咒无。

[3] **namaś**（Sandhi form of namaḥ, *n*., *nom*., *sg*., often with *dat*., bow, obeisance, reverential salutation）——为 namaḥ 的连声形式。中性，单数，主格，常与为格名词

搭配。音译为曩谟、南无、那谟、南谟、那莫、囊谟。意译：躬身致敬、致礼、敬礼、归命、归依、归礼等，要求为格。失名蓝扎体梵文陀罗尼经集（下简称经集）作oṃ namo（误写）；法贤本作那谟。本梵咒无。

[4] **caṇḍa**（*adj*., fierce, violent, cruel, angry）——粗暴的，厉害的，暴戾的，愤怒的。

[5] **vajra**（thunderbolt）——金刚。

[6] **krodhāya**（*m*., anger, wrath, passion; mostly N. of a Buddhist deity）——旧译怒、忿怒、瞋恚、瞋怒等，这里为军荼利明王的称号。

caṇḍa-vajra-krodhāya（*m*., *dat*., *sg*., the wrath of cruel-thunderbolt）——复合词，阳性，单数，为格。意译：暴怒的金刚忿怒之尊（军荼利明王的称号）。

[7] **hulu**（*m*., a ram; here used as mysterious syllables）——阳性名词。意译：公绵羊。在这里作某种象征意义的神秘音节使用。

[8] **tiṣṭha**（*Impv*., *sg*., 2nd, *P*., fr. √sthā, to stand, stand up; to appear）——动词 √sthā的现在时，主动语态，命令语气，单数，第二人称。意译：站立，站起；出现。

[9] **bandha**（*Impv*., *sg*., 2nd, *P*., fr. √bandh, cl.9, 1, 4, to bind, tie, fetter）——捆绑，束缚。

[10] **hana**（*Impv*., *sg*., 2nd, *P*., fr. √han, to slay, kill, smite）——杀。

[11] **amṛtā**（mostly w.r. for amṛte, *f*., *voc*., *sg*., N. of a Buddhist godness）——甘露佛母。永乐大钟铭文同咒为amṛte,《甘露军荼利菩萨供养念诵成就仪轨》同咒旧译“阿蜜哩帝”，与永乐大钟铭文相应。

[12] 唵（there is no this syllable in the inscription on the Yongle Bell）——永乐大钟铭文同咒和《甘露军荼利菩萨供养念诵成就仪轨》同咒无此音节。

3. 浴时心真言（the heart manta in the bath）（见图版22—24）

复原：

释读：**oṃ amṛtā[1]hūṃ phat //**

旧译：唵暗没帝絣[2]拂[3]吒

出典：《苏悉地羯罗经》（T18.893.638b4）

今译：唵 甘露佛母！吽 发吒！

诠注：

[1] **amṛtā**（w.r. for amṛte, *f*., *nom*., *sg*., *voc*., N. of a Buddhist goddess）——甘露佛母。

[2] 絣——发音同“吽”。

[3] 拂——发音同“发”。

4. 无能胜咒（the mantra of Aparajita）（见图版 24—26）

复原：
释读：**oṃ aparacita**[1] **acite**[2] **svāhā**[3] **//**
音译：唵 阿般若逸多 阿几得 娑嚩贺

出典：待考。

意译：唵 无能胜菩萨哟！无能胜佛母！娑嚩贺！

诠注：

[1] **aparacita**（w.r. for aparajita, *m*., *voc*., *sg*., N. of a Budhisattva）——一菩萨名。梵语音译阿般若逸多（同阿逸多 Ajita），意译无能胜，弥勒菩萨之字，以其威德广大无能胜之，故云。真言法中以慈氏菩萨（即弥勒）为自性轮身之名，以无能胜金刚为释迦如来教令轮身之名（教令轮身者，奉其如来之教令，现忿怒之身以对治恶魔者）。《补陀落海会》仪轨曰：“无能胜释迦牟尼佛忿怒，自性轮慈氏菩萨。”《大疏》五曰：“释迦牟尼座下，应作忿怒持明。右边号无能胜，左边号无能胜明妃。并白色，持刀印，观佛而生其间。”同十曰：“此是释迦化身，隐其无量自在神力而现此忿怒明王之形，谓降伏众生而尽诸障也。……能于生死中而得自在，坐佛树下摧破四魔兵众也。无能胜即无不可破坏之义也。”《普通真言品》义释曰：“释迦眷属以无能胜为忿怒明王。”《秘藏记》末曰：“无能胜释迦忿怒，自性轮慈氏。”是《秘藏记》之二轮身也。若依《仁王经仪轨》等之三轮身，则释迦为自性轮，慈氏为正法轮身，无能胜金刚为教令轮身。（参见丁福保《佛学大辞典》“教令轮身”条）。

[2] **acite**（w.r. for ajite, *f*., *sg*., *voc*., N. of a Buddhist goddess）——为 ajite 之误。意译：无能胜佛母。

[3] **svāhā**（mystical syllables）——真言密语，旧译繁复，有苏婆诃、苏波诃、莎嚩诃、娑婆诃、萨婆诃、娑嚩诃、娑嚩贺、莎诃等。无实词意义，常作真言的结语词，出现在咒语的末尾。其义据《大日经疏》九，莎诃可惊觉诸佛，令作证明；《经》十三中，娑诃为警发义，以此真言警发诸佛，诵此真言时，诸佛受警而起加持行人。《仁王经仪轨》下曰：娑嚩贺，此云成就义，亦云吉祥义，亦云圆寂义，亦云息灾增益义，亦云无住义，所谓“无住义”，即菩萨为了利乐有情众生而不住涅槃。（参见丁福保《佛学大辞典》“苏波诃”条）。

5. 大黑天神咒（the mantra of Mahakala）（见图版 27—29）

复原：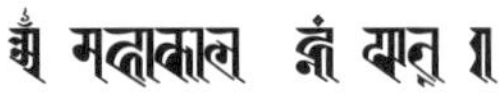
释读：**oṃ mahākāla[1] hūm phat //**
旧译：唵　摩诃哥罗　吽 發吒

出典：参见台北故宫博物院藏《吉祥喜金刚集轮甘露泉》（林光明《兰札体梵字入门》，第 245 页）。

今译：唵 大黑天神啊！吽 发吒！

诠注：

[1] **Mahākāla**（*m.*, *dat.*, *sg.*, “great black”, N. of a Buddist deity）——旧译：摩诃迦罗、摩诃迦罗天、莫诃哥罗、嘛哈噶拉等；意译：大黑神、大黑天神等。印度教称其为湿婆（Śiva）的忿怒形化身。佛教密宗称其为密宗本尊大日如来（Vairocana）欲降伏恶魔而示现的忿怒药叉主形象。大黑天被密宗誉为战斗之神，民间古有“若祀彼神增其威德举事皆胜”的信仰。据称他是世间的保护神和财富神。

6. 大黑天心咒（the heart mantra of Mahakala）（见图版 30—33）

复原：
释读：**oṃ śrī[1]mahākālāya[2]hūṃ hūṃ phat svāhā[3] //**
旧译：唵 室利 摩贺迦啰野　吽　吽　發吒 娑嚩贺

出典：台北故宫博物院藏《吉祥喜金刚集轮甘露泉》（林光明《兰札体梵字入门》，第 245 页）。

今译：唵 供奉威严的大黑天！吽 吽 发吒 娑嚩贺。

诠注：

[1] **śrī**（*f.*, splengour, glory, auspiciousness, welfare, good fortune, majesty）——胜，胜德，妙德，威力，威德；殊胜；妙相；吉祥，瑞相等。

[2] **mahā-kālāya**（*m.*, *dat.*, *sg.*, N. of a Buddhist god guarding dharma）——阳性，单数，为格。意译：（皈依）大黑天。

7. 献灯明（the mantra of donating a lamp）（见图版 34—35）

复原：
释读：**oṃ javalaya[1] svāhā//**
旧译：唵 入嚩攞也 娑嚩贺

旧译原文：唵(引)入嚩(二合)攞娑嚩(二合引)贺(引一)

出典：宋本《佛说金刚香菩萨成就仪轨经》卷下（T20.1170.699c17）。

今译：唵 放光吧！娑嚩贺。

诠注：

[1] **javalaya**（w.r.for jvalaya, *Caus.*, *Impv.*, *sg.*, 2nd, *P.*, fr. √jval, to burn brightly, blaze, glow, shine）——为 jvalaya 之误。即动词 √jval 的致使动词，现在时，命令语气，主动语态，单数，第二人称。意译：使烧，使放光（放无垢光明）。日本《居庸关》汉译为入缚啰（jvala）。

8. 般若菩萨咒（？）（the mantra of Prajna Bodhisattva）（见图版 35—36）

复原：

释读：**oṃ jñāṃ[1]svāhā //**

音译：俺 尼焉 娑嚩贺

出典：待考。

意译：唵 般若菩萨哟！娑嚩贺。

诠注：

[1] **jñāṃ**（the seed of Bodhisattva Prajñāpāramitā）——般若菩萨种子字。

9. 旃波拉天咒（the mantra of Jaṃbala God）（见图版 37—40）

复原：

释读：**oṃ jaṃbala[1]jalendrāya[2]svāhā//**

旧译：唵 旃波拉天 劫林陀剌也 娑嚩贺

出典：据林光明《新编大藏全咒》卷 13（第 52 页）称《佛说宝藏神大明曼拏罗仪轨经》，但又注：此咒与大藏经所载不相符。此与笔者所查相同。

今译：唵 供奉旃波拉天、水天和帝释天，娑嚩贺！

诠注：

[1] **Jaṃbala**（N. of a Buddhist deity）——旃波拉天，佛教一神祇名。

[2] **jala**（water）——水天。

Indra（N. of a god）因陀罗天，又帝释天。

Jaṃbalajalendrāya（Dandva *comp.*, *m.*, *dat.*, *sg.*, N. of three Buddhist deitiest）——

相违释复合词，三位佛教神祇：旃波拉天、水天和因陀罗天。

10. 马头明王咒（the mantra of the Vidyārāja Hayagrīva）（见图版 40—44）

复原：
释读：**oṃ hayaṅgrīva[1]hulu hulu[2]hūṃ phat svāhā //**
旧译：唵 喝野屹哩吠 呼卢 呼卢 吽 发吒 娑嚩贺[3]

出典：参见《佛说一切如来真实摄大乘现证三昧大教王经》卷 21（T18.882.409c22）。
今译：唵 马头明王啊！呼卢呼卢 吽 发吒 娑嚩贺！
诠注：

[1] **hayaṅgrīva**（*m.*, *voc.*, *sg.*, “horse-necked”, N. of a Vidyā-rāja）——阳性，单数，呼格。经译：马头明王、马头金刚明王，俗称马头尊，密号啖食金刚、迅速金刚。音译阿耶揭唎婆、诃耶揭唎婆或何耶揭梨婆。为胎藏界观音院之一尊，与止观所说六观音中的师子无畏观音相配，为六道中畜生道教主。马头明王置马头于顶，示现大忿怒形，为观世音菩萨的一种化身。其慈悲心重，能摧破一切魔障，啖食众生烦恼，以大威轮日照破众生暗暝。（参见《佛光大辞典》第三版）

[2] **hulu hulu**（*m.*, *sg.*, *voc.*, a ram）——公羊，公羊。

[3] 与观自在菩萨摩诃萨说自部羯磨曼拏罗大明类似：唵(引)喝野屹哩(二合引)吠(引一句)阿(引)那野吽(引)嗡(二)(《佛说一切如来真实摄大乘现证三昧大教王经》卷 21，T18.882.409c22）。

11. 亥如迦咒（the mantra of Heruka）（见图版 44—48）

复原：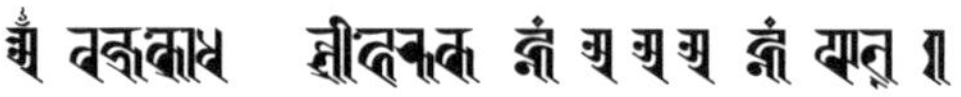
释读：**oṃ vajra-krodha[1] śrīheruka[2] hūṃ a a a[3] hūṃ phat //**
音译：唵 伐折罗哥楼陀 室利亥如迦 吽 阿 阿 阿 吽 发吒

出典：待考。
意译：唵 金刚愤怒之尊，威严的亥如迦啊！吽 阿阿阿 吽 发吒！
诠注：

[1] **krodha**（*m.*, *voc.*, *sg.*, anger, wrath; N. of a Buddhist deity）——愤怒；很可能是佛教的一位愤怒之神。

[2] **śrīheruka**（*m.*, *sg.*, *voc.*, N. of a God of Tibetan Esoteric Buddhism）——圣亥如

迦，藏传佛教密宗主要神祇。

[3] **a a a**（secret syllables）——a，神秘音节，在这里寓意不明。

12. 未知名咒（a title-unknown mantra）（见图版 48—50）

复原：

释读：**oṃ caṇḍa[1]mahāroṣaṇa[2]hūṃ phat //**

音译：唵 旃陀 摩诃楼舍那 吽 发吒

出典：待考。

意译：唵 愤怒威严的楼舍那哟！吽 发吒！

诠注：

[1] **caṇḍa**（*adj*., fierce, violent, cruel, angry）——粗暴的，厉害的，暴戾的，愤怒的。

[2] **Mahāroṣaṇa**（*adj*., angry, wrathful; *m*., *voc*., *sg*., "great wrath", N. of a deity）——威严的楼舍那哟！一佛教神祇名号。

13. 法轮（见图版 51）

法轮（术语），佛之说法能摧破众生之恶，犹如轮王之轮宝，能辗摧山岳岩石。故谓之法轮。又佛之说法，不停滞于一人一处。展转传人，如车轮然。故譬为法轮。《行宗记》一上曰："法轮者，摧业惑故。"《维摩经佛国品》曰："三转法轮于大千，其轮本来常清净。"《智度论》八曰："佛转法轮，或名法轮，或名梵轮。"同二十五曰："佛转法轮，如转轮圣王转宝轮。……转轮圣王手转宝轮，空中无碍。佛转法轮，一切世间天及人中无碍无遮，其见宝轮者诸灾恶害皆灭。遇佛法轮，一切邪见疑悔灾害皆悉消灭。王以是轮治四天下，佛以法轮治一切世间天及人。"《嘉祥法华疏》二曰："无生正观，体可楷模，故名为法。流演圆通不系于一人，故称为轮。又无生正观无累不摧，亦是轮义。"《维摩经》慧远疏曰："名四谛以为法轮，从喻名之。如转轮王所有轮宝能摧刚强，转下众生上升虚空。四谛如是，能摧众生恶不善法，转下众生上入圣道，故以为轮。"（参见丁福保《佛学大辞典》）

轮中有一梵字（音节）：bhrūṃ，音译部林，或没隆，名"一字轮王咒"。末法中《一字心咒经》云：

佛告诸佛子：汝等今善听　我今说此咒　具足诸功德　当来恶世时　我法

将欲灭　能于此时中　护持我末法　能除世间恶　毒害诸鬼神　及诸天魔人　一切诸咒法　若闻此咒名　皆悉自摧伏　我灭度之后　布分舍利已　当隐诸相好　变身为此咒　佛有二种身　真身及化身　若能供养者　福德无有异　此咒亦如是　一切诸天人　能生希有心　受持及供养　所得诸功德　如我身无异　此咒王功德　我今但略说。

第二章
CHAPTER 2

金宝寿塔
Golden Pagoda Inlaid with Gems

第一节　故宫金嵌珍珠宝石塔

Ⅰ Golden Pagoda Inlaid with Pearls and Gems in the Imperial Palace

金嵌珍珠宝石塔是一尊塔顶和塔身均铭有大量蓝扎体梵文经咒的藏式佛塔，由清乾隆皇帝敕造。乾隆帝为什么要造这样一尊铭有梵文经咒的佛塔呢？据传乾隆皇帝有一次在他母亲寿辰时见到母亲头上有了白发，于是便敕令为母亲造了两座佛塔：一尊是金嵌珍珠宝石塔，一尊是藏母亲头发的金发塔。这两尊佛塔，故宫收藏至今。时下，故宫珍宝馆只展出了金嵌珍珠宝石塔，而金发塔保存在库房。这两件文物反映了清廷的宗教信仰和宗教政策。清王朝崇信佛教，特别是藏传佛教，并借以统合各族民众。

为了弄清这两件文物的背景，让我们回顾一下清朝时朝廷与西藏地区的政治和宗教的关系。早在1639年，清廷就派员到西藏会见藏地各派首要，请他们派高僧到内地传教。1642年，西藏各派系派员到了盛京（今沈阳），向清太宗皇太极递交了各派领袖人物的信函，这些领袖人物包括五世达赖、四世班禅和进驻青海的一支蒙古族的首领固始汗等。他们都向清朝皇帝表示良好的祝愿，并争取清廷的支持。西藏使者到达时，太宗皇太极举行了隆重的欢迎仪式，并设宴盛情招待。除此之外，皇太极还分别给西藏各派领袖人物写了回信，向他们表达清廷对各派一视同仁的胸襟和意向。同年，固始汗挥军入藏消灭了敌对势力，从而使他成了包括青海、康区和西藏在内的整个藏族地区的汗王。他在拉萨建立了自己的地方政府，并在当雄驻扎了八个旗的蒙古军。固始汗一举，开了清朝驻军西藏的先河。这支蒙古派系在西藏地区实行统治之后，驻扎在当雄的这支军队由清朝的驻藏大臣指挥，当雄也成为清朝驻藏大臣的直接辖区。1645年，固始汗为了减束达赖的权势，把日喀则地区划归四世班禅管辖。后来的清政府也沿袭了这一政策，使其相互制约，不至于一方权力过分集中以致影响清政府对西藏地区的统辖。1652年，五世达赖应入关不久的顺治帝之请到达北京。清政府给他以优厚的礼遇，并为他在北京修建了黄寺作为其行宫。五世达赖离京返藏前，顺治帝以丰厚的礼品金银相赠。1653年，顺治帝遣礼部

呼和浩特慈灯寺金刚座舍利宝塔

尚书和理藩院侍郎携金册金印赶到代葛（今内蒙古自治区的凉城县内），追上五世达赖，册封其为“西天大善自在佛所领天下释教普通瓦赤喇怛喇达赖喇嘛”。册封金印一直保留到现在。在册封五世达赖的同时，清政府也派使臣前往西藏封固始汗为“遵行文义敏慧顾实汗”，金册上还有“作朕屏辅，辑乃封圻”的话，其义为“做帝王护边助手，让你的封地和睦安定”。这意味着固始汗被授予统辖西藏的行政大权。而达赖只被封为西藏佛教的领袖。1682年，五世达赖去世，五世达赖生前授命的权力继承人桑结嘉措密不报丧，盗用五世达赖名义掌管黄教事务达15年之久，并要求清廷封自己为藏王。直到1697年，在清廷的责问下，他才宣布五世达赖早已去世，转世“灵童”也已找到。同年10月，把15岁的“灵童”迎至布达拉宫坐床，是为六世达赖。但六世达赖不安于深锁宫中的黄教领袖地位，一心向往浪漫的爱情生活。在追求爱情的旅途中终于成了风流倜傥的诗人，写下了不少热情奔放的情诗。1705年，由于多种原因，康熙帝废黜了六世达赖。1721年，清廷派兵护送七世达赖格桑嘉措进藏，并驱逐了扰藏的准噶尔军队，加强了对西藏的统治。在西藏的事务中，经过反复挫折，清政府总结了治藏的经验，于1751年，颁诏七世达赖喇嘛格桑嘉措掌管西藏地方政府。从而在西藏开始了政教合一的历史。

清王朝在内蒙古和内地其他地方留有不少与藏传佛教有关的文物。诸如呼和浩特市的“慈灯寺”——五塔寺，以寺后五塔而得名。该寺始建于清雍正五年至十年（1727—1732），原有三层殿宇，可惜已毁，现仅存一座建筑“金刚座舍利宝塔”，俗称五塔，为砖石结构。塔身下半部镶嵌着蒙、藏、梵三种文字书写的金刚经文；塔身南面正中开卷门，门旁为四大天王像，门上方有蒙、汉、藏三种文字的“金刚座舍利宝塔”匾额；金刚座后，北墙南面有三幅嵌雕图：《六道轮回图》《须弥山分布图》《天文图》。其中《天文图》直径144.5厘米，是世界上发现的唯一用蒙古文标注的天文图，具有很高的科研价值。

乾隆皇帝继承了前辈的宗教政策，朝廷与西藏地区保持了更为紧密的关系。为了顺应蒙、藏等少数民族信奉藏传佛教的习俗，“因其教而不易其俗”，通过“深仁厚泽”来“柔远能迩”，以“合内外之心，成巩固之业”，乾隆帝在河北承德修建了许多藏式寺庙，俗称“外八庙”。其中，除溥仁寺、溥善寺建于康熙年间外，其余如普宁寺、普陀宗乘之庙、须弥福寿之庙、普乐寺、安远庙和普佑寺等十座寺庙均建于乾隆年间。其中普宁寺是我国北方著名的佛教活动场所。仿西藏布达拉宫修建的普陀宗乘之庙规模宏大、气势磅礴，是外八庙中最为宏伟的一座。须弥福寿之庙又称班禅行宫，是班禅额尔德尼六世为庆祝乾隆皇帝六十大寿来承德的驻跸之地。普乐寺，其主殿旭光阁，圆顶重檐，极似北京天坛祈年殿，内供俗称“欢喜佛”的“上乐王佛”，属藏传佛教的密宗。除此之外，还有北京的雍和宫。乾隆皇帝于乾隆九年（1744）将其父雍正帝的府第雍和宫改为藏传佛教的寺院，俗称“喇嘛庙”，画梁上所绘的诸多梵文咒语使这座寺院充满西藏密宗的神秘气氛。乾隆年间，坐落于北京的明代寺院——真觉寺（五塔寺）也得到扩充和修缮，其金刚宝座上布满了蓝扎体梵文陀罗尼铭文。在清东陵地宫也发现有不少蓝扎体梵文陀罗尼。几年前，在辽宁发现了一座清廷近卫将领的墓穴，从中出土了一方陀罗尼锦被，看上去十分豪华，它象征着墓主显赫的地位。这些发现都与清廷有密切关系。它们从一个侧面反映了清王朝的宗教政策及其信仰。乾隆帝为其母亲所敕造的两尊金佛塔只是其崇奉藏传佛教的例证之一。

一、图版(pictures)

图版(picture)1　金嵌珍珠宝石塔(golden pagoda inlaid with pearls and gems)

图版(picture)2　塔顶柱铭文(inscription on the pillar above the pagoda)

图版（picture）3　塔腰部铭文（inscription on the waist of the pagoda）

图版（picture）4　宝塔底部（the bottom of the pagoda）

二、宝塔铭文考释（a study of the inscription of the golden pagoda inlaid with pearls and gems）

（一）塔顶柱铭文（inscription on the pillar above the pagoda）

1. 原文并释读（original text and decipherment）

（1）圈 1—6

原文：ཨོཾ་ཨ་མྲྀ་ཏ་ཨཱ་ཡུ་རྡ་ཏེ་སྭཱ་ཧཱ

释读：oṃ a mṛ ta ā yu rda te svā hā

（2）圈 7—9

原文：
释读：oṃ va jra ā yu ṣe svā ḥā

（3）圈 10—11

原文：
释读：oṃ su pra ti ṣṭa va jra ye svā hā

（4）圈 12—13

原文：
释读：ye dha rmā he tu pra bha vā he tu nte ṣā nta thā ga to hya va da tte ṣā ñca yo ni ro

dha e vaṃ vā dī ma hā śra ma ṇaḥ ye svā hā

说明：每一圈同轴同咒重复。

2. 断咒并译注（judgement of dharanis, notes and commentary）

（1）尊胜佛母总持心咒（the heart dharani of Ushnishavijaya）（圈 1—6）

原文：
释读：oṃ a mṛ tā ā yu rda te svā hā

复原：
释读：oṃ[1]amṛt āyur[2] date[3] svāhā[4]
旧译：唵 阿密利多 阿臾日 达逮 娑嚩贺

出典：《佛说造像量度经解》（T21.1419.951b17）；清《造像量度经续补》。

今译：唵 给予无量寿命佛母啊！娑嚩贺！

诠注：

[1] **oṃ**（a mystical syllable）——神秘音节。旧译：唵（佛教术语）。详见本书第 77—78 页注 [1]

[2] **amṛtāyur**（Sandhi form of amta-āyus, *n*., *sg*., *acc*., immortal life）——复合词，中性单数，业格。意译：无量寿命。

[3] **date**（probably w.r. for dāte, *f*., *sg*., *voc*., the being a giver）——很可能为 dāte 之

误。意译：是给予者。

[4] **svāhā**（mystical syllables）——常置于明咒之后的吉祥结语词。常译作娑嚩贺、莎诃等。详见本书第 40—41 页注［3］。

（2）延寿真言（the mantra of prolonging one's life）（图 7—9）

原文：
释读：om̥ va jra ā yu ṣe svā ḥā

复原：
释读：om̥ vajrāyuṣe[1] svāḥā
音译：唵 嚩日啰阿虞谁 娑嚩贺

出典：待考。

意译：唵 供奉金刚寿菩萨！娑嚩贺！

诠注：

[1] **vajrāyuṣe**（Sandhi form of **vajra-āyuṣe**, *n*., *dat*., *sg*., grant［her］vajra-life!）——中性单数为格。意译：赐予金刚寿命吧！（省略了动词。）

（3）安置火天真言（the mantra arranging for the fire god）（图 10—11）

原文：
释读：om̥ su pra ti ṣṭa va jra ye svā hā

复原：
释读：om̥ supratiṣṭavajraye[1] svāhā
旧译：唵 酥钵啰底瑟姹哆 [2] 嚩日啰 [3] 娑嚩贺

出典：《佛说一切如来安像三昧仪轨经》（T21.1418.935a13）。

今译：唵 供奉坚密金刚母 娑嚩贺！

诠注：

[1] **supratiṣṭavajraye**（*comp*., *f*., *dat*., *sg*., fr. supratiñöa-vajri）——坚密金刚母。

[2] 酥钵啰底瑟姹哆——其中末字"哆"应该是 ta 的音译，此梵咒无。

[3] 嚩日啰——应对应 vajra。意译：金刚。但该梵文咒末字是 ye, 即 vajraye 阴性单数为格。意译：供奉金刚母。汉文咒无也（ye）。

（4）**法身偈**（the gatha about dharma-body）**或十二因缘咒**（the dharani of pratyayas）（图 12—13）

原文：
释读：**ye dha rmā he tu pra bha vā he tu nte ṣā nta thā ga to hya va da tte ṣā ñca yo ni ro**

dha e vaṃ vā dī ma hā śra ma ṇaḥ ye svā hā

复原：
释读：**ye[1] dharmā[2] hetu[3] prabhavā[4] hetunteṣān[5] tathāgato[6] hya[7] vadat[8] teṣāñca[9] yo[10]nirodha[11]evaṃ[12]**
旧译：英嗓吟麻形珞不啰末斡形珞碇善怛达遏多缬末嗪怛碇善拶 养 祢嚷嗪嘆梡（合口）

vādī[13] mahāśramaṇaḥ[14] ye svāhā //
斡（引）溺（引）麻诃（引）实啰（二合）麻捺英

出典：《圣妙吉祥真实名经》卷 1（T20.1190.0832b17）。

今译：诸法从缘起，如来说是因，彼法因缘尽，是大沙门说。（见《大智度论》《浴佛功德经》《南海寄归内法传》）

诠注：

[1] **ye**（*pron.*, *m.*, *pl.*, *nom.*, refers to dharmāḥ）——为指示代词 yad 的阳性复数主格形式。意译：那些，指的是法。

[2] **dharmā**（Sandhi form of dharmāḥ, *m.*, *pl.*, *nom.*, that which is established or firm, steadfast decree, statute, ordinance, law）——音译为达磨。意译：既成而不变的事物，如自然规律、习俗、种姓、职责等；法，特指佛法。

[3] **hetu**（*m.*, cause）——原因。

[4] **prabhāva**（w.r. for prabhavā, Sandhi form of prabhavāḥ, *m.*, *pl.*, *nom.*, origin, production）——为阳性名词 prabhava 的复数主格连声形式 prabhavā 之误。意译：生，产生。

[5] **hetunteṣāṃ**（Sandhi form of hetum-teṣāṃ）——为 hetum-teṣām 的连声形式。二词分解如下：

hetun（Sandhi form of hetum, *sg.*, *acc.*, couse）——为 hetu 中性名词单数业格 hetuṃ 的连声形式。意译：原因，因缘。

teṣāṃ（*pron.*, *m.*, *pl.*, *gen.*, fr. tad., these）——指示代词 tad 的复数属格。意译：这

些，指法（dharmāḥ）。

[6] **tathāgato**（*m*., *sg*., *nom*., one who comes in the same way, Gautama Buddha, Buddha）——如来，指乔达摩释迦牟尼佛。

[7] **hya**（Sandhi form of hi-a; hi, *ind*., emphasis）——为 hi 和 a 的连声形式，hi 为加强语气的不变词，a 为后一词，即 a-vadat 的初音。

[8] **avadat**（*impf*., *P*., *sg*., 3rd, of √vad, to say）——动词 √vad 的未完成时，主动语态，单数第三人称。意译：说。

[9] **teṣāñca**——共两个字。前者 teṣāñ 为 teṣāṃ 的连声形式，指示代词，复数，属格，所指对象为诸法（dharmāṃ），意译：它们（诸法）的。后者为并列连词 ca，意译：和。

[10] **yo**（*pron*., *m*., *sg*., *nom*., fr. yad., this）——关系代词 yad 的阳性单数主格。意译：这个，这位。

[11] **nirodha**（Sandhi form of nirodhaḥ, *m*., *sg*., *nom*., destruction）——阳性单数主格 nirodhaḥ 的连声形式。意译：灭，灭尽，坏灭，寂灭等。

[12] **evaṃ**（*ind*., so, in this way, like that）——作为副词，可译作：如是，如此；像这样。

[13] **vādī**（*m*., *sg*., *nom*., fr. vādin, a speaker）——说者。

[14] **mahāśramaṇaḥ**（*m*., *sg*., *nom*., great religious mendicant, N. of Gautama Buddha）——大沙门。沙门（śramaṇaḥ）原指辛勤劳作者、辛勤者、尽心尽力者，疲劳者；引申义为苦行者，行者，修行者。这里特指佛教僧人。“大沙门”特指释迦牟尼。

（二）腰部铭文（inscription on the waist of the pagoda）

1. 原文并释读（original text and decipherment）

（1）圈 1

原文：

释读：**oṃ a mṛ ta ā yu rda te svā hā maṃ bha laṃ oṃ bhrūṃ svā hā oṃ a mṛ ta ā yu rda te**

svā hā

（2）圈 2

原文：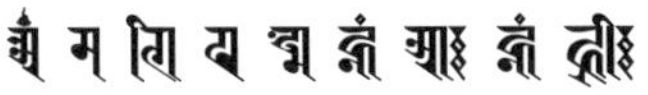

释读：**oṃ ma ṇi pa dme hūṃ āḥ hūṃ hrīḥ**

（3）圈 3

原文：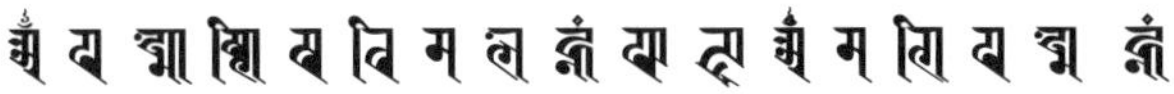

释读：**oṃ pa dmo ṣṇi ṣa vi ma le hūṃ pha ṭ oṃ ma ṇi pa dme hūṃ**

说明：每一圈都是同样咒文的重复书写。

2. 断咒并译注（judgement of dharanis, notes and commentary）

（1）尊胜佛母总持心咒（the heart dharani of Ushnishaavijaya）（圈 1）

原文：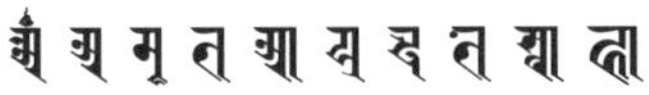

释读：**oṃ a mṛ tā ā yu rda te svā hā**

复原：

释读：**oṃ amṛt āyur date svāhā**

旧译：唵 阿密利多 阿臾日 达建 娑嚩贺

出典：《佛说造像量度经解》（T21.1419.951b17）；清《造像量度经续补》。

今译：唵 授予无量寿命之尊！娑嚩贺！

诠注：

详见本书第 153—154 页《尊胜佛母总持心咒》诠注。

（2）未知名咒（a title-unknown mantra）（圈 1）

原文：

释读：**maṃ bha laṃ**

复原：

释读：**maṃ[1] bhalaṃ[2]**

音译：满 帕 蓝

出典：待考。

意译：让我成功（或有结果）吧！

诠注：

[1] **maṃ**（mostly w.r. for mama, *sg*., *gen*., fr. mad, my）——代词我的单数，业格。

[2] **bhalaṃ**（*n*., *sg*., *nom*., fruit, result）——果实；结果。

（3）心中心真言，本尊心咒（mystical mantra in the heart）（圈 1）

原文：

释读：**oṃ　bhrūṃ svā　hā**

复原：

释读：**oṃ bhrūṃ　svāhā**

旧译：唵　没噜　娑嚩贺[1]

出典：《佛说造像量度经解》（T21.1419.951b17）。

今译：（无语言学意译。）

诠注：

[1] 关于“唵 没噜 娑嚩贺”，在 14 世纪下半叶（元末明初）指空译《于瑟抳毗左耶陀罗尼》、明代朱棣皇帝敕造永乐大钟经咒铭文梵文《佛顶尊胜陀罗尼》和近来于湖北出土的一幅明代《法被图》中的《尊胜咒》，均有此咒，名“佛顶尊胜心咒”（《密咒圆因往生集》，T46.1956.1010c07）。

（4）尊胜佛母总持心咒（the heart dharani of Ushnishaavijaya）（圈 1）

原文：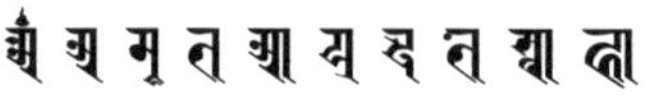

释读：**oṃ a mṛ tā ā yu rda te svā hā**

复原：

释读：**oṃ amṛt āyur date svāhā**④

旧译：唵 阿密利多 阿臾日 达逮 娑嚩贺

诠注：

详见本书第 153—154 页《尊胜佛母总持心咒》诠注。

（5）六字真言（the mantra consisting of six syllables）（圈 2）

原文：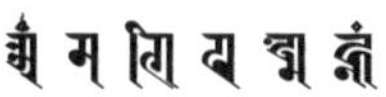

释读：**oṃ ma ṇi pa dme hūṃ**

复原：
释读：**oṃ maṇi padme hūṃ**
旧译：唵 么抳钵讷铭 吽

旧译原文：唵(引)么抳钵讷(二合)铭吽。

出典：《佛说大乘庄严宝王经》(T20.1050.61b14)。

今译：唵 祈愿宝珠在莲花上，吽！

诠注：

“六字真言”又称“观世音咒”，流行最广，知名度最高。所谓“六字真言”，即由梵文的六个音节构成的咒语：oṃ ma ṇi pa dme hūṃ。汉语音译为“唵么抳钵讷铭吽”或“唵摩尼钵谜吽”或“唵嘛尼叭弥吽”等。此真言在佛门法事中常能听到，其梵文六字也习见于密宗殿堂。所谓“真言”,《大日经疏》卷3：真言“皆如来极妙之语也”，它是“秘密符号”。“旧译云‘咒’。”

(6)加持咒[1](adhishthina mantra)(圈2)

原文：
释读：**oṃ āḥ hūṃ drīḥ**
旧译：唵 阿 吽 叱利嘻

出典：《佛说大悲空智金刚大教王仪轨经》(T18.892.0588c10)。

今译：(无语言学意译。)

诠注：

加持咒所谓的“加持”即梵文adhiṣṭhāṇa的意译，佛教术语，加附佛力于软弱众生而任其作为均受佛力护持之义(见《佛说妙吉祥最胜根本大教经》，T21.1217.83)；顶真言(见《金刚恐怖集会方广仪轨观自在菩萨三世最胜心明王经》，T20.1033.9b)；大忿怒明王心真言(见《大方广菩萨藏文殊师利根本仪轨经》，T20.1191.849a)；圣阎曼德迦威怒王心顶口心真言(见《圣曼德迦威怒王立成大神验念诵法》，T21.1214.74b)。梵咒本是三个音节，此咒最后的音节据称为宁玛派所加。

(7)佛顶无垢心咒(the pure heart mantra of shnisha)(外围环绕各22字，共66字)(圈3)

原文：
释读：**oṃ pa dmo ṣṇi ṣa vi ma le hūṃ pha ṭ**

复原：

释读：**oṃ padmoṣṇiṣa[1]vimale[2]hūṃ phaṭ**

旧译：唵 泊德茂瑟抳舍 维摩磊 吽 发吒

出典：《佛说造像量度经解》（T21.1419.951b17）。

今译：唵 莲花顶无垢菩萨哟！吽 发吒！

诠注：

[1] **Padmoṣṇiṣa**（w.r. for padma-uṣṇīṣa, Lotus-Corona）——莲花顶菩萨。

[2] **vimale**（*adj*., *f*., *voc*., *sg*., stainless, spotless）—— 阴性，单数，呼格。意译：无垢的，纯洁的。

（8）六字真言（the mantra consisting of six syllables）（圈 3）

复原：

释读：**oṃ maṇi padme hūṃ**

旧译：唵 么抳钵讷铭 吽

旧译原文：唵（引）么抳钵讷（二合）铭吽。

出典：《佛说大乘庄严宝王经》（T20.1050.61b14）。

今译：唵 祈愿宝珠在莲花上，吽！

诠注：

详见本书第 159 页《六字真言》诠注。

第二节 雍和宫

Ⅱ Yonghe Palace

雍和宫是北京最大的藏传佛教寺院，建于清康熙三十三年（1694）。原为清第三代皇帝雍正帝即位前的府邸。雍正三年（1725）改为行宫，乾隆九年（1744）改为藏传佛教寺院。雍和宫由三座庄严精致的牌坊、雍和门、雍和宫殿、“四学殿”（药师殿、数学殿、密宗殿、讲经殿）及三个文物陈列室构成。整个建筑布局完整，巍峨壮观，具有汉、满、藏、蒙民族特色。各殿内供有众多佛像、唐卡及大量珍贵文物，其中有紫檀木雕刻的五百罗汉山、金丝楠木佛龛。最称奇的是宫内万福阁矗立着的白檀香木大佛。檀木大佛1990年被载入《吉尼斯世界纪录大全》。

这尊大佛为弥勒大佛，通高26米，头戴天冠，赤宝莲足，下身长裙，全身瓔珞珠宝严饰，雍容华贵。大佛面部庄严肃穆，双目微垂，朱唇微闭，双手各持一长柄巨莲，莲蕾缀枝，含苞欲放，顶上莲花盛开。双手并擎法物，左为净瓶，右为法轮。另右手施说法印，左手施予愿印。

白檀香木大佛

雍和宫的弥勒大佛是用一根完整的白檀木雕刻而成，地面上高18米，地下埋8米，整座佛像巍然矗立于汉白玉雕成的须弥宝座上，其中佛头部直顶最上层阁楼的藻井。当年佛像做成后，光给佛像制作一件披袍就用去黄缎1100米。万福阁又称“万佛楼”。

据清朝理藩院档案记载，乾隆九年，乾隆皇帝在征询了章嘉国师的意见后，正式给雍和宫御赐藏语寺名“葛丹敬恰林”（意“兜率壮丽洲”），并将其改为藏传佛教寺庙。三世章嘉国师奉旨出任雍和宫的首任总堪布。此后，雍和宫也就成了清朝政府管理全国藏传佛教事务的中心。章嘉、阿嘉、察罕、土观等八大驻京呼图克图均驻锡于此。乾隆十五年（1750），清朝出兵平定了西藏叛乱，此后，乾隆皇帝就把西藏的军政大权交给了七世达赖喇嘛。因此，七世达赖喇嘛对乾隆皇帝十分感激。当他得知乾隆皇帝要为其家庙雍和宫建筑一座高阁，以供奉一尊弥勒大佛作为雍和宫全寺的压轴之殿的消息后，就四处搜罗佛像，以求进奉报答文殊大皇帝之恩。这时恰好尼泊尔刚从印度运回一棵巨大的白檀木，七世达赖喇嘛不惜重金将它买下，并且从尼泊尔经四川等地历时3年运抵京城，进献给乾隆皇帝。乾隆皇帝见到这棵巨大的白檀木，龙颜大悦，当即钦命驻京八大呼图克图之一的副札萨克掌印喇嘛察罕五世活佛叶希普日来拉布吉，全权负责大佛的整体设计、监督雕刻、指挥施工。察罕五世活佛遵照乾隆皇帝的圣旨，调动木作、漆作、雕銮作等工匠会同策划、雕造、施工，花费白银8万、赤金800余两，才完成这一工程。因佛像巨大，不便殿内施工，故待整尊佛像安置在基座之后，再建万福阁。所以雍和宫有“先有佛像，后有佛殿”之说。大佛雕刻成于乾隆十八年（1753），迄今已有260多年的历史。

大佛局部

大佛局部

一、转经筒（prayer wheel）

佛教转经筒（见右图），红铜质地，上、中、下三道饰纹环绕，整体由中间的环绕缠枝纹区隔为上、下两层，每层具有同一观世音心咒——六字真言（mantra consisting of six syllables），以蓝扎体梵字写就。

原文：

释读：**oṃ ma ṇi pa dme hūṃ**

旧译：唵 嘛 尼 叭 弥 吽

《显密圆通成佛心要集》卷 2 说：若诵六字大明，“随所住处，有无量诸佛菩萨天龙八部集会，又具无量三昧法门，诵持之人，七代种族，皆得解脱”。故信奉者每至必转。每转一圈等于吟诵一遍，据称转得愈多愈灵验。于是，在雍和宫便出现了朝拜者列队竞转的盛况。

二、檐下彩绘（coloured pattern under the eave）

（一）彩绘 1（coloured pattern 1）

名称：六字真言或六字大明（the mantra consisting of six syllables）

原文：

释读：**oṃ ma ṇi pa dme hūṃ**

复原：

释读：**oṃ maṇi padme hūṃ**

旧译：唵 么抳钵讷铭 吽

旧译原文：唵(引)么抳钵讷(二合)铭吽。

出典：《佛说大乘庄严宝王经》（T20.1050.61b14）。

今译：唵 祈愿宝珠在莲花上，吽！

诠注：

详见本书第 159 页《六字真言》诠注。

（二）彩绘 2（coloured pattern 2）

名称：六字真言或六字大明（the mantra consisting of six syllables）

原文：

释读：**oṃ ma ṇi pa dme hūṃ drīḥ**

复原：

释读：**oṃ maṇi padme hūṃ drīḥ**[1]

旧译：唵 么抳钵讷铭 吽

旧译原文：唵(引)么抳钵讷(二合)铭吽。

出典：《佛说大乘庄严宝王经》（T20.1050.61b14）。

今译：唵 祈愿宝珠在莲花上，吽！

诠注：

[1] **drīḥ**（mystical syllable）——神秘音节。据称为宁玛派所加，为标示连续不断颂持六字真言的音节符号。

（三）彩绘 3（coloured pattern 3）

名称：佛顶无垢心咒（the pure heart mantra of shnisha）

原文：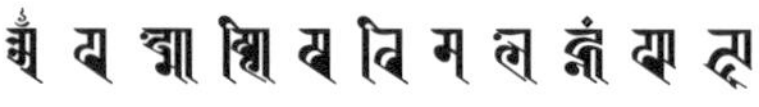

释读：**oṃ pa dmo ṣṇi ṣa vi ma le hūṃ pha ṭ**

复原：

释读：**oṃ padmoṣṇiṣa[1]vimale[2] hūṃ phaṭ**

旧译：唵 泊德茂瑟抳舍维摩磊 吽 发吒

出典：《佛说造像量度经解》（T21.1419.951b17）。

今译：唵 莲花顶无垢菩萨哟！吽 发吒！

诠注：

[1] **Padmoṣṇiṣa**（padma-ushnīsha, Lotus-Corona）——莲花顶菩萨。

[2] **vimale**（*adj*., *f*., *voc*., *sg*., stainless, spotless）——无垢的，纯洁的。

（四）彩绘 4（coloured pattern 4）

名称：振铃印真言（the mantra of the stamp of vibrating bell）

原文：

释读：**oṃ va jra pā ṇi hūṃ pha ṭ**

复原：

释读：**oṃ vajrapāṇi[1] hūṃ phat**

旧译：唵 嚩日啰播抳 吽

旧译原文：唵（引）嚩日啰（二合）播抳吽

出典：《金刚顶一切如来真实摄大乘现证大教王经》卷上（T18.847.317a9）。

今译：唵 金刚手菩萨哟！吽 发吒！

诠注：

[1] **Vajrapāṇi**（possibly w.r. for vajrapāṇe, *m.*, *sg.*, *voc.*, N. of a bodhisattva）——很可能是 vajrapāṇi 阳性单数呼格 vajrapāṇe 之误。意译：金刚手菩萨，又名金刚萨埵（Vajrasattva）。亦即普贤（Samantabhadra）。《大日经疏》九曰："以见如是金刚界故名为金刚手，以见如是法界宫故名为普贤。"《新译仁王经》下曰："东方金刚手菩萨摩诃萨，手持金刚杵，放青色光，与四俱胝菩萨往护其国。"同念诵仪轨上曰："手持金刚杵者，表起正智犹如金刚，能断我法微细障故。"

（五）彩绘 5（coloured pattern 5）

名称：文殊菩萨五字咒（the mantra consisting of five syllables of Manjusri）

原文：

释读：**oṃ a ra pa ca na dhīḥ**

旧译：（唵）阿 啰 跛 者 曩[1] 溺[2]

出典：唐不空译《金刚顶经瑜伽文殊师利菩萨法》一品（T20.1171.705a）；唐不空译《五字陀罗尼颂》；唐金刚智译《金刚顶经曼殊师利菩萨五字心陀罗尼》卷 1（T20.1173.710a）；唐不空译《金刚顶经超胜三界经说文殊五字真言圣相》卷 1（T20.1172.709b）；唐不空译《金刚顶经瑜伽文殊师利菩萨法》一品（亦名"五字咒法"，T20.1171.705a）；唐不空译《五字陀罗尼颂》卷 1（T20.1174.716a）；元释智译《圣妙吉祥真实名经》卷 1（T20.1190.834a）。

诠注：

[1] 不同的经典所译也不同，常见有如下几种：

阿啰跛者曩——唐不空译《金刚顶经瑜伽文殊师利菩萨法》一品（T20.1171.705a）；

阿啰跛者娜——唐金刚智译《金刚顶经曼殊师利菩萨五字心陀罗尼》卷 1（T20.1173.710a）；

阿啰跛者囊——《大圣曼殊室利五字瑜伽法》；

阿啰跛左曩——唐不空译《金刚顶经超胜三界经说文殊五字真言圣相》卷 1（T20.1172.709b）；

阿啰跛左曩——唐不空译《曼殊室利童子菩萨五字瑜伽法》卷 1（T20.1176.723b）；

呵啰钵拶捺——元释智译《圣妙吉祥真实名经》卷 1（T20.1190.834a）。

[2]“溺”为 dhīḥ 的音译，上述几个译本均无，只有元释智译《圣妙吉祥真实名经》卷 1（T20.1190.834a）的回向文咒最末一句“唵哑吽呵啰钵拶捺溺”发现有相应的音译。“溺”为 dhīḥ，一般为般若菩萨种子字。

此陀罗尼原文为六个梵字，发语词“唵”（oṃ）一般不算在内，故称“文殊菩萨五字咒”，汉文音译也只译后五字。据《金刚顶经瑜伽文殊师利菩萨法》称：阿、啰、跛、者、曩，这五字陀罗尼能满足一切遗愿。其中“阿”字隐含着对菩提的欣喜和欲愿，“菩提”是梵文 buddhi 的音译，意译为“觉”，这里特指对佛教真理的了悟。“啰”字深藏不舍众生义，为度众生是大乘区别于小乘的特有思想。“跛”字藏摄了佛教的“第一义谛义”，即“真谛”，也即中观派的“性空”。中观派认为，世间万物都没有其独立自在的本性，亦即“法无自性”。它们都是各种条件的复合，正如车由轮、毂、辋、辐、辕、厢等零件复合，而没有自己的独立特性一样，其他事物也都如是。所以，从本质上讲，即从“法无自性”这一角度着眼，万物都是不存在的，或者说都是“空”的。从这一角度看问题的观点称作“第一义谛”或“真谛”，与其相对应的是“第二义谛”或“世谛”。就是说，从世俗的角度看世界，虽然万物没有自性，都是各种条件的复合，都是瞬息生灭变化的，它们的存在虽然都是无自性的、短暂的，但这毕竟是一种存在。佛教称其为“不真实的存在”。这里的“第一义谛”或“真谛”是相对于“第二义谛”或“世谛”说的。这里的“跛”字涵括了大乘佛教的“空论”。“者”字含藏着万事缘起、生灭无常的妙义。“曩”字象征着万物均无独立自在的特性，这是大乘佛教“性空”理论的基础。所以，这五个字涵括了大乘的全部哲理和修持法门。请参见原文：“此陀罗尼极应秘密。阿啰跛者曩者，是满一切愿义。何以故？阿字者乐欲菩提义，啰字者深藏不舍众生义，跛字者第一义谛义，者字者妙行义，曩字者无自性义。乐欲菩提不舍众生，深入第一义谛中行行，修习诸法无有自性。若如是修满一切愿，此诸愿中证如来位及执金刚，不求当得。”（唐不空译《金刚顶经瑜伽文殊师利菩萨法》一品，亦名“五字咒法”）

第三节　北京广济寺

Ⅲ Guang Ji Monastery, Beijing

广济寺，又称“弘慈广济寺”，坐落于北京市阜城门内的西四，是佛教著名古刹之一，为中国佛教协会所在地。1983 年，广济寺被国务院确定为汉族地区佛教全国重点寺院。

广济寺初名西刘村寺，创建于宋朝末年。据明成化二十年（1484）大学士万安所撰《弘慈广济寺碑铭》记载：都城内西大市街北，有古刹废址，相传为西刘村寺。另清初余宾硕所作《喜云慧大师传》中称：“按宋末有两刘家村，在西者为西刘家村。村人刘望云，自谓天台刘真人裔孙，得炼气法。一日，有僧号且住者过之，望云出迎，求其说法。因为之建寺，曰西刘村寺。”这就是文献中关于广济寺缘起的记载。元朝时，西刘村寺改称报恩洪济寺，元朝末年毁于战火。

到明朝景泰年间（1450—1456），村民耕地时，发掘出陶制佛像、供器、石龟及石柱顶等物，才知是古刹遗址。天顺（1457—1464）初年，山西僧人普慧、圆洪等法师云游至此，在这里募集资金，于废址上重建寺庙。在当时掌管皇帝冠服的尚衣监廖屏的资助下，仅用了两年时间就营造了一座庄严佛刹。廖屏还将此事奏闻宪宗皇帝，请赐寺名，宪宗于成化二年（1466）下诏命名为“弘慈广济寺”。

这以后，广济寺僧人不断进行修复工作，到成化二十年才算全部完工，次第建成山门、天王殿、大雄宝殿、大士殿、伽蓝殿、祖师殿、钟鼓楼、斋堂、禅堂、方丈室、僧舍等，巍峨壮观，富丽辉煌。

清朝初年，恒明法师将广济寺改为律宗道场，在此设立戒坛，开坛传戒。从清顺治五年（1648）起，还请玉光律师在寺内开堂传戒，历时十三年。顺治十三年（1656），清世祖曾游历广济寺。清朝政府对广济寺十分关注，多次进行修缮和扩建，但基本保留了明朝重修的布局。清朝末年，道阶和尚任广济寺住持，在寺中兴办了弘慈佛学院，学僧逾百人。当时，广济寺在京都还拥有几个下院，在北海西面有柏林寺（现为北京图书馆分馆），德胜门内有莲花寺，后海有广化寺，西直门内有弥勒院，龙须沟有龙泉寺等，盛极一时。

1931年，广济寺不慎失火，主要殿堂焚烧殆尽。1935年，住持现明法师在吴佩孚等人的资助下，按明朝格局进行重修，建筑规模比以前更加宏大。

中华人民共和国成立后，1952年，人民政府拨款对广济寺进行了全面维修。1959年，中国佛教协会在北京成立，会址设在广济寺。

1972年和1976年，广济寺进行了两次维修。今天的广济寺，在佛像的安奉、经典文物的收藏、法器的陈设、寺院的布置与管理方面，远胜从前，使古老寺院焕发新的光彩，引人入胜。

广济寺占地35亩，坐北朝南，在中轴线上依次分布着山门殿、弥勒殿（天王殿）、大雄宝殿、圆通殿（观音殿）和多宝殿。

东西两侧除钟楼和鼓楼外，还有整齐的配殿。寺庙的西北隅，有一座建于清康熙十七年（1678）的戒坛殿和汉白玉砌成的戒坛，至今保存完好，今称“三学堂”。寺内西路四合院为中国佛教协会各部门的办公场所。三学堂后为《法音》编辑部。整座寺院布局严谨，整齐对称，寺中有院，错落有序，曲径通幽，庄严寂静。

广济寺供奉着不少明清时期的佛像，寺内还收藏着不少珍贵的佛教经卷、碑刻等文物。

在大雄宝殿中有一座乾隆五十八年（1793）铸造的青铜宝鼎，有2米多高，放置在刻花石座上，鼎身铸有佛教八供（轮、螺、伞、盖、花、瓶、鱼、结）等花纹，造型古朴大方，工艺精湛，是珍贵的艺术珍品。大雄宝殿后壁悬挂着一幅《胜果妙因图》，是乾隆九年（1744）著名画师傅雯用手指所画，高5米，宽10米。画面中，释迦牟尼端坐在莲座上，慈容可掬，向信徒讲经说法，周围100多位弟子洗耳恭听。有趣的是，听众中，还有中国的历史人物关羽、关平、周仓及布袋和尚等。

多宝殿是佛教文物、艺术的宝库。殿正中供奉着三尊明代铸造的铜佛像，两旁高大明亮的玻璃柜中陈列着尼泊尔、印度、孟加拉国、日本、斯里兰卡、缅甸、泰国、柬埔寨、老挝、印度尼西亚、越南、美国、新加坡及我国港澳台地区佛教界来访人士赠送的珍贵礼品，琳琅满目，美不胜收。

广济寺珍藏的佛教经典十分浩繁，仅图书室就有23种文字的10多万册佛教经典、著作，仅收藏的《大藏经》就有12种版本。《大藏经》是研究中国佛教发生、发展和演变的重要史料，也是中国传统文化的重要组成部分。寺内还有1721—1753年甘肃临潭县卓尼寺版藏文《大藏经》，共231包，是佛教界的珍贵文本。

一、东山墙铭文（the inscription on the east wall）（自右向左）

名称：净法界咒（the mantra of purifying the dharma-dhatu）（东山墙）

原文：ཨོཾ རཾ
释读：**oṃ raṃ**[1]
旧译：唵　嚂[2]

出典：《密咒圆因往生集》（T46.1956.1007c25）。
今译：（神秘音节，无语言学意译。）
诠注：

[1] **raṃ**（a mystical syllable）——神秘音节。

[2] 瑜伽莲华部念诵法云："若触秽处当观顶上，有法界生字放赤色光，所谓嚂字。于所食物皆加持此字，即不成秽触。于一切供养香华等皆加此字，放白色光即无秽触。所供养物皆遍法界。"（《密咒圆因往生集》，T46.1956.1007c28）。

二、西山墙铭文（the inscription on the west wall）（自右向左）

名称：文殊护身咒（the mantra of Manjusrī protecting the body）

原文：ཨོཾ དྷྲཱིཾ
释读：**oṃ dhrīṃ**[1]
旧译：唵　齿嚂（直音疾陵）[2]

出典：《密咒圆因往生集》(T46.1956.1008a04)。

今译：（神秘音节，无语言学意译。）

诠注：

[1] **dhrīṃ**（w.r. for cchrīṃ, mystical syllables）——真言密语。

[2]《文殊根本一字陀罗尼经》云："若诵此咒能消一切灾障、一切恶梦、一切怨敌，能灭五逆十恶一切罪业，能除一切恶邪咒法，亦能成办一切善事。种种咒中是诸佛心，能令一切所愿皆得满足。若发大心诵之一遍，即能守护自身；若诵两遍，力能守护同伴；若诵三遍，力能守护一宅中人；若诵四遍，力能守护一城中人；若诵五遍，力能守护一国中人；若诵六遍，力能守护一天下人；若诵七遍，力能守护四天下人。"(《密咒圆因往生集》T46.1956.1008a05）

第三章
CHAPTER 3

福禄天国

Fantasy Heaven

第一节　湖北钟祥明代梁庄王墓出土佛教文物考

Ⅰ Studies of the Buddhist Relics Unearthed from the Tomb of the Liang Zhuang King

几年前，湖北省文物考古研究所的梁柱先生找到我，希望我能对梁庄王墓出土的几件佛教文物作些考释。最初着实有些惶恐，因为我不是文物工作者，对文物知之不多，哪敢班门弄斧。当梁先生向我展示了几张精美的文物照片，看到上面的铭文和图像确与我的专业有关，于是便大着胆子答应了下来。可喜的是，经过一段时间的工作，总算有了结果。现在先让我讲一点背景材料。

梁庄王朱瞻垍（1408—1441），明仁宗朱高炽第九子，永乐二十二年（1424）封梁王，宣德四年（1429）就藩，正统六年（1441）去世，死后葬于钟祥城东南石门山（今钟祥长滩星光村）。

2001 年，湖北省文物考古研究所和所在地的文物考古工作者对梁庄王墓进行了发掘。墓内出土各类随葬品 1400 余件（套），特别是精美的金、银制品，玉器、饰件和佛教密宗文物，在已发掘的明代亲王墓中非常罕见。据专家鉴定，该墓出土文物用金 16 千克，银 13 千克，玉 14 千克，各种宝石 700 多颗。宝石中包括红宝石、蓝宝石、祖母绿、金绿宝石等四大名贵宝石，其产地都不在国内。

据考古专家、该墓发掘领队梁柱先生介绍，很可能因为朱瞻垍及其妃子魏氏二人没有子嗣，大量宝物无人继承，便随葬在墓中，使得看似简陋的梁庄王墓，堪称一座堆金砌银的宝库。

笔者曾应梁柱先生之邀，目睹了这些珍宝的华贵和光彩。感慨兴叹之余，不能不沉浸于对佛教密宗文物的探索中。一位位高权重的地区之王，竟然钟情于密宗，其因何在？对此，我们不能不作些试探性的回答。

佛教自东汉传入，渐与儒道融合而披靡中华大地。自唐以后，崇释信佛蔚然成风。自元以降，密宗气氛浓溢的藏传佛教、净土宗和华严宗在几代皇廷的辅助下畅行于中华大地。元将藏传佛教引入内地，明清承袭之。明开国皇帝朱元璋年少时曾一度入寺为僧，与佛结缘，称帝后更是崇佛有加。燕王朱棣在僧人姚广孝的谋划下起兵“清君侧”，获胜即位，立年号永乐。永乐皇帝接受佛家相助方得皇位，故崇佛亦在情理之中。朱棣在迁都定鼎北京时，同时兴建三大工程：紫禁城、天坛、永乐大钟。其中永乐大钟是在僧人姚广孝的监理下铸造而成的。钟体高 6.75 米，重 46.5 吨，内外钟壁铸有汉梵经咒 23 万之巨。永乐皇帝为其御制的《诸佛世尊如来菩萨尊者神僧名经》亦铭其上，以祈皇廷永固、百姓丰裕安康。依佛教之成规“闻钟声，烦恼轻”，击钟一声“以耸众生之耳目，以振震旦之生灵”，钟铭之经咒、佛号伴随悠悠钟声送入众生之耳，蒙此声者离诸嗔毒当得菩萨之位，永不受生死病老之苦。这是净土宗和藏传佛教密宗的修持观。明成祖朱棣在其《御制感应序》中说：“有得闻一佛如来名号者，能执持讼诵，欢喜信乐，可却生死罪，或十劫二十劫，以至百劫万劫者。夫以称诵一佛名号，其功德尚不可量，而况于称诵百千万佛及无量诸尊菩萨名号，则功德之大，又乌可量哉。”可见永乐皇帝信佛之笃。至永乐帝皇孙梁庄王朱瞻垍，其顺应民风，承袭祖俗，崇仰佛教则是顺理成章的事。梁庄王墓出土如此多的藏密文物，说明梁王时代的佛教已是饱含了藏传密宗基因的佛教。其实，藏密、禅宗和华严宗在性空和人皆有佛性的哲理上是相通的，故三宗遗物同现于一个墓穴是很自然的事。

今将文物的考释结果分述如下。

一、棺 16-2a：木槵子佛珠嵌金曼荼罗饰串（a cluster of golden mandala with which decorating the prayer beads）

饰串现存 27 对轮形金质饰件，每对中间有一带孔金轴，其轴应穿香木佛珠（木珠已朽毁无存）。从嵌金曼荼罗饰件的梵字陀罗尼铭文（见棺 16-2b）推定，原嵌金曼荼罗佛珠当属佛教密宗。

佛珠，又名念珠或数珠。梵名：钵塞莫（pāsakamālā；又阿叉摩罗 akṣamālā，义为珠鬘；又 japa-mālā，义为念诵鬘；又 akṣa-sūtra，义为珠串）。为念诵三宝名号时记忆诵数的法具。至于佛珠的颗数，不同的经典有不同的说法。据《数珠功德经》有 4 种：108 颗、54 颗、27 颗、14 颗。《陀罗尼经集》也有 4 种：108 颗、54 颗、42 颗、21 颗。《金刚顶瑜伽念诵经》分上品、最胜品、中品和下品 4 种：1080 珠为上品，108 珠为最胜品，54 珠为中品，27 珠为下品。《文殊仪轨经·数珠仪则品》："数珠不定，亦有三品：上品一百八，中品五十四，下品二十七，别有最上品当用一千八十为数。"总括起来有 1080、108、54、42、27、21、14 这 7 种，加上古来袭用的 36 珠和禅宗习用的 18 珠，合共 9 种。这些不同的数字都有不同的象征含义，如 27 珠象征 27 贤圣。上述分类均出自唐以前的经典，唐以后随着时代的变迁，特别在民间，并不拘泥上、中、下品等分类。梁庄王墓出土的这件佛珠嵌金曼荼罗饰串虽然其中的木珠已经朽毁，但仍然透射着皇家的富贵和尊严。该珠串在同墓出土的所有珠串中当属最为珍贵的。

依《陀罗尼经集》，佛珠中当有一颗为母珠，再加一颗侧珠（不算颗数），时下习称佛头，象征无量寿佛。《金刚顶瑜伽念珠经》曰："珠表菩萨之胜果，于中间绝为断漏，绳线贯串表观音，母珠以表无量寿。"（《金刚顶瑜伽念珠经》卷 17）。关于佛珠穿线的色彩，经中没有特别定则。若红、若黄、若蓝、若紫、若白均可，若用黄、白、赤、黑、青五色线穿连则符合密宗的观念，这五色分别象征五方（东、西、南、北、中）、五大（地、水、火、风、空）、五佛（阿閦、弥陀、宝生、不空、大日）和五智（大圆镜智、妙观察智、平等性智、成所作智、法界体性智）等。

诵佛数珠是古来僧俗习风。若欲断灭烦恼，当随身携带佛珠，无论行止坐卧，均当专心诵佛。每诵一声阿弥陀佛即过一珠，如是渐次度珠，若过百千，乃至百千万。若能数满二十万遍，身心不散乱，死后得生第三焰天，衣食自然，常安乐行。若能数满一百万遍，可断除一百零八结业，背生死流，趣向泥洹，永断烦恼根。诵佛一生，临终阿弥陀佛等众圣来迎往生西天净土，永不堕轮回恶趣。（参见经典：《曼殊师利咒藏中较量数珠功德经》[T17.787.727a],《佛说较量数珠功德经》[T17.788.727b],《佛说木患子经》[T17.786.726b],《金刚顶瑜伽念珠经》[T17.789.727c]）

二、棺 16-2b：佛珠嵌金曼荼罗饰件铭文（the inscription on golden mandala with which decorating the prayer beads）

此饰件属"棺 16-2a 佛珠嵌金曼荼罗饰串"，其正面呈曼荼罗形，"曼荼罗"为梵字 maṇḍala 的音译，古来译名较多，如"曼陀罗""漫怛罗""满荼罗""曼拏罗""蔓陀啰”等。“曼荼罗”在佛教意为“坛”，常译为“坛场”或“道场”，藏译“轮圆具足”。佛教密宗在修“秘法”时，为招请佛菩萨入位并防“魔众”侵入，在修法场地修筑或方或圆的土坛安置诸尊，或在其上绘或塑诸佛菩萨像，以便修法，称在此坛中聚集具足诸尊诸德，犹如毂辋辐具足而成圆满的车轮一样。后来，绘有佛菩萨像或种子字（佛菩萨的梵文符号）等的绘画也称“曼荼罗”。

据称“曼荼罗”有 4 种：“大曼荼罗”“三昧耶曼荼罗”“法曼荼罗”“羯磨曼荼罗”。所谓“大曼荼罗”，即总集诸尊之坛场，或其上画有诸佛、菩萨像或圆或方的图案；“三昧耶曼荼罗”，即画有诸尊所持器杖和印契的坛场或图案；“法曼荼罗”，指绘有诸尊种子字或真言（咒语）或经文义理文字的绘画；“羯磨曼荼罗”，系塑或铸造的诸尊形象。“羯磨”为梵字 karman 的音译，有行为、作业之义。此“曼荼罗”即诸尊所呈现的各种威仪形象。上述诸种曼荼罗近年来在我国多有发现，特别是梵字曼荼罗，即“法曼荼罗”比较多见。梵字曼荼罗主要有 2 种：悉昙字曼荼罗和蓝扎字曼荼罗。两者分别于唐代和元代传入我国。

（一）六字真言[1]（the mantra consisting of six syllables）（自 6:35 位始，逆时针，字首向内）

原文：

释读：**oṃ ma ṇi pa dme hūṃ**

复原：

释读：**oṃ maṇi padme hūṃ //**

旧译：唵 么抳钵讷铭 吽

旧译原文：唵（引）么抳钵讷（二合）铭吽。

出典：《佛说大乘庄严宝王经》（T20.1050.61b14）。

诠注：

[1]“六字真言”又称“观世音咒”，流行最广，知名度最高。所谓“六字真言”即由梵文的六个音节构成的咒语：oṃ ma ṇi pa dme hūṃ。汉语音译为“唵么抳钵讷铭吽”或“唵摩尼钵谜吽”或“唵嘛尼叭弥吽”等。此真言在佛门法事中常能听到，其梵文六字也习见于密宗殿堂。所谓“真言”，《大日经疏》卷 3：真言“皆如来极妙之

语也”，它是“秘密符号”。“旧译云‘咒’。”

在藏传佛教中，它被赋予特有的含义，即莲花手菩萨（padmapāṇi, 即观世音菩萨）在极乐莲台所吟诵的咒语。诵持此咒时便有无穷功德，诵持者生生世世脱离生死轮回。又称，六字真言是观世音为使众生脱离六道轮回所发的心咒。所谓“六道”即指天道、阿修罗道、人道、畜生道、饿鬼道和地狱道。众生在六道中轮回往复而无穷期。观世音菩萨为悯念众生发此心咒。“六字真言”中的六个字（音节）分别具有超度处于六道众生的神秘功能。人若诵持六字真言即能使自己甚至他人获得解脱。《显密圆通成佛心要集》卷2说：若诵六字大明真言，“随所住处，有无量诸佛菩萨天龙八部集会，又具无量三昧法门，诵持之人，七代种族，皆得解脱”。不仅如此，而且“腹中诸虫但当菩萨之位，是人日日得具六波罗蜜圆满功德，得无尽辩才清净智慧。口中所出之气触他人身，蒙此触者离诸嗔毒当得菩萨之位。假若四天下人皆得七地菩萨之位，彼诸菩萨所有功德与诵六字咒一遍功德无异。此咒是观音菩萨微妙本心，若人书写此六字大明，则同书写八万四千法藏所获功德等无有异。若用金宝造如来像数如微尘，不如书写此六字中一字功德。若人得此六字大明，是人贪嗔痴不能染着。若戴持此咒在身者，不染着贪嗔痴病”。并且“此戴持人身手所触、眼目所睹，一切有情速得菩萨之位，永不受生死病老之苦”。其法力真可谓大矣。

所以，在藏传佛教地区，诵持“六字真言”几乎是每个信仰者不可不做的圣事。藏传佛教寺院的转经筒也多有“六字真言”的铭文。朝圣者每至必转，每转一圈等于吟诵一遍。在考古发掘中，梵字“六字真言”也多有发现。

（二）加持咒[1]（adhishthina mantra）（自12:00位始，逆时针，字首向内）

复原：

释读：**oṃ āḥ hūṃ drīḥ//**

旧译：唵 阿 吽 叱利嘻

出典：《佛说大乘庄严宝王经》（T20.1050.61b14）；《佛说大悲空智金刚大教王仪轨经》（T18.892.588c）。

诠注：

[1] 加持咒所谓“加持”即梵文adhiṣṭhāṇa的意译，佛教术语，加附佛力于软弱众生而任其作为均受佛力护持之义（见《佛说妙吉祥最胜根本大教经》，T21.1217.83）；顶真言（见《金刚恐怖集会方广仪轨观自在菩萨三世最胜心明王经》，T20.1033.9b）；

大忿怒明王心真言（见《大方广菩萨藏文殊师利根本仪轨经》，T20.1191.849a）；圣阎曼德迦威怒王心顶口心真言（见《圣曼德迦威怒王立成大神验念诵法》，T21.1214.74b）。梵咒本是三个音节，此咒最后的 drīḥ 据称为宁玛派所加，其为复诵前咒无穷的标志音节。

三、棺 29：金质大黑天舞姿神像（the golden statue of Mahākāla）

大黑天（Mahākāla）神像

大黑天，梵文为 mahākāla，旧译作摩诃迦罗、摩诃迦罗天、莫诃哥罗、嘛哈噶拉等。意译：大黑神、大黑天神等。印度教称其为湿婆（Śiva）的忿怒形化身。佛教密宗称其为密宗本尊大日如来（Vairocana）欲降伏恶魔而示现的忿怒药叉主形象。大黑天被密宗誉为战斗之神，民间古有"若祀彼神增其威德举事皆胜"的信仰。据称他是世间的保护神和财富神。

此尊为一面二臂金质大黑天舞姿神像。面目狰狞：三目圆睁，獠齿上出，双耳悬蛇，头戴五骷髅冠，肩佩飘带，颈系髑髅璎珞，蛇作钏镯，腰围短裙，横把一棒，裸脊赤脚，足蹈地神女天，右手执金刚杵，左手托颅骨碗。烟火背光，下设莲座。工艺精湛，可谓古今罕见。

关于大黑天的形象，传说不一，有一面八臂或三面六臂等，系髑髅为璎珞，身披象皮，横把一枪，一头穿人头，一头穿羊，或横把三戟叉，周身雷电烟火，足下为一地神女天。《大黑天神法》曰："大黑天神者，胎藏界梵号云摩诃迦罗天，亦云大黑天神。用普印。三摩耶形剑。青色三面六臂。前左右手横执剑，左次手执人头，右次手执牝羊。次左右象皮张背后，以髑髅为璎珞也。"《慧琳音义》十曰："摩诃迦罗，唐云大黑天神也，有大神力，寿无量千岁，八臂青身黑云色，二手怀中横把一三戟叉，右第二手把一青羖羊，左第二手把一恶鬼头髻，右第三手把剑，左第三手执羯咤罔迦（khaṭvāṅga），是一髑髅幢也。后二手各于肩上共张一白象皮如披式，以七蛇贯穿髑髅以为璎珞。虎牙上出作大愤怒形。雷电烟火以为威光。身形极大，足下有一地神女天，以两手承足者也。"（参见丁福保《佛学大辞典》"大黑天"条）《大黑天神法》曰："若吾（大黑天）安置伽蓝，日日敬供者，吾寺中令住众多僧，每日必养千人之众，乃至人宅亦尔也。若人三年专心供吾者，吾必此来，供人授与世间富贵乃至官位爵禄，应惟悉与焉。"（《大黑天神法》卷 1，T21.1287.355b）。

此雕像为正面，故难以分辨是一面，还是三面。手臂也只看到一双，横把三戟叉，或棒。

显宗称大黑天神为大自在天的变身，将其视为施福之神。印度和中国都将其安置于伽蓝（僧园，saṃghārāma）。每日以炊饭供养。其形象肤、冠为黑色。着裤驱褰不垂，着狩衣，裙短袖细。右手作拳收右腰，左手拎持鼠毛色大袋，搭在肩上，垂下裎过臀。《仁王经・佛祖通载》三十五曰："西竺诸寺皆于食橱安置供养之。"《寄归传》曰："西方诸大寺处或于食橱柱侧，或在大库门前，雕木表形，或二尺三尺为神王状，坐抱金囊，却踞小床，一脚垂地，每将油拭，黑色为形。号曰莫诃歌罗，即大黑神也。古代相传，是大天之部署，性爱三宝，护持五众，使无损耗。求者称情，但至食时，厨家每荐香火。所有饮食随列于前。"

这里的金质雕像的特征大致说来属于密宗。它之所以随葬在梁庄王墓中，显然与梁庄王的身份有关。他是明王朝举足轻重的一位王，他需要强大武力的护卫，又需要高位的稳固、延续，还有俸禄的丰厚。而大黑天既是"战斗之神"，又是赐爵施福之神。设想，他死后在阴曹仍能享受大黑天的护卫和施与。

大黑天神被云南白族称为"朵恨哼日"（白语），倍受崇拜敬仰。其地位仅次于观世音菩萨。据称它是佛教的守护神、财富神和厨神，常被绘制和铭于灶房。在胎藏界曼荼罗中位于外金刚部中左第三位。大黑天的形象颇多：或三头六臂，或三头四臂，或三头八臂，或站或坐，但均有三只眼，第三只眼位于前额。兵器或剑，或枪，或三戟叉。骷髅串为瓔珞，蛇为臂钏。头戴牛冠，腰系虎皮，戟叉人头。三目圆睁，双耳悬蛇，獠齿上出，怒发竖立，如炽如燃。其职分：或掌管人间寿命和官禄；或降伏贼寇，驱逐强敌；或免除刑狱之苦；或统御冥司，超度亡灵；或祛瘟灭疠，绝人间涂炭。

大黑天的肤黑特征有什么象征意义？我们知道约公元前 2000 年，白种雅利安人侵入印度西北部，征服了印度的黑皮肤土著人（达罗毗荼人），后又经过 1000 多年才逐渐统治了大部分印度次大陆。在漫长的历史时期，始终存在着白皮肤的雅利安人和黑皮肤的土著居民的矛盾和斗争，彼此的文化也不断发生冲突和融合。在宗教信仰上，原始的土著居民所信仰的，就主流而言，是原始密教，而雅利安人所信仰的是吠陀教。这两支对立的宗教，随着时间的推移，也在发生剧烈的斗争和相互的融合。虽然后来人们不大在意宗教的种族性质，但在其中仍然烙有原始种族的印记。就大黑天而论，他是原始湿婆（Śiva）的化身。湿婆原是印度黑皮肤的土著居民的大神，后被融入印度教的神祇行列，成为古代印度教三大神（梵天、毗湿奴和湿婆）之一。而原始印度教大神也被收进佛教的殿堂。但在佛教神殿中，这些大神如大黑天，仍然具有原始土著居民的特征：黑皮肤正是印度土著民族的象征。

四、棺 37：金质大黑天舞姿神像（the golden statue of Mahākāla）

大黑天神（Mahākāla）像

（一）正面（front side）

其形制与棺 29 有些微差异：圆形背光，其头冠有十骷髅，而非五骷髅。其余与前像基本一致。造像上方和左右各有一孔，是为镶嵌于附着物之用。（关于“大黑天”，详见本节第三部分）

（二）反面（reverse side）

咒名：摩诃迦罗用普印咒[1]（a standard mantra used universally for Mahākāla）

原文：

释读：oṃ śrī ma hā kā lā ya hūṃ hūṃ pha ṭ svā hā

复原：

释读：oṃ[2] śrī[3] mahā-kālāya[4] hūṃ[5] hūṃ phaṭ[6] svāhā[7] //

旧译：唵 摩诃迦罗野 吽 发吒 娑婆贺[8]

出典：《大黑天神法》卷 1（T21.1287.356b）。

诠注：

[1] 此蓝扎体梵文咒见于明永乐大钟铭文，该钟现存于北京大钟寺博物馆。

[2] **oṃ**（a mystical syllable）——神秘音节。旧译：唵（佛教术语）。

[3] **śrī**（*f.*, glory, majesty, royal dignity）——光辉，威严，皇权。旧译：胜，德，胜德，威力，威德，殊胜，妙相，吉祥等。

[4] **mahākālāya**（*m.*, *dat.*, *sg.*, N. of a Buddhist deity）——梵文 mahākāla 的阳性，单数，为格。意译：皈依大黑天神。

[5] **hūṃ**（a mystical syllable）——神密音节，佛教术语，为诸天总种子字，据称由四字——贺、阿、乌、麻（h, a, u, ṃ）合成，其义含一切万法，吟一字而诵万法。《般若理趣释》上曰：“吽字者因之义，因之义者，谓菩提心为因。即一切如来菩提心，亦是一切如来不共真如妙体。恒沙功德皆由此生。”其常被用于咒尾。（参见丁福保《佛学大辞典》“吽”条）

[6] **hūṃ phaṭ**（mystical syllables）——为佛教密宗术语，常出现在降伏咒的末尾。《秘藏记》末曰：“降伏初吽后发吒。”同私钞九曰：“吽字其音如牛吠，是降伏声也，又风轮种子也，风有摧破能，故为降伏加句。发吒者破坏义，是又与调伏相应。”加于咒末，能破坏一切魔障。（参见丁福保编《佛学大辞典》“发吒”条）

[7] **svāhā**（mystical syllables）——真言密语，旧译繁复，有苏婆诃、莎嚩诃、娑婆诃、萨婆诃、娑嚩诃、娑嚩贺、莎诃等。无实词意义，常作真言的结语词，出现在咒语的末尾。

[8] 该梵文咒见于明代，汉文咒译于唐代，故有差异。

五、棺 39：时轮金刚咒牌（the mantra plate of Kalacakra-Vajra）或十相自在图（the unrestrained picture of ten features）

本牌金质、圆形、镂空。日轮中为三符七字堆写的咒符。

三符：

七字：

释读：**ha kṣa ma la va ra ya**

音译：贺 刹 摩 拉 嚩 罗 耶

（或 **kṣa ma haṃ la va ra ya**
或 刹 摩 晗 拉 嚩 罗 耶）

出典：*Nepal Lipi Prakāśa*（《尼泊尔字解》）。

诠注：

时轮金刚曼荼罗是藏传佛教时轮金刚乘的重要标志。它常被或绘或铭或雕于寺庙或居家的正门下。据称具有消灾辟邪、逢凶化吉的神秘功效。北京北海白塔上的徽形标志正是时轮金刚曼荼罗。“十相自在”中的“十相”是指曼荼罗中的十个符号代表的象征物；“自在”是指不赖他缘的独立存在。这里是指十个符号所代表的十个不赖他缘而独立存在的象征物。其中包含了唯物论的成分。

十相：

1. 慧尖：🌢

顶端日轮上的突起，常被描绘成火焰状，常为黑蓝色。外部世界（物质世界——下同）表示罗睺，内部世界（人体内部——下同）表示中脉，生起次第表示顶轮本尊之义。

2. 明点：●

顶端上的日轮，常被描绘成红色圆圈。外部世界表示太阳，内部世界表示左脉，生起次第表示顶轮本尊之语。

3. 月牙：◡

日轮下方的半月形，白色。外部世界表示月亮，内部世界表示右脉，生起次第表示顶轮本尊之身。

4. ha（贺）位于月牙下方，为 7 个字母中的第 1 个字母，蓝色。外部世界表示无色界，内部世界表示顶髻，生起次第表示胸轮诸本尊。

5. kṣa（刹）为第 2 个字，绿色。外部世界表示色界，内部世界表示额至喉部位，生起次第表示密处轮诸本尊。

6. ma（摩）为第 3 个字母，杂色（由白、黑、黄、红、蓝五色混合而成）。外部世界表示须弥山（Sumeru）和无量宫。

7. la（拉）为第 4 个字母，黄色。外部世界表示地轮，内部世界表示腰、胯、大腿，生起次第表示无量宫地基。

8. va（嚩）为第 5 个字母，白色。外部世界表示水轮，内部世界表示膝盖，生起次第表示水轮。

9. ra（罗）为第 6 个字母，红色。外部世界表示火轮，内部世界表示小腿，生起次第表示火轮。

10. ya（耶）为第 7 个字母，黑色。外部世界表示风轮，内部世界表示脚心，生起次第表示风轮。

上述十个符号和字符构成的时轮金刚曼荼罗（十相自在图）象征时轮金刚乘的全部宇宙观。整个宇宙在时轮金刚乘那里被想象成一座难以测度的大山，因为它高妙难测，故称妙高山，音译为苏迷卢或须弥楼（Sumeru），简称须弥山，又称迷庐山、妙高山。须弥山的基础被想象为地、水、火、风、空五种粗大物质，其术语称“五大”

(pañca-bhūtāni)。其中前四大形如巨轮，安于虚空。风轮最下，其上为水轮，依次为火轮、地轮。彼此之间犹如四个巨盆，一个套一个，四盆口沿水平如一。风令它们凝聚不散，又不断鼓动使其形成高山低谷。须弥山就耸立其上。山高八万四千由旬(Yojana)，约 56 万千米(《维摩诘经》说 160 万里)。比地球距月亮 38 万千米还要高。山顶中央的殊胜殿住着佛教护法神帝释天，山顶上空是从烦恼中解脱出来的诸佛居住的天上世界。须弥山的山腰由日月星辰环绕，其四周是四天王天。山脚周围由七香海和七金山环绕，第七金山的外面是咸海，咸海四周有四大部洲——东胜神洲、西牛贺洲、北俱芦洲、南赡部洲。我们人类就居住在南赡部洲。须弥山下是地狱。

须弥山宇宙图被时轮金刚乘想象为一尊巨大无比的毗卢遮那佛。他矗立在一个方形空间里，这个方形柱体作为整个宇宙被置于一个圆形空间内。(请注意，这个方形和圆形有特殊象征义：方形象征阳性，圆形象征阴性。)而佛的脚底象征风的基部，佛顶象征山顶，佛的腰部象征须弥山的山腰，佛的指尖至手腕是风环的宽度，手腕至肘部是火环的宽度，肘至肩是水环的宽度，肩长则是地环的宽度。毗卢遮那佛拥抱着八臂明妃，其两性接合部象征须弥山的基点。五种肤色象征五大——地、水、火、风、空。

而三符和七字分别象征宇宙的日、月、地、水、火、风、空和人体的各个部位，以及宇宙和人体的运行规律。在哲学上，时轮金刚乘有唯物论倾向。但对于上述“毗卢遮那佛拥抱八臂明妃，其两性接合部象征须弥山的基点”这一描述，有些读者可能会感到困惑，产生误解。对于这种情况，人们不禁要问，这样一种宗教为什么会得到人们的信仰并流传至今呢？看来问题绝不是那么简单。在这里我想简略地作一说明。

像这种现象绝不是时轮金刚乘一宗所有，在所有佛教密宗，包括印度教密宗以及中国的道教和世界上其他古老宗教中，也常能见到。

对于这个问题，我们不能站在今天的立场去看，而应该站在古人的，更确切地说应该站在史前人类的立场去看。因为密教起源于史前农业母系社会，在史前，人们的宇宙观、社会观、伦理观、因果观等与现今人们的观念是有很大差别的，甚至是对立的。当时的农业母系社会没有我们今天的婚姻关系，更没有所由产生的伦理观念。那是一个只知其母、不知其父的社会。对于两性的行为，在他们眼里绝不是今天在我们眼里所看到的那样，那里蕴藏着无穷的神秘。它不仅是我们人类的生因，而且其他生物、无生物乃至天地日月，连同人们的财富、地位等，无不由阴阳和合而生。两性实践可以促进家族的兴旺、作物的丰收、牲畜的繁育、财富的集聚、地位的提升。实际上，在当时，两性行为是一种巫术，是对一种关乎人类生死存亡又不依人的意志为转移的规律的遵从和实践。其中升华出了阴阳和合而生万物的二元论哲学。这种哲学在古代世界是普遍存在的。中国的女娲、伏羲缠合的图像也是这种哲学的体现。

六、棺 40：种子字（mystical syllables）

原文：ཧཱུྃ ཧཱུྃ
释读：**hūṃ hūṃ**
音译：吽　吽

种子字（两个梵字一正一反）

象征含义：1. 阿閦佛种子字；2. 诸天总种子字。
诠注：

原梵字一正一反呈现对称美，又有阴阳和合而万物生的哲学内涵。

七、ZL 棺 38：金翅鸟（Garuḍa）

金翅鸟，又名大鹏金翅鸟、妙翅鸟，音译为迦楼罗、迦留罗、迦娄罗、揭路荼等，天龙八部之一。《法华文句》二下曰："迦楼罗，此云金翅。翅翮金色，居四天下大树上，两翅相去三百三十六万里。"

此件为金质、圆形、镂空。其形象：日轮环绕，金翅双展，鹰嘴猴面，三目圆睁，双耳坠饰，头戴宝冠，肩披飘带，嘴衔手执一蛇，双足握龙。金翅鸟能为世人灭除毒龙毒蛇，整日盘旋于佛顶以施护卫。

八、ZL 棺 48：鎏金铜龛阿弥陀跏趺禅像（the gilding copper statue of Amitabha）

此像铸于明正统六年（1441）。

造像形制：鎏金铜龛两侧原镶有两颗长的金钉（见下页左上图）。龛内鎏金阿

弥陀佛结跏趺坐于仰覆莲座；头戴五佛冠，双目微闭，耳垂宝饰，颈悬璎珞，肩披飘带。飘带绕臂分垂，再搭双胫自然飘置于座。双手结禅定印，仰掌叠置于足上，掌中托一宝瓶（另说莲台）。造像虽不甚精致，但姿态、服饰仍具神韵。

阿弥陀为 Amitābha 的音译，意译为无量光，又名无量寿或长寿佛（Amitāyus）。阿弥陀佛是西方极乐世界的教主。他以观世音和大势至两大菩萨为胁侍，成为救苦救难、超度众生亡灵升入西天乐土的尊神。据称十方众生只要笃信阿弥陀佛，时时念诵阿弥陀佛的名号，就能得到阿弥陀佛的接引，往生至圣至美的极乐莲邦。故在大乘佛教和藏传佛教流布地域深为广大信众崇拜和信仰，“家家阿弥陀，户户观世音”这一中国古来就有的赞叹正是这种普遍信仰的写照。这种信仰深深地影响了皇家和民间的习俗，故在中国佛教寺院和墓葬中常能见到阿弥陀的雕像。明梁庄王墓出土的这尊阿弥陀跏趺禅像象征接引梁庄王往生入西天佛国之义。

九、数珠（prayer beads）

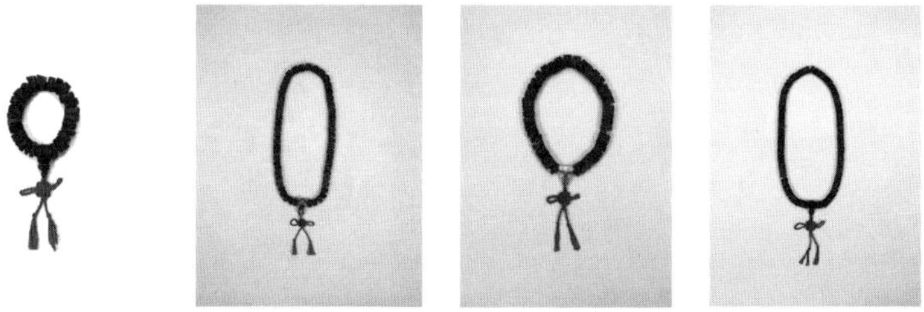

牦牛骨数珠（prayer beads made of yak-bone）

数珠，俗称念珠，又称历子，念三宝（佛、法、僧）时记数的用具。开始用赤豆，后用木槵子。随着时间的推移，数珠的种类越来越多，其中有木槵子、多罗树子、土珠、螺珠、水晶珠、珍珠、牙珠、摩尼宝珠、草子、赤珠、香木珠、莲子、菩提子、砗磲珠（tridacna bead）、金珠、银珠、铁珠、赤铜珠等。在藏传佛教中又出现了牦牛骨珠，梁庄王墓出土颗数最多的数珠当数牦牛骨珠。佛珠被发现时散乱地堆在多处，特别是牦牛骨珠，其形为中间有孔的轮状物，发掘当时不知为何物，经考证均为佛教数珠或念珠。据称，其功用在于持珠者念一声阿弥陀佛过一珠，一生如念过几十万、百万次或更多，其在临终时便有阿弥陀佛等众圣前来迎接升入天国。这种信仰，在古代十分流行，而在藏传佛教，至今仍无衰微之相。有些牦牛骨佛珠制作非常考究，其上镶嵌有各种宝石或金银等。

据称佛珠不同，其功德亦不同。《数珠功德经》称，持数铁珠，五倍功德，赤珠十倍，珍珠、珊瑚珠百倍，木槵子千倍，莲子万倍，菩提子无数倍。木槵子，亦名木患子、无患子，原本是一种树名，音译为阿利瑟紫迦（Ariṣṭaka, soapberry），这里指以木槵子木做成的数珠（念珠）。《佛说木患子经》卷1曰："佛告王言：若欲灭烦恼障报障者，当贯木患子一百八，以常自随。若行若坐若卧，恒当至心无分散意，称佛陀达摩僧伽名，乃过一木患子。如是渐次度木患子，若十若二十，若百若千，乃至百千万。若能满二十万遍，身心不乱，无诸谄曲者，舍命得生第三焰天，衣食自然，常安乐行。若复能满一百万遍者，当得断除百八结业，始名背生死流，趣向泥洹，永断烦恼根，获无上果。"（T17.786）。

梁庄王墓出土的牦牛骨数珠有四百余粒。可能原是不同形制的几串佛珠，今穿线已朽，成为一堆散珠。但每颗佛珠均表示念诵阿弥陀佛号千声或万声，说明墓主人生前已念足佛号千百万声。这样，阿弥陀等众圣就会来迎墓主往西天乐土。

要说明的是，这些佛珠发现时都是散乱的，起初不知为何物，后经考证获知是数珠。经查数珠的串连有一定的数目和规则，据规制才将其串连起来。

金质数珠串间隔环、佛头和配饰金刚杵散件

珠串金刚杵配饰散件

佛教吉祥物

佛教吉祥物

第二节　梵字金牌

Ⅱ　Inscription on the Golden Plate

一、梵字金牌 1（golden plate 1）（名：法曼荼罗［Dharma mandala］）

此牌系金质咒牌（私人收藏），又名：种子曼荼罗（Bījamaṇḍala）。从其质地贵重、制作精良、梵字规范庄重判断，原应系皇家所有，不排除出于清东陵（下同）的可能。其梵字释读如下。

咒名：本尊三昧真言（samadhi dharani）

原文：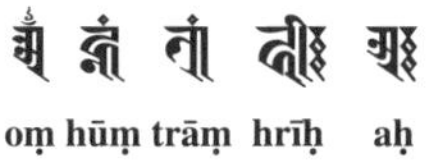

释读：**oṃ hūṃ trāṃ hrīḥ　aḥ**

音译：唵　吽 特拉 赫利希 阿喝

意译：五智如来种子字：

oṃ——毗卢遮那金刚如来，大日如来（Vairocana）；

trāṃ——南方宝生金刚如来（Ratnasaṃbhava）；

hrīṃ——西方无量寿金刚如来（Amitāyus）；

hūṃ——东方阿閦金刚如来（Akśobhya）；

aḥ——北方不空成就金刚如来（Amokha）。

诠注：

此为五方佛种子字——oṃ 象征中央本尊毗卢遮那佛（Vairocana），hūṃ 象征东方阿閦佛（Akśobhya），trāṃ 象征南方宝生佛（Ratnasaṃbhava），hrīṃ 象征西方阿弥陀佛（Amitāyus），aḥ 象征北方不空成就佛（Amokha）。

二、梵字金牌 2（golden plate 2）（名：法曼荼罗）

咒名：光明真言（毗庐遮那佛大灌顶光明真言）（bright mantra）

复原：

释读：**oṃ**[1] **amogha**[2]**vailocana**[3]**mahā**[4]**mudrā**[5] **maṇi**[6]**padme**[7] **jvala**[8]**pravarttaya**[9] **hūṃ**[10]

旧译：唵　阿冒客毗卢遮那摩诃母捺罗　　摩尼钵纳美入缚罗般若渥尔德耶　　吽！

出典：唐不空译《不空罥索神变真言经》第二十八。[11]

今译：唵，不空毗卢遮那佛大手印，宝珠在莲花上！闪烁光明，请令其实现吧！吽！

诠注：

[1] **oṃ**（a mystical syllable）——神秘音节。旧译：唵（佛教术语）。

[2] **amogha**（not empty）——不空。

[3] **Vailocana**（N. of a Buddha）——佛的名号：毗卢遮那佛或大日如来。

[4] **mahā**（fr. mahat, great, huge）——伟大的，大的，巨大的。

[5] **mudrā**（*f.*, a hand gesture）——手印。

[6] **maṇi**（*m.*, a pearl, jewel, gem）——珍珠，宝石。

[7] **padme**（*sg.*, *loc.*, a lotus）——莲花。

[8] **jvala**（*v.*, *Impv.*, *P.*, *sg.*, 2nd, fr. √jval, to burn brightly, shine）——字根 √jval 的现

在时，命令语气，主动语态，单数，第2人称。意译：燃烧，发光。

[9] **pravarttaya**（*v.*, *Cous.*, *P.*, *sg.*, 2nd, fr. pra-√vṛt, couse to come forth, produce）——来源于字根 pra-√vṛt, 致使动词，命令语气，主动语态，单数，第二人称。意译：请您让……出现吧！

jvala-pravarttaya（couse the flame to come forth）——请让光辉照耀吧！

[10] **hūṃ**（a mystical syllable）——神秘音节，佛教术语，为诸天总种子字，据称由四字——贺、阿、乌、麻（h, a, u, ṃ）合成，其义含一切万法，吟一字而诵万法。常被用于咒尾。

[11] 据称，诵此陀罗尼，则得佛之光明，除诸罪报，故云光明真言。

唐不空译《不空罥索神变真言经》原文应为悉昙体梵文，故引悉昙体梵字光明真言如下，供参考：

释读：**oṃ a mo gha vai lo ca na ma hā mu drā ma ṇi pa dme jva la pra va rtta ya hūṃ**

右图中咒自6:00位始，顺时针。中心字符a为毗卢遮那佛种子字。下方2个字为：hāṃ（右），hūṃ（左）。

第三节　法被释补

Ⅲ An Additional Explanation of the Dharma Coverlet

20 世纪 80 年代湖北明代张懋夫妇合葬墓出土文物中有一幅属于佛教葬仪的《法被图》，此文物已有王森教授、阎文儒先生和佛门大德的诠释。其中最为详细的是王森教授的考证，其诠释也颇具功底，但稍有缺憾的是，有一幅曼荼罗未置一词；对几颂陀罗尼（咒语）传播史的考证、阐述，可以说穷原竟委，但对于咒语本身的考证尚显不足。今就其中的缺憾作些补充。

一、弥陀种子曼荼罗（the mandala of Amitabha bija）

《法被图》中部蓝扎体梵文《佛顶尊胜陀罗尼》（见王森教授的诠释）左、右、下三方有 1084 个圆点，王森教授称之为“千眼”，相当于数珠的作用。“千眼”下部中央有圆形图案，其外缘绘有象征驱散愚暗的普照佛光——火焰文，内绘六圆，宛如盛开的莲花。中绘蓝扎体梵字和金刚等三摩耶形。经考证，此圆形图案为“弥陀种子曼荼罗”。现就此曼荼罗考释如下（由内而外）。

图版（略）。

（一）圈一（中心莲台）：阿弥陀种子字（the seed syllable of Amitabha）

原文：

释读：hrīḥ[1]

音译：纥哩以

诠注：

[1] **hrīḥ**（a seed syllable）——阿弥陀种子字。

（二）圈二：汉字（Chinese character）

内容为：忠心归命礼西方极乐世界三十六万亿一十一万九千五百同名同号大慈大悲我慈道师阿弥陀佛。

（三）圈三：八叶莲（lotus with eight leaf）

八叶莲中有三层文字，具体如下。

1. 内层

该层文字为藏文，字迹模糊或缺失，难以辨读。

2. 中层

咒名：阿弥陀心咒（the hridaya mantra of Amitabha），弥陀如来明

原文：（自下顺时针）

释读：**oṃ a mi tā bha hrīṃ svā hā**

复原：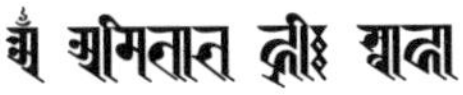

释读：**oṃ**[1]**amitābha**[2] **jrīḥ**[3]**svāhā**[4]

旧译：唵 阿弭哆婆 睮哩以 娑嚩贺

旧译原文：唵（引一）[5] 阿（入声）[6] 弭哆婆（去声）[7] 睮哩以（三合引二）[8] 娑嚩（二合）贺（引）

出典：一失名的蓝扎体梵文陀罗尼经；《妙吉祥平等秘密最上观门大教王经》卷 3（T20.1192.922b）。

今译：唵 无量光佛！睮哩以 娑嚩贺。

诠注：

[1] **oṃ**（a mystical syllable）——神秘音节。旧译："唵"（佛教术语）。

[2] **Amitābha**（*m.*, *sg.*, *voc.*）——阳性名词，单数，呼格，音译为阿弭哆婆，即"阿弥陀"。意译：无量光佛，也即无量寿佛。

[3] **hrīṃ**（a seed of Amitābha）——阿弥陀种子字。（注：根据汉译梵文应为 jrīḥ）

[4] **svāhā**（a mystical syllable）——真言密语，旧译繁复，有苏婆诃、娑嚩诃、娑婆诃、萨婆诃、娑嚩诃、莎诃等。无实词意义，常作真言的结语词。

[5] 引一—— 其中"引"表示元音的长读，"一"表示全咒的第一节，如果是"二"则表示全咒的第二节，依此类推（下同）。

[6] 入声——读音提示（下同）。

[7] 去声——读音提示（下同）。

[8] 三合引二——其中“三合”表示“噝哩以”三字的连读，其中的“引”表示元音的长读，“二”表示全咒的第二节（下同）。

3. 外层（八叶莲瓣的顶端）

八叶莲瓣的顶端各有一个阿弥陀的种子字 hrīḥ。

（四）圈四：法身偈（the gatha about dharma-body）或十二因缘咒（the dharani of pratyayas）（自下顺时针）

原文：

释读：ye dha rmā he tu pra bha va he tu nte ṣā nta thā ga to hya va da tte ṣā ñca yo ni ro

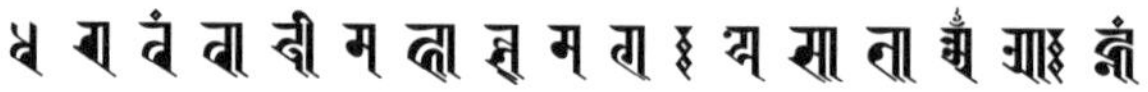

dha e vaṃ vā dī ma hā śra ma ṇa ḥ ye sā tā oṃ āḥ hūṃ

复原：

释读：ye[1]dharmā[2] hetu-prabhava[3]hetunteṣāṃ[4]tathāgato[5]hya-[6] vadat[7]teṣāñca[8] yo nirodha[9]evaṃ[10]

vādī[11]mahāśramaṇaḥ[12]ye sātā[13] oṃ āḥ hūṃ //

旧译原文：英噝吟麻（二合引）形珞（切身）不啰（二合）末斡（引）形珞（舌齿）碇善（引）怛达（引）遏多缬末噝怛（二合）碇善（引）掺养祢哝噝啖梡（合口）斡（引）溺（引）麻诃（引）实啰（二合）麻捺英。英娑嚩（二合）贺引（唵引）阿（引）吽（引）[14]

出典：《圣吉祥真实名经》卷 1（T20.1190.832b17）。

今译：诸法从缘起，如来说是因，彼法因缘尽，是大沙门说。（见《大智度论》《浴佛功德经》《南海寄归内法传》）

诠注：

[1] **ye**（*pron.*, *m.*, *pl.*, *nom.*, they）——关系代词 yad 的阳性，复数，主格形式，所代的是诸法 dharmāḥ。

[2] **dharmā**（Sandhi form of dharmāḥ, *m.*, *pl.*, *nom.*, Buddhist doctrine）——阳性，复数，主格 dharmāḥ 的连声形式。意译：法。

[3] **hetu-prabhava**（w.r. for hetu-prabhavā, Sandhi form of hetu-prabhavāḥ, *m.*, *pl.*,

nom., generating from cause）——hetu-prabhavā 之误，复合词，阳性，复数，主格 hetu-prabhavāḥ 的连声形式。意译：从缘产生的。

[4] **hetun-teṣāṃ**（the former *m.*, *sg.*, *acc.*, cause; the latter *pron.*, *pl.*, *gen.*, their）——前者为阳性，单数，业格；后者为指示代词 tad 的复数，属格，所指对象是法（dharmāḥ）。意译：它们（法）的原因。

[5] **tathāgato**（*m.*, *sg.*, *nom.*, "thus-come", N. of the Buddha）——阳性单数主格 tathāgataḥ 的连声形式。意译：如来。

[6] **hya**（Sandhi form of hi-a; hi, *ind.*, emphasis）——为 hi 和 a 的连声形式，hi 为加强语气的不变词，a 为后一词，即 a-vadat 的初音。

[7] **avadat**（*impf.*, *P.*, *sg.*, 3rd, of √vad, to say）——动词 √vad 的未完成时，主动语态，单数第三人称。意译：说。

[8] **teṣāñca**——共两个字。前者 teṣāñ 为 teṣāṃ 的连声形式，指示代词，复数，属格，所指对象为诸法（dharmāṃ），意译：它们（诸法）的。后者为并列连词 ca，意译：和。

[9] **nirodha**（Sandhi form of nirudhaḥ, *m.*, *sg.*, *nom.*, destruction）——阳性名词，单数，主格 nirodhaḥ 的连声形式。意译：灭，尽。

[10] **evaṃ**（an intensive particle）——不变词，作副词使用，有加强语气的作用。意译：如此，这样。

[11] **vādī**（*m.*, *sg.*, *nom.*, of vādin, a speaker）——阳性名词 vādin 的单数主格。意译：说者。

[12] **mahāśramaṇaḥ**（*comp.*, *m.*, *sg.*, *nom.*, a great monk, referring in particular to Śakhyamuni Buddha）——复合词，阳性，单数，主格。意译：大沙门。沙门（śramaṇa），原义为劳动的，劳苦的，努力的等；引申义为劳苦者，苦行者，出家人。这里特指佛教出家人。大沙门指伟大的佛教出家人，特指释迦牟尼。

[13] **ye sātā**（w.r. for ye svāhā, according to "the inscription on the Yongle bell"）——据永乐大钟蓝扎体梵字铭文，应为 ye svāhā 之误。ye 为关系代词阳性，复数，第三人称。

永乐大钟又称梵钟或佛钟，钟体重 46 吨，内外钟壁汉梵铭文达 23 万之巨，其为明永乐皇廷所造，梵文的书写者为精通梵文的西藏高僧，书写一般不会有误。蓝扎体梵字是梵文的艺术体，自元代开始由西藏传入内地，因其字体书写颇为困难，而藏僧又习惯此道，故汉僧很少涉及此类书法。但书法有高低之分，就此件文物而论，书写较为低劣，加之书者不大精通梵文，故往往书写错误。

[14]（唵引）阿引 吽引——其梵文：oṃ āḥ hūṃ。名：加持咒（见《佛说大悲空智金刚大教王经》）。

二、尊胜陀罗尼[1]（ushnishavijaya dharani）

释读：([2]) **oṃ bhrūṃ svāhā[3] oṃ namo bhagavate[4] sarvatrailokya[5] prativiśiṣṭāya[6] buddhāya[7] te[8] namaḥ**
旧译：唵 没嚨娑 嚩贺 唵 那莫 把葛哇帝 萨啰嚩帝立禄结 补啰帝毕释室答耶 补他耶 帝 那麻

tadyathā oṃ bhrūṃ bhrūṃ bhrūṃ[9] śodhaya[10] śodhaya viśodhaya[11] viśodhaya asama[12] samanta[13]
答的耶塔（二合）唵 没嚨 没嚨 没嚨 束答耶 束答耶 毕束答耶 毕束答耶 阿三麻 三昺答

avabhāsa[14] -spharaṇa[15]-gati[16]-gagana[17] svabhāva[18] viśuddhe[19] abhiṣiñcantu[20] māṃsarvatathāgataḥ[21]
哇把萨 厮把啰纳 葛帝 葛葛那 萨嚩把嚩 毕束帝 阿毕申咂都 麻萨哩嚩 答塔葛答

sugata[22] varavacanā[23] mṛta[24] abhiṣekaiḥ[25] mahāmudrā[26]-mantrapadaiḥ[27] āhara[28] āhara
苏葛答 哇啰哇咂纳 阿密哩嗒 阿毕释厮嘌 摩贺母答啰（二合）满答啰（二合）把底 阿哈啰 阿哈啰

mamāyūri -saṃdhāri[29] śodhaya śodhaya viśodhaya viśodhaya gagana-svabhāva -viśuddhe[30]
麻麻阿余哩（二合）三答哩 束答耶 束答耶 必束答耶 必束答耶 葛葛纳 娑杷嚩 毕束帝

uṣṇīṣa[31]-vijaya[32]-pariśuddhe[33] sahasraraśmi[34]-sañcodite[35] sarva- tathāgatāvalokinī[36]
乌室尼沙 毕咂耶 把哩束帝 萨哈思啰啰西米 三撮底帝 萨哩嚩（二合）答塔葛答阿哇啰吉尼

ṣaṭpāramitā[37]-paripūri[38] sarvatathāgata-māte[39] daśa-bhūmi[40] pratiṣṭhite[41] sarva-tathāgata-hṛdaya[42]
沙答把啰密答 把哩不啰尼 萨哩嚩 答塔葛答 麻底 答沙 不弭 不啰帝室底帝 萨哩嚩答塔葛答 黑哩的耶

adhiṣṭhita[43] adhiṣṭhite[44] mudre[45] mudremahāmudre[46] vajrakāya[47] saṃhatana[48] pariśuddhe[49]
阿底室提答 阿底室提帝 目帝哩 目帝哩（二合）麻哈目帝哩 把即啰葛耶 桑哈答纳 把哩束帝

sarvakarma-āvaraṇa[50] viśuddhe pratini-varttaya[51] mama[52] āyur-viśuddhe[53]
萨哩嚩葛哩麻 阿嚩哩纳 必束帝不啰（二合）底尼 哇啰（二合）答耶 麻麻 阿余哩 毕束帝

sarvatathāgata samaya[54] adhiṣṭhāna[55]-adhiṣṭhite[56] oṃ muni muni mahāmuni[57] vimuni[58] vimuni
萨哩哇（二合）答塔葛答 萨麻耶 阿底室塔纳 阿底室提帝 唵 牟尼 牟尼 麻哈牟尼 毕牟尼 毕牟尼

mahā vimuni[59] mati[60] matimahāmati[61] mamati[62] mamatisumati[63] tathatā[64] bhūta[65]- koṭi[66]
麻哈 毕牟尼 麻帝 麻帝麻哈麻帝 麻麻帝 麻麻帝 苏麻帝 答塔答 补答 俱的

-pariśuddhe[67] visphoṭa[68]-buddhi[69]-śuddhe[70] he he[71] jaya[72] jaya vijaya[73] vijayasmara[74] smarasphara[75]
把哩(束)帝 必斯补答 补的 束帝兮 兮 唖耶 唖耶 毕唖耶 毕唖耶斯麻啰 斯麻啰斯拔啰

spharaspharaya[76] spharaya sarvabuddhā[77] dhiṣṭā- nā[78]-dhiṣṭhite[79] śuddhe śuddhebuddhe[80]
斯拔啰斯拔啰耶 斯拔啰耶 萨哩把 补答 阿底室踏 纳 阿底释提帝 束的啰 束的 补的

buddhevajre[81] vajre mahāvajre[82] suvajre[83] vajra-garbhe[84] jaya-garbhe[85] vijaya-garbhe[86]
补的 把即哩 把即哩麻哈把即哩 苏把即哩 把即啰葛哩必 唖耶葛哩必 陛唖耶 葛哩必

vajra-jvala-garbhe[87] vajrodbhave[88] vajra- saṃbhave[89] vajre vajrini[90] vajraṃ[91]
把即啰 撮辣辣 葛哩必 把即啰吾德把域 把即啰 三把域 把即哩(二合) 把即哩尼 把即蓝(二合)

bhavantu[92] mama[93] śarīraṃ[94] sarva-satvānāṃ[95] ca kāya[96] pariśuddhi[97] bhavatu[98] sadā[99] me[100]
拔(万)都 麻麻 沙哩噬 萨哩(把)萨咄南 唖 葛耶 把哩束提啰 拔哇睹 萨答 灭

sarva-gatipariśuddhiśca[101] sarva tathāgataśca[102] māṃ[103] samaśvasayantu[104] budhya[105] budhyasidhya[106]
萨哩嚩葛帝拔哩束帝 释唖 萨哩哇 答塔葛答释唖 缦 萨麻刷萨衍都 补牒 补牒 席牒

sidhyabodhaya[107] bodhayavibodhaya[108] vibodhaya mocaya[109] mocaya vimocaya[110] vimocaya śodhaya[111]
席牒 补答耶 补答耶 毕补答耶 毕补答耶 麻唖耶 麻唖耶 毕麻唖耶 毕麻唖耶 束答耶

śodhaya viśodhaya[112] viśodhayasamanta-mocaya[113] mocayasamanta-raśmi[114] pariśuddhe[115] sarva-
束答耶 毕束答耶 毕束答耶 三满答 麻唖耶 麻唖耶萨鼻答啰室弭 把哩束帝(二合)萨哩哇(二合)

tathāgata[116] -hṛdaya[117] -adhiṣṭhāna-adhiṣṭhite[118] mudre mudre mahā mudre[119]
答塔葛答 纥哩(二合)答耶 阿底释答纳 阿底释提帝 目帝哩 目帝哩 麻哈 目帝哩

mahāmudremantrapade[120] svāhā[121] // oṃ amitāyurdade[122] svāhā[123]
麻哈目帝哩 鼻答啰把帝 莎诃 唵 阿弭答阿余哩答帝 莎诃

出典：村田治郎编著《居庸关》梵汉《佛顶尊胜陀罗尼及其附加咒》(ushnishavijaya-dhārani and additional dharani written in Saṃskṛit and Chinese Script)。

今译：

皈依三宝！唵 没隆，娑嚩贺！皈依三界一切殊胜之尊，佛陀世尊。如是咒曰：唵 没隆，没隆，没隆！赐予清净，赐予清净！施于清净，施于清净！以无与伦比的光明普照的通透之空为自性的清净佛母啊！请您以诸如来即善逝佛的最上妙语甘露及大手印密语为我灌顶吧！请您显圣吧，显圣吧！让我长寿之尊！赐予清净，赐予清净！施予清净，施予清净！以空为自性的清净之尊啊！佛顶尊胜之清净佛母啊！犹如光芒四射的太阳令(众生)开悟之尊啊！一切如来中善察之尊！圆成六波罗蜜之尊！一切如来之母啊！安住十地之尊啊！为诸如来心神力所加持的手印、手印、大手印啊！金刚身密坚之清净佛母啊！清除一切业障之尊！让我复归清净吧！让我寿命清净之尊啊！加持诸如来三昧耶神力之佛母啊！唵 牟尼，牟尼，摩诃牟尼！杰出的牟尼，杰出的牟尼，大杰出牟尼！智慧之母，智慧之母，大智慧母，大智慧母，大智慧母！妙善智慧母！真如——万物终极的清净佛母！开启佛智之清净佛母！嗨，嗨！胜利，胜利！降服！铭记，铭记！令屈服，令屈服！使屈服，使屈服！加持诸佛神力的清净之尊，清净之尊！佛母，佛母啊！金刚母，金刚母！大金刚母！妙金刚母啊！金刚藏！胜利藏啊！摧伏藏！金刚炎藏！金刚起菩萨！金刚生菩萨！金刚母！持金刚母啊！让我和众生的身体都成为金刚吧！让我的身体和诸趣永远清净吧！一切如来！请给我以新生吧！让（我）醒悟！醒悟！让（我）成就！成就！让（我）醒悟，醒悟！让（我）成正觉，成正觉吧！令（我）解脱，解脱！令（我）弃世，弃世！令（我）清净，清净！令（我）彻底清净，彻底清净！令（我）彻底解脱，解脱！普遍光明的清净之尊哟！一切如来心神力加护之尊啊！手印！手印！大手印！大手印！真言之母啊！娑嚩贺！

唵 授予无量寿命之佛母啊！娑嚩贺！[129]

诠注：

[1] 关于《佛顶尊胜陀罗尼》——《佛顶尊胜陀罗尼》，全称《净除一切恶道佛顶尊胜陀罗尼》。“佛顶”（Uṣṇīṣa），佛名，五佛顶之一，即尊胜陀罗尼之本尊。该咒的梵名为“Uṣṇīṣa-Vijaya-dhāranī……”，其中 Uṣṇīṣa（于瑟腻沙）意译“顶”，此指释迦牟尼佛顶肉髻，密宗指佛顶尊。相传释迦如来入转轮王三摩地，现统领四天下之转轮王形，以标志佛智最胜之尊形，故称佛顶尊。佛顶尊有五佛顶和三佛顶之分。五佛顶表示五智，第一白伞盖佛顶；第二胜佛顶；第三最胜佛顶；第四火聚佛顶，或放光佛顶；第五除障佛顶，或除业佛顶、除盖障佛顶，为佛顶尊中之最尊，亦能降伏盖障，故名尊胜佛顶。其“胜”即咒名中 vijaya 的意译。能除一切惑业，故名除障佛顶。dhāraṇī 音译“陀罗尼”，意译“咒”。故该咒名为“佛顶尊胜陀罗尼”。

《佛顶尊胜陀罗尼》源于印度佛教《佛顶尊胜陀罗尼经》，其传入我国分为两支：汉地和藏地。而汉译早于藏译。该经初译于唐高宗仪凤四年（679），杜行颉将其转梵为汉。之后，相继有地婆诃罗、佛陀婆利、义净、善无畏、金刚智、不空、若那等名僧翻译不同版本的《佛顶尊胜陀罗尼经》，达 12 种之多，其中所收《尊胜陀罗尼咒》有 16 道。时人常以文殊菩萨现身加以称颂，交互传达此咒的种种灵异，更有唐朝皇帝敕命重译，为该经流布汉土推波助澜。入宋后，法天译《最胜佛顶尊胜陀罗尼经》。元末顺帝下诏，于北京居庸关云台镌刻六体铭文《佛顶尊胜陀罗尼》。14 世纪下半叶（元末明初），又有指空译《于瑟抳毗左耶陀罗尼》。明代敕造永乐大钟，经咒铭文 23 万，中有梵文《佛顶尊胜陀罗尼》。本节所述湖北出土的明代《法被图》，其上也有《尊胜咒》。经对勘，永乐大钟铭文与唐译 16 道《尊胜咒》不同，最明显的区别在于后者均无前者首句的 "oṃ bhrūṃ svāhā" 和稍后的 "bhrūṃ bhrūṃ bhrūṃ"。说明两者所依梵本及其时代不同。而永乐大钟铭文与法天、指空所译有颇多相似之处。法天译《尊胜咒》虽无首句 "oṃ bhrūṃ svāhā"，但有稍后的 "bhrūṃ bhrūṃ bhrūṃ"；指空所译则两者皆存。居庸关云台六体铭文梵汉《尊胜咒》与该咒基本一致。可见该梵咒所出时代当在 14 世纪。该咒最具特色的是在首句前添加了一道《归敬颂》：Namo ratnatrayāya。这是上述其他咒所没有的。

关于《佛顶尊胜陀罗尼》，经中有这样一段描述：忉利天的善住天子正在与诸大天在园中游览，又有诸天女前后围绕，欢喜游戏欣赏着种种音乐，共相娱乐，享受种种快乐。于夜半时分，善住天子忽闻声言：善住天子七日即将命尽，命终之后生赡部洲，受七返畜生身，即受地狱苦，从地狱出希得人身生于贫贱，处于母胎即无两目。尔时，善住天子闻此声已，即大惊怖，身毛皆竖，愁忧不乐，于是便速疾往诣天帝释所，悲啼号哭惶怖无计，顶礼帝释二足。之后便对帝释说了与诸天女嬉戏欢乐时所听到的可怕声言，并哀求天帝解救危难。帝释听罢大惊失色，自思惟道：此善住天子受何七返恶道之身。尔时帝释须臾静住入定谛观，即见善住当受七返恶道之身，所谓猪、狗、野干、猕猴、蟒蛇、乌鹫等身，食诸秽恶不净之物。尔时帝释观见善住天子当堕七返恶道之身，极度苦恼痛割于心，谛思而无计可施，唯有如来应正等觉，可令善住得免斯苦。想罢，帝释即于此日初夜时分，以种种花鬘、香料、胜妙天衣庄严之后便往诣誓多林园，见到世尊便顶礼佛足右绕七匝，即于佛前广大供养，并于前跪述善住天子将受七返畜生恶道之事。如上说已，如来顶上放种种光，遍满十方一切世界，其光还来绕佛三匝，从佛口入。而后，佛便微笑告帝释言："有陀罗尼名为'如来佛顶尊胜'，能净一切恶道，能净除一切生死苦恼，又能净除诸地狱阎罗王界畜生之苦，又破一切地狱能回向善道。天帝！此《佛顶尊胜陀罗尼》，若有人闻一经于耳，先世所造一切地狱恶业悉皆消灭，当得清净之身，随所生处忆持不忘，从一佛刹至一佛刹，从一天界至一天界，遍历三十三天，所生之处忆持不忘。天帝！若人命将终，须臾忆念此陀罗尼，还得增寿得身口意净，身无苦痛，随其福利随处安隐，一切如来之所观视，一切天神恒常侍卫，为人所敬恶障消灭，一切菩萨同心覆护。天帝！若人能须臾读诵此陀罗尼者，此人所有一切地狱畜生阎罗王界饿鬼之苦，破坏消灭无有遗余。诸佛刹土及诸天宫，一切菩萨所住之门，无有障碍随意趣入。”此时帝释请求世尊为众生说此神咒。世尊随即念诵了尊胜陀罗尼。（见《佛说佛顶尊胜陀罗尼经》卷 1）

据称凭此咒力可灭除一切遮蔽正智的盖障和使人轮转生死的业力，令诵持人获得正智解脱轮回之苦。《尊胜佛顶修瑜伽法仪轨》下曰：“一切佛顶中，尊胜佛顶能除一切烦恼业障故，号为尊胜佛顶心，亦名除障佛顶。”同下曰：“释迦牟尼如来，结跏趺坐，作说法相。……尔时世尊慈悲愍念，便入除障三摩地，从如来顶上发生惹耶三摩地，状若轮王之像，白色，首戴五佛宝冠，手执金刚钩，项背圆光，通身如车轮状，晖曜赫奕。现此三摩地时，十方世界六种震动，十方世界一切地狱六趣众生应堕恶道者，皆悉灭除，一切恶业不复受，若便生天及十方清净国土。为此善住天子七返恶道之身一时消灭，是故号为除障佛顶轮王，即是五佛轮王之一数，并通三佛顶八大顶轮王也。”

[2] **namo ratnatrayāya**（the mantra of the convert to Buddhism）——归敬颂，为附加咒，为《永乐大钟梵字铭文》和台北故宫博物院藏《大乘经咒》所有，而本咒和唐宋元译本、元代建筑居庸关云台拱门内壁六体铭文《佛顶尊胜陀罗尼》皆无。

[3] **oṃ bhrūṃ svāhā**（the heart mantra of Ushnishavijaya）——佛顶尊胜心咒。唐宋汉译本皆无，但台北故宫博物院藏《大乘经咒》和元代建筑居庸关云台拱门内壁六体铭文《佛顶尊胜陀罗尼》均有此附加咒。

[4] **bhagavate**（*m.*, *dat.*, *sg.*, adorable, venerable, holy）——阳性，单数，为格，修饰 Buddhāya。经译：世尊。

[5] **sarva-trailokya**（*n.*, all the three worlds）——所有三界。

[6] **prativiśiṣṭāya**（*p.p.* of prati-vi-√śiṣ, *m.*, *dat.*, *sg.*, more distinguished）——过去分词，阳性，单数，为格，修饰前一词 bhagavate。意译：最胜的，殊胜的，指殊胜之尊。

sarva-trailokya-prativiśiṣṭāya——皈依三界一切殊胜之尊！

[7] **buddhāya**（*m.*, *dat.*, *sg.*, a fully enlightenened man who has achieved perfect knowledge of the truth and thereby is liberated from all existance and before his own attainment of Nirvāṇa reveals the method of abtaining it）——阳性，单数，为格，特指现世佛。

[8] **te**（*pron.*, *pl.*, *nom.*, fr. tad）——代词 tad 的阳性，复数，主格。意译：他们，指众生。

[9] **oṃ bhrūṃ bhrūṃ bhrūṃ**（mystical syllables）——真言密语。同元代建筑居庸关云台拱门内壁蓝扎体铭文《佛顶尊胜陀罗尼》，而为《佛顶尊胜陀罗尼经》《尊胜佛顶修瑜伽法轨仪》等汉语佛咒所无。

[10] **śodhaya**（*v.*, *Caus.*, *Impv.*, *sg.*, 2nd, *P.*, fr. √śudh, cause to purify, clear）——致使形式，命令语气，主动语态，单数，第二人称。意译：使清净。

[11] **viśodhaya**（*v.*, *Caus.*, *Impv.*, *sg.*, 2nd, *P.*, fr. vi-√śudh, cause to become perfectly pure）——致使形式，命令语气，主动语态，单数，第二人称。意译：使清净。

[12] **asama**（*adj.*, unequalled）——形容词。意译：无与伦比的。《佛顶尊胜陀罗尼经》为 sama-asama，意译：平等的和无与伦比的。

[13] **samanta**（*adj.*, "having the ends together", "being on every side", universal, whole, entire, all）——形容词。意译：普遍的，全部的，所有的。

[14] **avabhāsa**（*m.*, splendour, lustre, light）——阳性名词。意译：光芒，光线。

[15] **spharaṇa**（*n.*, diffusing widely, penetration）——中性名词。意译：散播，投射。

[16] **gati**（*f.*, state, mode of existence）——其义繁复，此处以“状态”或“存在方式”解为宜。

[17] **gagana**（*n.*, the atmosphere, sky）——中性名词，此处指密宗哲学上的“空”。同元代建筑居庸关云台拱门内壁蓝扎体铭文《佛顶尊胜陀罗尼》，而《佛顶尊胜陀罗尼经》为 gahana。

[18] **svabhāva**（*comp.*, *m.*, the self-nature which included by anything does not depend on the other elements beyond itself, but exits independently）——阳性名词。旧译：自性，任何事物所内含的不赖他缘而独立存在的特性。实指“性空”。

[19] **a-sama-samantāvabhāsa-spharaṇa-gati-gagana-svabhāva-viśuddhe**（*comp.*, *adj.*, *f.*, *sg.*, *voc.*, one whose self-nature is purified as the state of sky illuminated universally by the unequalled light）——复合词。意译：以无与伦比的光明普照之态（gati）的虚空（gagana）为其自性的清净佛母！

其中 a-sama-sama 直译为“无等等的”，意译“无与伦比的”。samanta 直译为“包含所有边的”，意译“周遍的”或“普遍的”。avabhāsa-spharaṇa 直译“光明照耀”。gati 其义繁复，包括：行，行止；去，来去；趣，所趣；行处；境界；道；方法，手段；

性质；状态；等等。此处以“状态”解为宜。gagana 意译“空”，“虚空”。svabhāva 意译“自性”或“自身的特性”。最后的 viśuddhe 是 vi-√śudh 的过去分词 viśuddhā（阴性）的单数、呼格形式，其义为“清净的”，所谓“净”（下同）并非指不沾污垢的清净，而是指如天空般的空灵通透状态的人格化——佛顶尊胜佛母。

[20] **abhiṣicantu**（*v.*, *Impv.*, *pl.*, 3rd, *P.*, fr. abhi-√ṣic, to consecrate by sprinkling wader）——动词，现在时，命令语气，主动语态，复数，第三人称。意译：灌顶。

[21] **sarva-tathāgataḥ**（*comp.*, *m.*, *nom.*, *sg.*, all tathagatas）——复合词，阳性，单数，主格。意译：一切如来。元代建筑居庸关云台拱门内壁蓝扎体铭文《佛顶尊胜陀罗尼》为 sarva-tathāgata（呼格）。

[22] **sugata**（*adj.*, *m.*, one of ten epithets of Buddhas）——旧译为须伽陀。意译：善逝，又称好去。诸佛十名号之一。第一曰如来，第五曰善逝。所谓“如来”即乘如实之道而来娑婆界（三千大千世界）之义；所谓“善逝”即乘全智之车，行八正道而入涅槃，不再退没生死苦海之义。“善逝”也指大日如来。这里的“如实”是指中观和密宗哲学所谓的“性空”。

[23] **vara-vacanā**（*comp.*, *f.*, best, precious voice）——阴性复合词。意译：美妙的声音，妙音。

[24] **amṛta**（*adj.*, not dead, immortal; *n.*, the nectar, ambrosia）——甘露。

[25] ~ **abhiṣekaiḥ**（w.r. for ~abhiṣekair, *m.*, *instr.*, *pl.*, consecrating by sprinkling water, the water used at an inauguration）——阳性，复数，具格连声形式 ~abhiṣekair 之误。意译：灌顶；灌顶所用的浆液。此处用后者为宜。

sarva-tathāgata-sugata-vara-vacanā-amṛta-abhiṣekair（*comp.*, *m.*, *pl.*, *instr.*, with the sweet dew liquid which is the best speech of all the tathagatas who are Sugatas）——复合词，复数，具格。意译：以诸如来即善逝佛妙语之甘露（为我灌顶）。与元代建筑居庸关云台拱门内壁蓝扎体铭文《佛顶尊胜陀罗尼》相同。

[26] **mahā-mudrā**（*comp.*, *f.*, a particular posture of the hands）——阴性名词。经译：大手印。

[27] **mantra-padaiḥ**（*comp.*, *n.*, *instr.*, *pl.*, a mystical words）——复合词，复数，具格。意译：密语。

[28] **āhara**（*v.*, *Impv.*, *sg.*, 2nd, *P.*, fr. ā-√hṛ, to manifest, utter）——动词，现在时，命令语气，主动语态，单数，第二人称。其义繁复，此处择显示、出现为宜。

[29] **mamāyur-saṃdhāri**（*comp*., *f*., *voc*., *sg*., maintaining life）——复合词，阴性，单数，呼格形式。意译：维系寿命。在《佛顶尊胜陀罗尼经》和元代建筑居庸关云台拱门内壁蓝扎体铭文《佛顶尊胜陀罗尼》中都是 mama-āyur-saṃdhāraṇi，汉咒《佛顶尊胜陀罗尼》："阿余哩（二合）三答啰"，梵文应为 mama-āyuḥ-saṃdhāri——延续我的寿命吧！

[30] **viśuddhe**（*p.p*., fr. viśuddhā, *f*., *voc*., *sg*., completely cleansed or purified）——过去分词，阴性，单数，呼格形式。意译：彻底清净的。

gagana-svabhāva-viśuddhe——意为"以空为自性的清净之尊"，特指尊胜佛母。

[31] **uṣṇīṣa**（*m*., or *n*., a kind of excrescence consecrated on the head of Buddha）——佛顶。

[32] **vijaya**（*m*., victory, triumph, superiority）——阳性名词。旧译：尊胜。

[33] **pariśuddhe**（*adj*., *f*., *voc*., *sg*., cleaned, purified）——形容词，阴性，单数，呼格形式。意译：清净的。

Uṣṇīṣa-vijaya-pariśuddhe——复合词。意译：佛顶尊胜清净之佛母！

[34] **sahasra-raśmi**（*comp*., *adj*., "having a thousand light"; *m*., the sun）——多财释复合词。直译：其光线是无数的，或有千束光芒的；此指太阳。

[35] **sañcodite**（*Caus*., *p.p*., fr. saṃ-√cud, aroused）——动词的致使形式的过去分词，以 ā 收尾的阴性、单数、呼格形式。意译：被投射的，使被唤醒的，等等。

sahasra-raśmi- sañcodite——义为"犹如光芒四射的太阳令（众生）开悟之尊"。

[36] **sarva-tathāgatāvalokinī**（w.r. for ~avalokini, *f*., *sg*., *voc*., observing well among all the tathagatas）——复合词，~avalokini 之误，阴性，呼格。意译：一切如来中的善察之尊！

[37] **ṣaṭ-pāramitā**（*comp*., *f*.）——复合词，六波罗蜜（布施、持戒、忍辱、精进、禅定、智慧）。

[38] **paripūri**（w.r. for paripūrini, fr. paripūriṇī., *f*., *voc*., *sg*., granting, bestowing）——paripūrini 之误，阴性名词 paripūriṇī 的单数、呼格形式。意译：请赐予，或授予。元代建筑居庸关云台拱门内壁蓝扎体铭文《佛顶尊胜陀罗尼》为 paripūrani。

ṣaṭ-pāramitā-paripūriṇi（bestowing the six paramitas）——授予六波罗蜜多之尊。

[39] **sarva-tathāgata-māte**（w.r. for māto, viz. Sandhi form of mātaḥ fr. mātṛ, *comp*., *f*., *voc*., *sg*., the mother of tathagatas）——复合词最末一词 māte 为 mātṛ 的单数呼格

mātaḥ 之误。意译：一切如来母。

在汉文《大藏经》中，所有“尊胜陀罗尼”均无此节，唯见元代建筑居庸关云台拱门内壁六体铭文《佛顶尊胜陀罗尼》中，除回鹘文（Uigur）尊圣咒之外，其余五咒均有此节。

[40] **daśa-bhūmi**（*comp*., *f*., *sg*., *voc*., N. of a bodhisattva, the 10 stages in the path of the bodhisattva）——十地菩萨哟！所谓“十地”，指菩萨修行的十个阶段：1. 极喜地，2. 离垢地，3. 发光地，4. 焰慧地，5. 极难胜地，6. 现前地，7. 远行地，8. 不动地，9. 善慧地，10. 法云地。

[41] **pratiṣṭhite**（*p.p.* fr. prati-√sthā., *f*., *voc*., *sg*., abiding at , fixed）——过去分词 pratiṣṭhitā 的阴性，单数，呼格，可译为“安住于……的”。

daśa-bhūmī-pratiṣṭhite（abiding at the 10 stages）——安住于十地之尊！

[42] **sarva-tathāgata-hṛdaya**（*comp*., the heart of all the tathagatas）——一切如来心。

[43] **adhiṣṭhita**（*p.p.*, fr. adhi-√sthā, settled, inhabited upon; superintended, appointed）——过去分词。经译：加持，加护，护持等。元代建筑居庸关云台拱门内壁六体铭文《佛顶尊胜陀罗尼》和《大藏经》的相应咒语均为 adhiṣṭhāna，经译：坐，处，处所，依处；神力，神通，神通之力，所护力；加持，护持，任持等。

sarvatathāgatahṛdaya-adhiṣṭhita（*comp*., Tatpuruṣa）——依主释复合词，阳性，单数，呼格。意译：受一切如来心加持的。

[44] **adhiṣṭhite**（*f*., *voc*., *sg*., settled, inhabited upon, superintending）——阴性，单数，呼格。意译：加持。

sarvatathāgata-hṛdayādhiṣṭhita-adhiṣṭhite——复合词。意译：由诸如来心神力所加持的（修饰其后的 mudre 和 mahāmudre）。

[45] **mudre**（*f*., *voc*., *sg*., fr. mudrā, N. of particular positions or intertwinings of the fingers）——为阴性，单数，呼格。元代建筑居庸关云台拱门内壁六体铭文《佛顶尊胜陀罗尼》中为 mudre，旧译：手印，手指。

[46] **mahāmudre**（*f*., *voc*., *sg*., a mark like a stamp pressed on a surface to show that the dharma is genuine）——阴性，单数，呼格。旧译：大手印。所谓“印”即印契，与法印之“印”相同，此以世间国王的印玺譬喻法王佛陀亲许的佛法宗要。藏译于“大印”中加一“手”字，表示佛祖亲手所定之印。此印为无上至极的佛法心髓，故名为大手印。

[47] **vajrakāya**（*m.*, “thunderbolt body”）——金刚身，即金刚不坏身，也即佛身。

[48] **saṃhatana**（*adj.*, compact, firm, hard）——形容词。意译：密坚的。

[49] **vajrakāya-saṃhatana-pariśuddhe**（*comp.*, *f.*, *voc.*, *sg.*, one whose body-compact like the thunderbolt is purified）——复合词，阴性，单数，呼格形式。意译：金刚身密坚之清净佛母！

[50] **karma-āvaraṇa**（*comp.*, “obstacles from karma”）——佛教术语。经译：业障。

[51] **pratinivarttaya**（*Caus.*, *Impv.*, *sg.*, 2nd, *P.*, fr. prati-ni-√vṛt, cause to turn back, return）——致使动词，现在时，主动语态，命令语气，单数，第二人称。原始义：使返回，使复归，在这里有“请让（我）复归（清净）”之义。请注意，t 在 r 后重复是尼泊尔梵文的特点之一。

[52] **mama**（*pron.*, *gen.*, *sg.*, implying “my”）——人称代词 mad 的第一人称，单数，属格。意译：我的。

[53] **āyur-viśuddhe**（the latter, *p.p.*, fr. vi-√śudh, *f.*, *sg.*, *voc.*, life purified）——复合词，阴性，单数，呼格。意译：让寿命清净之尊。

mama-āyur-viśuddhe——让我的寿命清净之尊！值得注意的是，元代建筑居庸关云台拱门内壁蓝扎体铭文《佛顶尊胜陀罗尼》为 āyur-viśuddhe（让寿命清净！）。

[54] **samaya**（*m.*, Buddhist term, implying: 1. time; 2. the vow of a Buddha and bodhisattva; 3. a dharma-ware symbolizing a Buddha and bodhisattva）——阳性名词，其义繁复，可概括为三：1. 时间，经译为三昧耶或三摩耶。佛教用以区别外道的“时”（迦罗，kāla）。2. 密教诸佛或诸尊的本誓（因位之誓愿），具有平等、本誓、除障、惊觉等四义。亦即，以佛与众生就本质而言，两者完全平等没有差别（平等），故佛发誓令所有众生开悟成佛（本誓），而众生由于佛之加持力，故能袪除烦恼（除障），众生之迷心亦能随之而惊醒（惊觉）。3. 象征佛、菩萨、诸天等之本誓之器杖、印契等物，称为三昧耶形、三摩耶形（略称三形），或波罗蜜形。描绘三昧耶形以代表尊形之曼荼罗，则称三昧耶曼荼罗，系四种曼荼罗之一。例如，大日如来之宝塔、观音菩萨之莲华、不动明王之剑等，均为三昧耶形。即顺序观想种子、三昧耶形、尊形，先从种子成就三昧耶形，再从三昧耶形开展出诸尊之形相。（参见《佛光大辞典》第三版）

[55] **adhiṣṭhāna**（*n.*, standing over, power; superintendence, appointment）——中性名词。意译：立足点，立场，住处等。密义：神力，神通，神通之力，威神力，加

护力；加护，护持，守护等。

[56] **adhiṣṭhite**（see above）——见本书第 202 页注 [44]。

sarvatathāgata-samaya-adhiṣṭhānādhiṣṭhite（*f.*, *sg.*, *voc.*, one "given and guarded with the sacred samaya-power of all tathagatas"）——加持一切如来三昧耶神力之尊！

[57] **muni**（*f.*, *voc.*, *sg.*, fr. Munī, a sage）——阴性，单数，呼格。意译：牟尼（神仙）啊！

mahāmuni（*f.*, *voc.*, *sg.*, fr. ~munī, a great sage）——阴性，单数，呼格。意译：大神仙啊！与元代建筑居庸关云台拱门内壁蓝扎体铭文《佛顶尊胜陀罗尼》相同，但汉文《大藏经》中的相关咒语均为 mani。意译：宝珠。

[58] **vimuni**（*f.*, *sg.*, *voc.*, fr. vimunī, a distinguished sage）——阳性名词，单数，主格。意译：杰出之仙！

[59] **mahāvimuni**（*f.*, *voc.*, *sg.*, "a great distinguished sage", N. of a goddess）——意译：杰出女仙人！与元代建筑居庸关云台拱门内壁蓝扎体铭文《佛顶尊胜陀罗尼》相同。

[60] **mati**（*f.*, thought, intelligence; intellegent）——阴性名词。经译：慧，意慧；有思想的，智慧之母。

[61] **mahāmati**（*f.*, *voc.*, *sg.*, fr. ~matī, the great intelligent）——阴性，单数，呼格。意译：大智慧之母！与元代建筑居庸关云台拱门内壁蓝扎体铭文《佛顶尊胜陀罗尼》相同，但在汉文《大藏经》的《佛顶尊胜陀罗尼经》中无。

[62] **mamati**（=mahā-matī, *f.*, *voc.*, *sg.*, the great intelligent）——一位佛菩萨的名号，在咒语里经常重复：大智慧之母。与元代建筑居庸关云台拱门内壁蓝扎体铭文《佛顶尊胜陀罗尼》相同。

[63] **sumati**（fr. su-matī, *f.*, *voc.*, *sg.*, a good intelligence mother）——阴性，单数，呼格。意译：妙善智慧之母。元代建筑居庸关云台拱门内壁蓝扎体铭文《佛顶尊胜陀罗尼》为 sumati，永乐大钟铭文则为 supati（善妙之主）。

[64] **tathatā**（*f.*, "such nature", viz. reality-nature, or self-nature）——阴性名词，佛教术语。意译：如性，真如，实性，自性。

[65] **bhūta**（*adj.*, become, been; existing, present; being or being like anything; *n.*, that which is or exists, any living being, the world, an element）——有形容词和名词两种词性，这里作中性名词解，为印度教和佛教哲学术语。旧译：有，大（如五大 pañca-

bhūtāni)；众生；万有；诸行等。

[66] **koṭi**(*f*., the end of anything)——阴性名词。哲学术语。意译：终极。

[67] **pariśuddhe**(see above)——见本书第 201 页注 [33]。

tathatā-bhūta-koṭi-pariśuddhe(*comp*., *f*., *sg*., *voc*., "one whose such-nature, viz. the end of all the things is purified", N. of a Buddhist goddess)——真如，即万有终极清净之尊！

[68] **visphoṭa**(*m*., cracking, crashing; *adj*. open)——阳性名词。意译：开启。

[69] **buddhi**(*f*., perception, intelligence)——阴性名词。佛教术语：觉，悟；慧，智力。

[70] **śuddhe**(*p.p*., fr. √śudh, *f*., *voc*., *sg*., cleaned, purified, N. of a Buddhist female goddess)——√śudh 的过去分词，阴性，单数，呼格。意译：清净(不沾尘垢，空净光明)之尊！为元代建筑居庸关云台拱门内壁蓝扎体铭文《佛顶尊胜陀罗尼》所同有。

visphoṭa-buddhi-śuddhe(Buddhist pure intelligence open.)——开启佛智清净之母！

[71] **he he**(occult syllables)——真言密语。

[72] **jaya**(*Impv*., *sg*., 2nd, *P*., fr. √ji, conquer, win)——动词根是 √ji 的现在时，命令语气，主动语态，单数，第二人称。意译：胜利，战胜。

[73] **vijaya**(*Impv*., *sg*., 2nd, *P*., fr. vi-√ji, conquer, win)——动词 vi-√ji 的现在时，命令语气，主动语态，单数，第二人称。意译：胜利，战胜，降服。

[74] **smara**(*Impv*., *sg*., 2nd, *P*., fr. √smṛ, remember, bear in mind, call to mind)——动词根 √smṛ 的现在时，命令语气，主动语态，单数，第二人称。意译：记忆，想起。

[75] **sphara**(*Impv*., *sg*., 2nd, *P*., fr. √sphar, to quiver, throb; to shield, bend, to flash, glitter, sparkle, gleam, glisten, twinkle)——√sphar(=√sphur)的现在时，命令语气，主动语态，单数，第二人称。意译：颤抖，震颤；使屈服；闪烁，闪光。与元代建筑居庸关云台拱门内壁蓝扎体铭文《佛顶尊胜陀罗尼》相同。

[76] **spharaya**(w.r. for sphāraya, *Caus*., *Impv*., *sg*., 2nd, *P*., fr. √sphar=√sphur, cause to bend, sparkle)——√sphar(=√sphur)的现在时，致使形式，主动语态，命令语气，单数，第二人称 sphāraya 之误。意译：令闪烁，令发光。与元代建筑居庸关云台拱门内壁蓝扎体铭文《佛顶尊胜陀罗尼》相同。

[77] **sarva-buddhā**(Sandhi form of sarvabuddāḥ, *comp*., *m*., all Buddhas)—— 为

sarvabuddāḥ 的连声形式，复合词，阳性，复数，主格。意译：一切佛。

[78] **adhiṣṭhāna**（see above）——见本书第 203—204 页注 [55]。与元代建筑居庸关云台拱门内壁蓝扎体铭文《佛顶尊胜陀罗尼》相同，而汉文《大藏经》的《佛顶尊胜陀罗尼经》无。

[79] **adhiṣṭhite**（see above）——见本书第 202 页注 [44]。

sarvabuddhādhiṣṭhānādhiṣṭhite（*comp.*, *f.*, *voc.*, *sg.*, "giving the sacred power of all buddhas", N. of a Buddhist female goddess）——复合词，阴性，单数，呼格。意译：（为众生）加持一切诸佛神力之尊！

[80] **buddhe**（*p.p.*, fr. √budh, *f.*, *voc.*, *sg.*, awakened, N. of a Buddhist female goddess）——√budh 的过去分词，阴性，单数，呼格。意译：女佛，佛母。与元代建筑居庸关云台拱门内壁蓝扎体铭文《佛顶尊胜陀罗尼》相同，而汉文《大藏经》的《佛顶尊胜陀罗尼经》无。

[81] **vajre**（*f.*, *voc.*, *sg.*, a thunderbolt）——阴性，单数，呼格。意译：金刚母。永乐大钟铭文为 vajra，应为 vajre 之误。元代建筑居庸关云台拱门内壁蓝扎体铭文《佛顶尊胜陀罗尼》为 vajre vajre；汉字铭文《佛顶尊胜陀罗尼》为"把即哩，把即哩"即 vajre vajre 的汉译；汉文《大藏经》的《佛顶尊胜陀罗尼经》为 vajri，即 vajrī 的阴性、单数、呼格形式。

[82] **mahā-vajre**（*comp.*, *f.*, *voc.*, *sg.*, "great thunderbolt", originally N. of Durgā; here implying Uṣṇīṣa-Vijaya）——复合词，阴性名词 mahā-vajrā 的单数、呼格形式。意译：大金刚母。原为印度教湿婆（Śiva）的妻子突迦天女（Durgā）的别称，或曰"难近母"。这里特指尊胜佛母。与元代建筑居庸关云台拱门内壁蓝扎体铭文《佛顶尊胜陀罗尼》相同。

[83] **suvajra**（w.r. for suvajre, according to Uṣṇīṣasuvijaya dhāraṇī on the inwall of the gate on the cloud platform in the Ju Yongguan, *f.*, *voc.*, *sg.*, "wonderful thunderbolt", N. of Uṣṇīṣa-Vijaya）——suvajre 之误，阴性，单数，呼格形式。意译：妙金刚佛母。这里的 suvajra 阳性名词并不适当，根据元代建筑居庸关云台拱门内壁蓝扎体铭文《佛顶尊胜陀罗尼》，应为阴性 suvajre，汉文铭文为"苏把即哩"。

[84] **vajra-garbhe**（*f.*, *voc.*, *sg.*, "thundebolt womb", N. of Uṣṇīṣa-Vijaya）——阴性，单数，呼格。意译：金刚藏佛母！金刚藏谓八藏之一，即能断极微细无明的等觉菩萨。元代建筑居庸关云台拱门内壁蓝扎体铭文《佛顶尊胜陀罗尼》为 vajra-garbhe,

汉译为葛哩必。

[85] **jaya-garbhe**（*comp.*, *f.*, *voc.*, *sg.*, “victory womb”, N. of Uṣṇīṣa-Vijaya）——以 ā 收尾的阴性复合词，单数，呼格形式。意译：胜利藏佛母！

[86] **vijaya-garbhe**（see above）——同上注。

[87] **vajra-jvalā-garbhe**（*comp.*, *f.*, *voc.*, *sg.*, “thunderbolt flame womb”, N. of Uṣṇīṣa-Vijaya）——复合词，阴性，单数，呼格。意译：金刚炎藏佛母。居庸关云台拱门内壁蓝扎体铭文《佛顶尊胜陀罗尼》为 vajra-jvala（金刚炎）。

[88] **vajra-udbhave**（*comp.*, *f.*, *voc.*, *sg.*, “one whose origin is the thunderbolt”, N. of a bodhisattva）——阴性复合词，单数，呼格，一女菩萨名。意译：金刚起菩萨。特指尊胜佛母。

[89] **vajra-saṃbhave**（*comp.*, *f.*, *voc.*, *sg.*, “one whose birth is the thunderbolt”, N. of a bodhisattva）——阴性复合词，单数，呼格，一女菩萨名。意译：金刚生菩萨。特指尊胜佛母。

[90] **vajrini**（*f.*, *voc.*, *sg.*, fr. vajrinī, “one who has the vajra in the hand”, N. of a goddess）——单数，呼格。意译：执金刚母。

[91] **vajraṃ**（*n.*, *sg.*, *nom.*, a thunderbolt）——金刚。与村田治郎《居庸关》的拉丁文拼写相同。

[92] **bhavantu**（*Impv.*, *pl.*, 3rd, *P.*, fr. √bhū, to become）——动词的现在时，主动语态，命令语气，复数，第三人称。意译：愿成为……吧！

vajra-bhavantu（the compound means “become the vajira”）——令他们成为金刚吧！村田治郎《居庸关》的拉丁文拼写为 bhavatu。

[93] **mama**（*pron.*, *sg.*, *gen.*, my）——我的。

[94] **śarīraṃ**（*n.*, *acc.*, *sg.*, body）——中性名词，单数，业格形式。意译：身体。

[95] **sarva-satvānāṃ**（w.r. for ~sattvānāṃ, *comp.*, *n.*, *gen.*, *pl.*, *m.* or *n.*, all living beings, all creatures）——为以 a 收尾的阳性名词的复数、属格形式 ~sattvānāṃ 之误。意译：一切众生的。与村田治郎《居庸关》的拉丁文拼写相同。

上述诸词构成一句话：**vajra-bhavantu mama śarīraṃ sarva-sattvānāñca**（Let the body of me and of the all living beings become vajir！）——让我和众生的身体都成为金刚吧！其中 mama śarīraṃ 与 sarva-sattvānāṃ 在 ca 的要求下成为并列成分，其义为“我和一切众生的身体”。

[96] **kāya**（*m*., the body）——阳性名词。意译：身体。

[97] **kāya-pariśuddhi**（*comp*., Tatpuruṣa, *f*., the purity of the body）—— 复合词，~pariśuddhi 的单数主格连声形式 ~śuddhir 之误。意译：身体清净（无罪过的），此指身体清净的佛菩萨。村田治郎《居庸关》的拉丁文拼写为 kāya-pariśuddhir。

[98] **bhavatu**（*v*., *Impv*., *sg*., 3rd, *P*., fr. √bhū, to become）——动词，现在时，命令语气，主动语态，单数，第三人称。意译：令成为。

[99] **sadā**（*ind*., always, ever, every time, perpetually）——不变词（副词）。意译：永远，恒常，始终。居庸关云台拱门内壁六体铭文《佛顶尊胜陀罗尼》中是 me sadā，而不是此梵咒的 sadā me。

[100] **me**（*pron*., *gen*., *sg*., my）——人称代词 mad 的单数属格。意译：我的。居庸关云台拱门内壁六体铭文《佛顶尊胜陀罗尼》中 me 在 sadā 之前。

[101] **sarva-gati-pariśuddhiś**（*comp*., Tatpuruña, *f*., *nom*., *sg*., the purity of the every way of the reincarnation）——复合词，阴性，单数，主格 ~pariśuddhiḥ 的连声形式。意译：诸趣清净。

上述诸词构成一句话：**kāya-pariśuddhir bhavatu sadā me sarva-gati-pariśuddhiśca**（Let my body and all the ways of reincarnations become perpetually purified!）——让我的身体和诸趣永远清净吧！

[102] **sarva-tathāgataś**（*comp*., *m*., *nom*., *sg*., all the tathagatas）——复合词，阳性，单数主格。意译：一切如来。

[103] **māṃ**（*pron*., *acc*., *sg*., fr. mad, implying me）——人称代词 mad 的单数业格。意译：我。

[104] **samaśvasayantu**（w.r. for samāśvāsayantu, *Caus*., *Impv*., *pl*., 3rd, *P*., fr. samā-√śvas, to cause to revive, reanimate, encourage）——为 samāśvāsayantu 之误，致使动词，命令语气，主动语态，复数，第三人称。意译：使复苏，使恢复生气，鼓舞等。

sarva-tathāgataśca māṃ samā-śvāsayantu（All the tathgatas! Cause me to revive, please!）——一切如来，请给我以新生吧！

[105] **budhya**（*Impv*., *sg*., 2nd, *P*., fr. √budh, cl.4, to be known, to be enlightened）——√budh 的命令语气，主动语态，单数，第二人称。意译：觉悟吧。

[106] **sidhya**（*Impv*., *sg*., 2nd, *P*., fr. √sidh, to be succeeded, accomplished）——√sidh 的命令语气，主动语态，单数，第二人称。意译：成功，成就。

[107] **bodhaya**（*Caus.*, *Impv.*, *sg.*, 2nd, *P.*, fr. √budh, to wake up, enlighten）——致使动词，命令语气，主动语态，单数，第二人称。意译：请您让……觉悟吧！

[108] **vibodhaya**（*Caus.*, *Impv.*, *sg.*, 2nd, *P.*, fr. vi-√budh, to awaken）——致使动词，命令语气，主动语态，单数，第二人称。意译：请您让……觉悟吧！

[109] **mocaya**（*Caus.*, *Impv.*, *sg.*, 2nd, *P.*, fr. √muc, ratecause one to set free, liberate）——致使动词，命令语气，主动语态，单数，第二人称。意译：请您让……解脱！

[110] **vimocaya**（*Caus.*, *Impv.*, *sg.*, 2nd, *P.*, fr. vi-√muc, cause one to set free, liberate）——致使动词，命令语气，主动语态，单数，第二人称。意译：请您令……弃世吧！

[111] **śodhaya**（*Caus.*, *Impv.*, *sg.*, 2nd, *P.*, fr. √śudh, cause to clean, purify）——致使动词，命令语气，主动语态，单数，第二人称。意译：令清净！

[112] **viśodhaya**（*Caus.*, *Impv.*, *sg.*, 2nd, *P.*, fr. vi-√śudh, to cause to become perfectly pure）——致使动词，命令语气，主动语态，单数，第二人称。意译：请您让（我）彻底清净！

[113] **samanta-mocaya**（*Caus.*, *Impv.*, *sg.*, 2nd, *P.*, fr. samanta-√muc, cause entirely to become liberated）——致使动词，命令语气，主动语态，单数，第二人称。意译：令彻底解脱！

[114] **samanta-raśmi**（*comp.*, *m.*, the complete light, splendour）——全都光明。

[115] **samanta-raśmi-pariśuddhe**（*comp.*, *f.*, *voc.*, *sg.*, purified like the whole light）——复合词，阴性，单数，呼格。意译：普遍光明的清净之尊！

[116] **sarva-tathāgata**（see above）——见第 208 页注 [102]。

[117] **hṛdaya**（*nom.*, heart）——心。

[118] **adhiṣṭhite**（see above）——见第 202 页注 [44]。

sarva-tathāgata-hṛdayādhiṣṭhānādhiṣṭhite（*comp.*, *f.*, *voc.*, *sg.*, "added with the mystical power of all the tathagata-hearts", N. of a Buddhist goddess）——复合词，阴性，单数，呼格。意译：由一切如来心神力加护之尊！

[119] **mudre**（see above）——见第 202 页注 [45]。

[120] **mantra-pade**（*comp.*, *f.*, *sg.*, *voc.*, a cause of mantra）——阴性，单数，呼格。意译：真言之母啊！

[121] **svāhā**（a mystical syllable）——真言密语，旧译繁复，有苏婆诃、娑嚩诃、

娑婆诃、萨婆诃、娑嚩诃、莎诃等。无实词意义，常作真言的结语词。

[122] **amitāyurdade**（*comp.*, *f.*, *voc.*, *sg.*, a giving the unlimited life）——阴性，单数，呼格。义为“赐予无量寿命之佛母！”这里的“无量寿”并非无量寿佛，而是指长寿。

[123] **oṃ amitāyurdade svāhā**（There is no this paternoster in the scriptures and the dharanis.）—— 台北故宫博物院藏《大乘经咒》无此咒文。

三、六字真言[1]（the mantra consisting of six syllables）

释读：**oṃ ma ṇi pa dme hūṃ**

复原：**oṃ maṇi padme hūṃ //**

旧译：唵 么抳 钵迷 吽

出典：《佛说大乘庄严宝王经》（T20.1050.61b）。

今译：唵 祈愿宝珠在莲花上，吽！

诠注：

[1]“六字真言”又称“观世音咒”，流行最广，知名度最高。所谓“六字真言”即由梵文的六个音节构成的咒语：oṃ ma ṇi pa dme hūṃ。汉语音译为“唵么抳钵讷铭吽”或“唵摩尼钵谜吽”或“唵嘛尼叭弥吽”等。此真言在佛门法事中常能听到，其梵文六字也习见于密宗殿堂。所谓“真言”，《大日经疏》卷 3：真言“皆如来极妙之语也”，它是“秘密符号”。“旧译云‘咒’。”

第四章
CHAPTER 4

敦煌佛印
Buddhist Impression in Dunhuang

第一节　敦煌梵文沙符新考

Ⅰ A New Study of the Impression of the Signet in Sanskrit Unearthed in Dunhuang

1980 年，我随北京大学南亚研究所佛教访问团赴敦煌莫高窟参观学习，回程顺访了敦煌县博物馆（今敦煌博物馆），并有幸获得博物馆馆长的厚爱，赐我贵馆馆藏元代梵文沙符印件一幅。后经诠释，成文发表于 1993 年的《东方研究》上，题目为《敦煌沙符考》。因初次考释，有些粗略，且刊载拙文的刊物发行量不大，学界不易了解，今收入本书以飨读者。

导言（introduction）

我在 1993 年发表的《梵文沙符印版》中曾作过初步释读和考证，比较粗浅。今对过去忽略的部分，如沙符、曼荼罗和中央的佛画等作了补充考证，对梵文部分重新作了释读和诠注。笔者将每道陀罗尼（咒文）分作几个层次进行考释：释读；复原（断词、断句和断咒）；与汉语佛经对勘，查证咒语的音译、名称、出典；意译；诠注（逐词）。

全文共有 8 道陀罗尼：《不动如来说陀罗尼》《尊胜心咒》《阿閦如来真言》《无量寿如来真言》《大遍照金刚如来根本真言》《阿弥陀佛心咒》、六字真言、《十二因缘咒》（法身偈）等。

释文重点对脱塔、印沙、六字真言和法身偈作了较为详细的考证和探讨。

关于脱塔、印沙，敦煌遗经中发现了它们的出处，这给研究敦煌梵文沙符和当时的宗教信仰增添了宝贵资料。

六字真言释文引自拙著《永乐大钟梵字铭文考》，书中第一次提出“生殖巫术”的概念，并第一次将其升华为“阴阳和合乃万物生因”的哲学高度。这是在史前文化人类学层面对曾经普遍存在过的生殖崇拜现象作了多角度的探讨之后，提出的一种观点。这一观点还有待于今后的新发现和新研究去证实。但无论如何，它对密教，特别是藏传佛教密宗中容易为人所曲解的现象给予了哲学层面的解释，对密宗的研究和消除人们对密宗的误解、偏颇将会有所裨益。

在《十二因缘咒》，即法身偈的释文中，笔者对其起源、演化及其所蕴涵的佛教哲理——四圣谛作了探讨和剖析。此外，也提到它在佛教密宗中的使用规律。

一、关于梵文沙符印件（about the impression in Sanskrit）

印件中的梵文虽然是众所习见的，但关于印版上的梵文还需要交待几句。这种梵文字在藏传佛教流布地区习称“蓝扎”（lantsa），或“蓝蹉”“蓝匝”“蓝查”等。其实，lantsa是Rañjanā藏语的音译。它起源于今尼泊尔，约12世纪末叶随佛教密宗传入我国西藏地区，元代随藏传佛教向内地传布并逐渐遍及中华大地。关于敦煌发现的梵文沙符的时代，笔者曾作过一番考证。首先，在“印版”的第4行末尾有5个梵字：pa ra mpa rāṇi（拉丁文拼写），唐玄奘译《拔济苦难陀罗尼经》的音译为“般蓝般罗般”，将其与原文对照发现，最后一个“般”与梵文原文ṇi不一致。而宋、元、明本却是“尼”，与原文相应。说明此梵文本不可能出于唐代，又考虑到元代以后莫高窟群已经荒废，故又将出现于明代的可能性予以排除。现在所剩下的唯一可能即是元代。因此结论与敦煌博物馆的鉴定相一致。有关梵字及其流布的详细情况，请参见拙文《敦煌梵字陀罗尼》（见彭金章和王建军先生主编的《敦煌莫高窟北区石窟》第3卷）。

梵文沙符印板

此图是一幅梵文和佛画相参的长方形图案。下方有发掘题记：“梵文沙符印版。元代（1271—1368年），敦煌西湖1979年出土。”边有一椭圆形印章。

关于沙符，笔者没有见到原件，但从其印制（左图）看，当是印章一类的东西，其功用在于举行法事时在水边、沙岸或沙洲上盖压许许多多的印纹，佛教术语称之为“印沙”。“印沙”见于敦煌卷子。如唐善无畏译《慈氏菩萨略修瑜伽念诵法》称：“以木印塔印沙印水等”[①]，“若木克作千佛印，若河海洲上印沙为佛塔，克木像印沙，成塔三十万个，每佛每塔前诵真言一百八遍，供养香花……”[②]。宋代法天译《妙臂菩萨所问经》：“印沙为塔或积土等为塔。”[③]可见唐宋时代，做佛事印沙为塔已成时尚。塔象征佛，造塔即请佛。在密宗信仰中，佛并非一尊，而如恒沙无可计量。为了使整个做法场地变成曼荼罗，变成佛土，就要造千万尊佛塔。这样的规模，用砖石等材料和往昔传统方法，无论如何也不能实现。为了使这种信仰更加普及和入世，种种简便易行的方法便陆续诞生了。可能在印沙之前有一种方法为“脱塔”，即用制作好的模具脱出一座座沙质或泥质的象征性佛塔。这样省工、省料、省财，且效率大增。最近在彭金章、王建军主编的《敦煌莫高窟北区石窟》第 3 卷看到新发掘的脱塔图片，说明古代在敦煌地区确曾发生过脱塔的法事行为，而后又出现了脱塔和印沙并举的方法。敦煌遗经《印沙佛文》提到“脱塔印沙”[④]。这种方法比单纯的脱塔更经济、更快捷，也更受民众的欢迎。随着时间的推移，脱塔慢慢淡出历史舞台，而代之以单纯的印沙，印沙为塔要比脱塔更快、更经济。再后则是敦煌出土的沙符，其中不仅有塔，还有佛像和梵文咒语等。其实，这就是一幅完整的曼荼罗。而曼荼罗则是密宗仪轨不可或缺的组成部分，有了它，就比以往任何仪轨都更加完善，也更加神圣。从以上所述造塔、印沙为塔和印沙为曼荼罗的演变过程看，天国的入门券越来越便宜，佛教也越来越世俗化。

---

① 《慈氏菩萨略修瑜伽念诵法》卷上（T20.1141.594b）。

② 《慈氏菩萨略修瑜伽念诵法》卷上（T20.1141.595a）。

③ 《妙臂菩萨所问经》卷 1（T18.896.746c20）。

④ 《印沙佛文》：夫旷贤大劫，有圣人焉，出释氏宫，名薄伽梵。心凝大寂，身意无边；慈化众生，号之为佛。厥今坐前社足等故，以三春上律四序初分，脱塔印沙，启加愿者，奉为躬保愿功德之福会也。唯公乃金声夙显，玉誉早闻，列位名班，升荣冕职。遂乃妙因宿殖，善芽发于今生，业果先淳，道心坚于此日。四大而无注，晓五蕴而皆空脱。千圣之真容，印恒沙之遍迹。更能焚香郊外。诸僧徒于福事之前，散餐遍所于水陆之分，以此印佛功德，回向福因，先用庄严梵释四王龙天八部。伏愿威光转胜福力弥增，救人护国。愿使圣躬延受，五谷丰登。管内人安，歌谣满城。又持胜福，伏用庄严，施主即体。唯愿身而玉树，恒净恒明，体若金刚，常坚常固。今世后世，莫绝善缘。此世他生，善牙增长。然后散沾法界，普及有情。赖此胜因，齐成佛果，摩诃般若。（《大正新修大藏经》，T85.442.2842b06）

二、曼荼罗（mandala）

“曼荼罗”是梵文 maṇḍala 的音译，古来译名较多，如“曼陀罗”“漫怛罗”“满荼罗”“曼拏罗”“蔓陀啰”等。印度修密法时，为防止魔众侵入，在地上画出一个或圆或方或鸟形的图形，或建立上述形状的土坛，或于上画佛、菩萨像，事毕废除。这样一个修法场地被称作曼荼罗，佛家常译为“坛场”或“道场”。这种以大日如来或某佛、菩萨等为中心分层环绕诸尊的修法场地又被称为轮圆具足。后来，绘有佛菩萨像或种子字等经咒的佛画也称“曼荼罗”。日本东密有金刚界曼荼罗和胎藏界曼荼罗等两部曼荼罗（两界曼荼罗）。两部曼荼罗之图样因经和仪轨的不同而不同，现在流行之图示曼荼罗，称为现图曼荼罗（见《佛光大辞典》第三版）。据称“曼荼罗”有四种：“大曼荼罗”“三昧耶曼荼罗”“法曼荼罗”“羯磨曼荼罗”。所谓“大曼荼罗”，指绘有诸尊具足相好容貌的修法场地或图画，即总集诸尊之坛场，或曰尊形曼荼罗，相当于金刚界曼荼罗中的成身会；“三昧耶曼荼罗”，指示现诸尊本誓的器杖、印契的坛场和图画；“法曼荼罗”，指绘有诸尊种子字或真言或经文义理文字的绘画，相当于金刚界的微细会；“羯磨曼荼罗”，象征诸尊的各种威仪事业的立体造像，相当于金刚界的供养会。这四种曼荼罗，又各含三种曼荼罗：1. 都会（都门、普门）曼荼罗，诸尊俱足聚集一处，如以大日如来为中心的金刚界曼荼罗和胎藏界曼荼罗；2. 部会曼荼罗，部分诸尊聚集一处，如佛部的佛顶曼荼罗，莲华部的十一面观音曼荼罗等；3. 别尊（一门）曼荼罗，以一尊为中心的曼荼罗，如释迦曼荼罗、如意轮曼荼罗等。依据上述分类，敦煌沙符印件应属于“法曼荼罗”。

三、梵文沙符印版中央佛画（Buddhist picture in the center of the impression in Sanskrit）

品字形三尊佛像，分别跏趺坐于莲台，持各自的手印，背景是五座佛塔（正中一座位于佛背后，未现），其上有菩提树枝叶。中间突出位置的佛像为毗卢遮那佛，其左右两胁侍分别为文殊和普贤菩萨，三者俗称华严三圣。五座藏式佛塔分别象征五智如来：中央的毗卢遮那如来（Vairocana）、东方的不动如来（Akṣobhya）、南方的宝生如来（Ratnasaṃbhava）、西方的阿弥陀如来（Amitābha）、北方的不空成就如来（Amokhasiddha）。五塔顶端的菩提枝叶象征佛教的觉、智。这幅佛画本身就是一幅曼荼罗。这里值得注意的是，华严三圣和藏传密宗象征五智如来的五塔糅合一处，说明汉地的华严宗和藏传佛教的密宗文理相同，事相无碍。何以如此？这里不得不稍加解释。

其一，中国是一个多民族的国家，藏传佛教向内地传播，就不得不考虑藏族以外，特别是汉族的信仰，如果不考虑一个民族的信仰和习俗，就把一个陌生的宗教强加其身，恐怕是难以成功的。这一点，无论是宗教的传播者，还是崇信宗教的统治者，都是不能忽视的。实际情况是，华严宗兴盛于唐，延续千年而不衰，我国佛教的圣地——清凉山（山西五台山）正是华严三圣之一的文殊菩萨的圣地，其影响广被华夏，远及海外，在国内亦深受汉藏民族的景仰和青睐。历史上有许多藏族高僧曾访问、参拜或任住持于五台山佛寺，其对藏传佛教的影响可见一斑。故藏传佛教的曼荼罗糅进华严尊佛是可以想见的。

其二，华严宗和密宗、净土宗在法理上是相互通融的。华严立法界，密宗立金刚界，净土宗则立法界身。唐宪宗问曰："何谓华严？"澄观对曰："法界者，一切众生之身心本体也。从本以来，灵明廓彻，广大虚寂，唯一真境而已。无有形貌而森罗大千，无有边际而含容万有，昭昭于心目之间而相不可睹，晃晃于色尘之内而理不可分。非彻法之慧目，离念之明智，不能见自心之灵通也。故世尊初成正觉，叹曰：奇哉！奇哉！我今普见一切众生具有如来智慧德相，但以妄想执着而不能证得。于是称法界性，说华严经。全以真空简情，事理融摄，周遍凝寂。"① 概言之，法界并非虚无缥缈的存在，而就是众生的身心本体。所谓"本体"即众生身心所依凭的真本。反观内照所亲证的"灵明廓彻""昭昭""晃晃"的那种境界，也即"自心之灵通"。此"广大虚寂，唯一真境"，"非彻法之慧目，离念之明智"所不能见，只有用彻底领悟了佛法的"慧眼"和在禅定中离却万般杂念的"明智"才能照见。换言之，法界也即"虚寂"。因此，才"无形貌而森罗大千，无有边际而含万有"。

宗密画龙点睛："一真法界，谓总该万有，即是一心。"② 此"心"并非思之官，而为思之观或曰"观想"。既然佛的最高境界——法界为众生之一心（观想），那么，佛就在众生之心中。华严偈曰："心佛与众生，是三无差别。"

密宗在智理方面表述不多，但有些文字的表述与华严宗是相互融通的。惠果的

---

① 《佛祖历代通载》（T49.2036.616b20）。
② 《注华严法界观门》（T45.1884.684b24）。

再传弟子海云曰："此大教王名金刚者。金刚者，坚固义也，以表一切如来法身坚固不坏、无生无灭、无始无终、坚固长存不坏也。界者，性也，明一切如来金刚性，遍一切有想身中，本来具足圆满，普贤毗卢遮那大用自性身海性功德。"① 海云描绘的金刚界与澄观所谓的"法界"并无二致。海云的"无生无灭无始无终"与澄观的"晃晃于色尘之内而理不可分"都是指寓于色尘而非色尘、非色尘而不相离的那种存在——空。而"空"是无所谓坏灭的，故曰"金刚"。

密宗所谓"金刚界"，华严而谓"法界"，加上禅宗的法界身，三宗在法理上是融通的。世间含人佛在内的任何事物都有一个不二法性，故人佛也是圆通无碍的。这一点净土和禅宗发挥到了极致。如六祖惠能在其《坛经》中所说：

> 自性平等，众生是佛，自性邪险，佛是众生；汝等心若险曲，即佛在众生中；一念平直，即是众生成佛。自佛是真佛。自若无真心，何处求真佛？汝等自心是佛，更莫狐疑；外无一物而能建立，皆是本心生万种法。故经云：心生种种法生，心灭种种法灭。……偈曰：真如自性是真佛，邪见三毒是魔王，邪迷之时魔在舍，正见之时佛在堂。……

大意是说，佛与众生心性平等，人人皆有佛性。心存善念，众生就是佛；心生邪念，佛即为众生。

密宗注重仪轨明咒，在其仪轨中，行者坐禅亲证人佛相应一如。譬如在定中观想一个象征无量光佛（阿弥陀佛）的圆日，或观想象征毗卢遮那佛的种子字"阿"（a）字符，据称只要行者按照仪轨一丝不苟地做了，他便可与所观想的对象融合不二。可见人佛是圆通无碍的。这就是密宗人佛不二的真谛。

在信仰上，密宗极为崇尚华严宗的普贤和文殊菩萨。

普贤菩萨（梵名 Samantabhadra 或 Viśvabhadra），音译三满多跋陀罗、三曼陀飏陀，又作遍吉菩萨。我国佛教四大菩萨之一，与文殊菩萨并为释迦如来二胁士。通常文殊驾狮子侍如来之左，普贤乘白象侍如来之右。文殊象征智、慧、证三德，普贤则显示理、定、行三德。在修行上，文殊重在一切般若，而普贤则重在一切三昧。两位菩萨德行相济，象征大乘精神的最高境界。

---

① 《两部大法相承师资付法记》上（T51.2081.783c17）。

在密宗中普贤与金刚萨埵同体，或称金刚手，一切义成就菩萨，列于金胎两部曼荼罗中。据《大日经疏》卷1所释，“普”是遍及一切处之义，“贤”是最妙善之义。以菩提心所起之愿行及身口意，悉皆平等遍一切处，纯一妙善，备具众德，故名“普贤”。

普贤信仰自古即盛行于印度及西域。据《大唐陇西李府君修功德碑记》(撰于唐大历十一年［776］)记载，敦煌石窟中安置普贤、文殊等变相各一幅。可见唐代敦煌地区已有普贤菩萨信仰之风。据传普贤菩萨曾于峨眉山示现，故峨眉山被奉为普贤菩萨的圣地，被誉为佛教四大名山之一。

文殊(梵名 Mañjuśrī)，文殊师利之略，又称满殊尸利、曼殊室利。意译：妙德、妙吉祥、妙乐、法王子。我国四大菩萨之一。在印度西域等地，有关文殊信仰的记载很少，中国自东晋以来文殊信仰之风渐盛。《贞元新定释教目录》卷16载，唐大历四年(769)，依不空三藏的奏请敕令天下佛寺，食堂中除于宾头卢上特置文殊师利像以为上座。大历七年(772)更敕令天下僧尼寺内，各选一胜处设置大圣文殊师利菩萨院，安置文殊装饰彩绘塑像。而今敦煌千佛洞遗存多种文殊维摩变、文殊普贤变及千臂千钵文殊室利等壁画和绢本画。[①]据《华严经·菩萨住处品》，文殊菩萨住于东北方清凉山(山西五台山)，并以该山为中心，文殊信仰遍及我国汉地和西藏地区以及海外的蒙古国、日本等地。

在密宗胎藏曼荼罗中台八叶院中，文殊呈金色童子形，头有五髻，左手执青莲花，上立五股杵，右手持梵箧，密号吉祥金刚，三昧耶形为青莲上金刚杵。胎藏界曼荼罗另设文殊院，以文殊菩萨为中尊，名无髻文殊，密号吉祥金刚、般若金刚，形为童子，顶有五髻，身呈紫金色，右手仰掌，指端向右，左手执青莲，上立三股杵。三昧耶形为青莲上三股杵或梵箧。其真言因音节不同而有一字文殊、五字文殊、六字文殊、八字文殊等。

综上所述，清凉山的文殊和峨眉山的普贤也深深影响到藏传佛教。华严与密宗于理、于智均融会贯通。故于西藏密宗的梵文沙符出现华严三圣就不足为怪了。

---

① 引自白云禅师《禅的探索》，北京：宗教文化出版社，2002年版，第194页。
《佛说秘密三昧大教王经》卷2(T18.883.452b29)。
《佛说秘密三昧大教王经》卷3(T18.883.454a22)。
《大毗卢遮那经阿阇梨真实智品中阿阇梨住阿字观门》(T18.863.193a20)。
见《佛光大辞典》第三版“文殊菩萨”条。

四、梵文沙符印版释译（a decipherment and explanation of impression in Sanskrit）

（一）不动如来净除业障咒（the mantra of erasing karma by Aksobhya）（行 1—5）

原文：

释读：**na mo ra tna tra yā ya oṃ kaṃ ka ni kam ka ni ro ca ni ro ca ni tro ṭa ni tro ṭa**

ni trā sa ni trā sa ni pra ti ha na pra ti ha na sa rva ka rma pa raṃ pa rā ṇi me

sa rva sa tvā nā ñca svā hā //

复原：

释读：**namo**[1] **ratnatrayāya**[2] **oṃ kaṃkani**[3] **kamkani rocani**[4] **rocani troṭani**[5]

旧译：捺么 啰捺嘚啰也也 唵 葛葛妳 葛葛祢 哝拶祢 哝拶祢嘚哝怛祢

troṭani trāsani[6] **trāsani pratihana**[7] **pratihana sarvakarma**[8]**-paraṃparāṇi**[9] **me**[10]

嘚哝怛祢 嘚啰萨祢 嘚啰萨祢 不啰帝诃捺 不啰帝诃捺 萨呤末葛呤麻 钵啰钵啰祢 铭

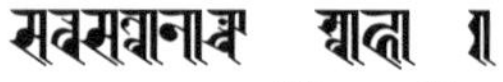

sarvasatvānāñca[11] **svāhā**[12] **//**

莎诃

旧译原文：

1. 捺么啰捺嘚啰（二合）也（引）也　唵葛（上腭）葛妳葛（上腭）葛祢　哝拶祢哝拶祢嘚哝（二合）怛祢嘚哝（二合）怛祢　嘚啰（二合引）萨祢嘚啰（二合引）萨祢不啰（二合）帝诃捺不啰（二合）帝诃捺萨呤末（二合）葛呤麻（二合）钵啰（合口）钵啰（引）祢铭莎（引）诃（引）。（《密咒圆因往生集》，T46.1956.1010a04）

2. 羯羯尼羯羯尼　鲁折尼鲁折尼　咄卢磔尼咄卢磔尼　怛逻萨尼怛罗萨尼　般刺底喝那般刺底喝那　萨缚羯莫般蓝般逻般[13]谜　莎诃。（玄奘译《拔济苦难陀罗尼经》，T21.1395.912b29）

出典：《密咒圆因往生集》（T46.1956.1010a04）；大唐三藏法师玄奘译《拔济苦难陀罗尼经》（T21.1395.912b29）；法贤译《佛说大乘观想曼拏罗净诸恶趣经》（T19.939）（据林光明《新修大藏全咒》第 13 卷，第 255 页，经查并无此汉咒）。

今译：皈命三宝！唵 葛葛妳，葛葛妳天女啊！遍入天女，遍入天女！毁灭天女，毁灭天女！恐怖天女，恐怖天女！请彻底消除我（和众生）的一切无间业吧！莎诃！

诠注：

[1] **namo**（*n.*, *nom.*, *sg.*, often with *dat.*, bow, obeisance, reverential salutation）——中性，单数，主格，音译为曩谟、南无、那谟、南谟、那莫、囊谟。意译：躬身致敬、致礼、敬礼、归命、归依、归礼等。要求为格。

[2] **ratnatrayāya**（*m.*, *dat.*, *sg.*, "three jewels"）——三宝：佛、法、僧。失名梵文经咒集为 bhagavate（世尊）。法贤本：那谟（引）啰怛那（二合）怛啰（二合）夜（引）野（一）。

namo ratnatrayāya（salutation to the three jewels）——向三宝致敬，或归命三宝：佛、法、僧。此为玄奘译《拔济苦难陀罗尼经》所无，一般说来，咒前加归敬颂是合乎佛法的。

[3] **kaṃkani**（*f.*, *voc.*, *sg.*, N. of one of the four Devīs）——音译"葛葛妳"，四女天之一。林光明《新编大藏全咒》第 5 卷（第 399 页）为 kāṃmaṇ，清版《拔济苦难陀罗尼经》同。

[4] **rocani**（*f.*, *voc.*, *sg.*, fr. rocanī, the bright sky, luminous sphere; a lotus-flower; N. of a wife of Vasudeva, one of the four Devīs）——音译为"嘹拶祢"，即遍入天妃，四女天之一。

[5] **troṭani**（*f.*, *voc.*, *sg.*, may be from truṭ, to be torn or split, fall asunder, N. of one of the four Devīs）——司毁灭天女，四女天之一。

[6] **trāsani**（*f.*, *voc.*, *sg.*, fr. trāsanī, terrifying, frightening, N. of one of the four Devīs）——恐怖天女，四女天之一。

[7] **pratihana**（irregular *v.*, *sg.*, 2nd, *P.*, fr. prati-√han, to remove, dispel）——消除。

[8] **sarvakarma**（*n.*, all the acts）——一切业。

[9] **paraṃparāṇi**（*adj.*, one following the other, successive, uninterrupted）——一个接一个的，持续不断的，不间断的。旧译为"无间"。

sarvakarma-paraṃparāṇi（-anantarya-karmāni）（*comp.*, *n.*, *acc.*, *pl.*）——所有无间业，即五无间业，佛教术语。所谓"五无间业"即五种之大恶业，此恶业决定受极苦之果，更无余业余果之间隔，故名。又造此恶业者，由此命终即堕地狱而无间隔。故名"无间业"。

何谓"五无间"？《俱舍论》（T29.1558.92b）云："一者，害母；二者，害父；三者，害阿罗汉；四者，破和合僧；五者，恶心出佛身血。”《大毗婆沙论》卷 119（第 4 页）云无间业有五种：1. 害母；2. 害父；3. 害阿罗汉；4. 破和合僧；5. 起恶心出佛身血。凡造无逆罪者，命终必定堕入地狱而无间隔，故名“无间业”。又《地藏菩萨本愿经·观众生业缘品》以五义解释无间：1. 日夜受罪，以至劫数，无时间歇绝；2. 身形遍满无间，一人亦满，多人亦满，故称无间；3. 罪器叉棒，鹰蛇狼犬，铁网铁绳，饥吞铁丸，渴饮铁汁，苦楚相连，更无间隔；4. 不问男子女人，羌胡夷狄，天龙神鬼，罪行业惑，悉同受之；5. 从初入时，执百千劫，一日一夜，万死万生，求一念间暂住不得，除非业尽，方得受生，以此连绵，故称无间。（参见《佛光大辞典》第三版“五无间”条）

《拔济苦难陀罗尼经》云：若有善男子善女人，至诚礼敬不动如来应正等觉受持此咒。先所造作五无间业、四重十恶、毁诸贤圣、谤正法罪，皆悉除灭。临命终时，彼不动佛与诸菩萨来现其前，赞叹慰喻令其欢喜，复告之言今来迎，应随我往所从佛国。彼命终已，决定往生不动如来清净佛土。（《密咒圆因往生集》，T46.1956.1010a10）

《拔济苦难陀罗尼经》云：若有善男子善女人，至诚礼敬灭恶趣王如来受持此咒。万四千劫常忆宿命，所在生处得丈夫身。具足诸根深信因果，善诸伎术，妙解诸论，好行惠施，厌舍诸欲，不造恶业，离诸危怖；具正念慧，众所爱重，常近善友，恒闻正法；求菩提心，曾无暂舍，以诸功德而自庄严；具善律仪，怖诸恶业，恒无匮乏，调柔乐静，于天人中常受快乐，速证无上正等菩提。终不退于十到彼岸。愿常利乐一切有情，诸所修行非事自利，在所生处常得见佛，护持正法预贤圣众。（《拔济苦难陀罗尼经》，T21.1395.912c04）

[10] **me**（*pron.*, *sg.*, *gen.*, mad, my）——我的。

[11] **sarvasatvānāñca**（w.r. for ~sattvānāñ-ca, the former *m.*, *pl.*, *gen.*, all the beings）——一切众生。为清东陵裕陵地宫铭文同咒所有，为本咒所无。

[12] **svāhā**（mystical syllables）——真言密语，旧译繁复，有苏婆诃、莎嚩诃、娑婆诃、萨婆诃、娑嚩诃、娑嚩贺、莎诃等。无实词意义，常作真言的结语词，出现在咒语的末尾。

[13] 般蓝般逻般（paraṃparāṇi）——为《拔济苦难陀罗尼经》（T21.1395.912b29）中的汉译，《密咒圆因往生集》（T46.1956.1010a04）汉译为“钵啰钵啰祢”，其中最后一字“祢”对应梵文 ṇi，比前者准确。

（二）尊胜心咒（the heart mantra of Ushnishavijaya）（佛画左，行6—7）

原文：
释读：oṃ[1]bhrūṃ[2]svāhā//
旧译：唵　没隆　莎诃

出典：《密咒圆因往生集》（T46.1956.1010c07）。[3]

诠注：

[1] **oṃ**（a mystical syllable）——神秘音节，旧译“唵”（佛教术语）。

[2] **bhrūṃ**（a mystical syllable, i.e. a seed of Suvarṇa-cakra-rājoṣṇīṣa）——金轮王佛顶尊种子字。

[3] 经曰：此咒能破一切地狱，琰魔王界傍生之苦，回趣善道。此咒不可思议有大神力，若复有人一经于耳，先世所造一切恶业悉皆消灭，当得清净胜妙之身。随所生佛土诸天所生之处，忆持不忘。若人欲总须臾忆念此咒还得增寿，身口意净亦无苦痛，随其福利悉蒙安隐。亦令一切如来之所瞻视，一切天神常为侍卫，人所敬重恶障消除，一切菩萨同为覆护。诸佛净土及诸天宫，一切菩萨甚深行愿，随意游入悉无障碍。舍此身已，即得往生种种微妙诸佛刹土。（《密咒圆因往生集》，T46.1956.1010c08）。

（三）阿閦如来真言（the mantra of Aksobhya-tathagata）（佛画左，行7）

原文：
释读：oṃ hūṃ[1]
旧译：唵　吽

出典：《佛说瑜伽大教王经》卷1（T18.890.562c21）。

诠注：

[1] **hūṃ**（a seed syllable of Akṣobhya）——阿閦如来种子字。

（四）无量寿如来真言（the mantra of Amitayus-tathagata）（佛画左，行8）

原文：
释读：oṃ hrīḥ[1]//
旧译：唵　纥唎

出典：《佛说瑜伽大教王经·真言品》卷3（T18.890.562c25）。

诠注：

[1] **hrīḥ**（a seed syllable of Amitāyus）——无量寿种子字。

（五）大遍照金刚如来根本真言（the root mantra of Vairocana-vajra-tathagata）

（佛画左，行 8）

原文：

释读：（**oṃ**）**ā**[1]

旧译：　唵　阿

出典：《佛说瑜伽大教王经 · 真言品》卷 3（T18.890.562c19）。

诠注：

[1] **ā**（a seed syllable of Vairocana）——大遍照金刚如来种子字。

（六）阿弥陀心咒（the heart mantra of Amitabha）（佛画右，行 5—7）

原文：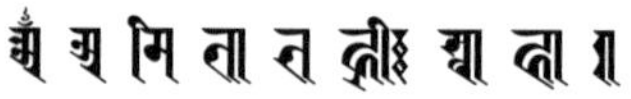

释读：**oṃ a mi tā bha hrīḥ svā hā //**

复原：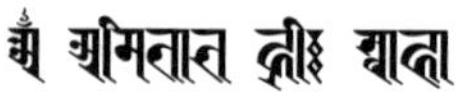

释读：**oṃ amitābha**[1] **hrīḥ**[2] **svāhā //**

旧译：唵 阿弭哆婆 纥哩以

出典：《妙吉祥平等秘密最上观门大教王经》卷 3（T20.1192.922b24）。

今译：唵 阿弥陀佛哟！纥哩以，莎诃[3]！

诠注：

[1] **amitābha**（*m.*, *voc.*, *sg.*, N. of a Buddha）——阿弥陀佛，意译：无量光佛，又称无量寿佛。西方极乐世界佛主。他不需要信众诵读浩繁的经卷，也不需要举行繁琐的宗教仪式，只要常诵“阿弥陀佛”名号，即可得生西天乐土。《阿弥陀如来根本陀罗尼 · 阿弥陀佛说咒》（T12.369.352）云：“若能如法受持，决定得生弥陀佛国。”故历来深受中国民众的信仰。不空译《无量寿如来观行供养仪轨》，由不空再传弟子空海传入日本后，该佛为日本的真言、天台等宗所接受，并在日本广为流传。

[2] **hrīḥ**（a seed syllable of Amitābha）——阿弥陀种子字。

[3] 莎诃——《妙吉祥平等秘密最上观门大教王经》无。

（七）六字真言（the mantra consisting of six syllables）（佛画右，行 7—9）

原文：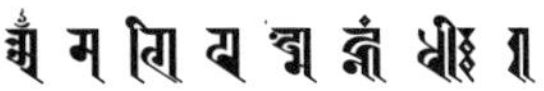
释读：**oṃ ma ṇi pa dme hūṃ dhīḥ**

复原：
释读：**oṃ maṇi padme hūṃ dhīḥ**[1] **//**
旧译：唵 么抳 钵讷铭 吽 提以

出典：《佛说大乘庄严宝王经》（T20.1050.61b）；台北故宫博物院藏《大乘经咒·总持章句心咒》。

今译：唵 祈愿宝珠在莲花上！吽！

诠注：

[1] **dhīḥ**（It was said that the syllable was added by Ningma School.）——据称该音节为宁玛派所加，为继诵前咒无量之标志。

（八）法身偈（the gatha about dharma-body）或十二因缘咒（the dharani of pratyayas）（佛画下方）

原文：
释读：**oṃ ye dha rmā he tu pra bhā va he tu nte ṣāṃ ta thā ga to hya va da t te ṣā ñca yo**

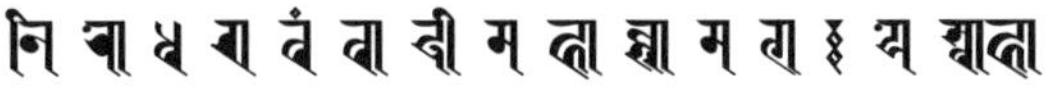
ni ro dha e vaṃ vā dī ma hā śra ma ṇa ḥ ye svā hā

复原：
释读：**oṃ ye dharmā hetu-prabhāva hetunteṣāṃ tathāgato hyavadat teṣāñca yo nirodha evaṃ vādī**
旧译：唵 英 嗾吟麻 形珞不啰末斡形珞碇善怛达遏多 缬末嗾怛 碇善拶 养 祢啭嗾 嘆椀 斡

mahāśramaṇaḥ ye svāhā //
麻诃实啰麻捺 英 莎诃

出典：元讲经律论习密教土番译主聂崖沙门释智译《圣妙吉祥真实名经》卷 1（T20.1190.832b）；《太宗皇帝序》，明永乐九年（1411）七月十五日。

今译：诸法从缘起，如来说是因，彼法因缘尽，是大沙门说。（《大智度论》《浴佛功德经》《南海寄归内法传》）

诠注：

详见本书第 155—156 页《法身偈》诠注。

第二节　敦煌莫高窟新发现

Ⅱ New Discovery at Mogao Grottoes of Dunhuang

1999 年 2 月，中国社会科学院考古研究所的巫新华博士转来敦煌研究院新近发现的 9 件文物复制件。经考释，判定均为陀罗尼，其中有 7 件为蓝扎体梵字，1 件为藏文字母拼写的梵字，1 件为悉昙体梵字。这一考释已在敦煌研究院文物部主任彭金章先生主编的《敦煌莫高窟北区石窟》刊载，今将这一成果收入本书以飨读者。

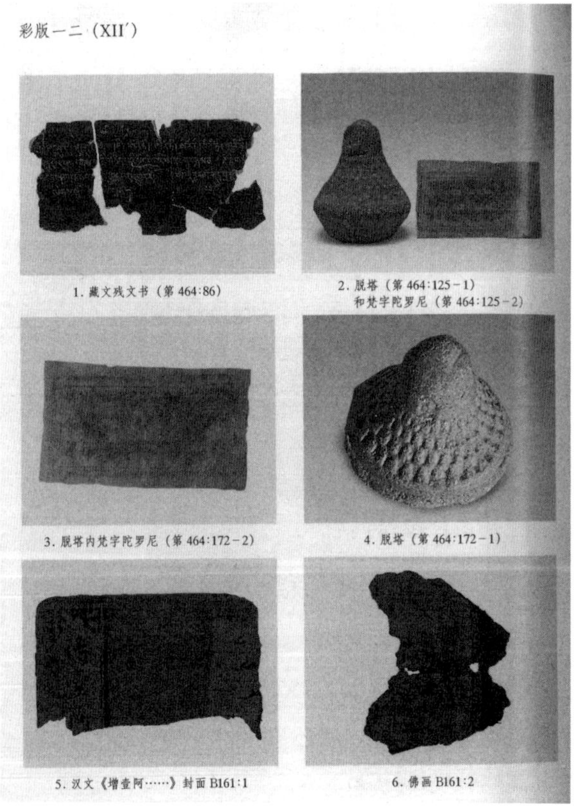

图片（picture）1

下面笔者将对文物进行解读并考释。

一、464A 侧室：49

图片（picture）2

诸天种子字（the seed syllable of all the gods）

亦名“金刚忿怒三昧大明”“金刚萨埵心一字密言”“四方如来说一字心密言”等。

原文：𑖮𑖳𑖽 𑖮𑖳𑖽
释读：**hūṃ hūṃ**
旧译：吽　吽

出典：《般若理趣释》；《佛说一切如来真实摄大乘现证三昧大教王经》（T18.882.388c）；《金刚峰楼阁一切瑜伽瑜祇经》（T18.867.267b）。

诠注：

据《般若理趣释》，“吽”义为因，因即菩提心，亦即一切如来菩提心，一切如来不共真如妙体，恒沙（无数）功德皆由此生。

二、20 462：2（第462窟）

法身偈（the gatha about dharma-body）或十二因缘咒（the dharani of pratyayas）

原文：𑖧𑖸 𑖠 𑖨𑖿𑖦𑖯 𑖮𑖸 𑖝𑖲 𑖢𑖿𑖨 𑖥 𑖪𑖯 𑖮𑖸 𑖝𑖲 𑖡𑖿𑖝𑖸 𑖬𑖯 𑖡𑖿𑖝 𑖞𑖯 𑖐 𑖝𑖺 𑖮𑖿𑖧 𑖪 𑖟 𑖝𑖿𑖝𑖸 𑖬𑖯 𑖗𑖿𑖓 𑖧𑖺 𑖡𑖰 𑖨𑖺
释读：**ye dha rmā he tu pra bha vā he tu nte ṣā nta thā ga to hya va da tte ṣā ñca yo ni ro**

𑖠 𑖊 𑖪𑖽 𑖪𑖯 𑖟𑖱 𑖦 𑖮𑖯 𑖫𑖿𑖨 𑖦 𑖜𑖾 𑖧𑖸 𑖭𑖿𑖪𑖯 𑖮𑖯
dha e vaṃ vā dī ma hā śra ma ṇaḥ ye svā hā

复原：
释读：**ye dharmā hetuprabhavā hetunteṣān tathāgato hya vadat teṣāñca yo nirodha evaṃ vādī**
旧译：英 嚓吟麻 形珞不啰末斡形珞碇善怛达遏多 缬 末嚓 怛碇善拶 养 祢喉嚓 唤梡 斡溺

mahāśramaṇaḥ ye svāhā //
麻诃实啰麻捺 英 莎诃

出典：《圣妙吉祥真实名经》卷 1（T20.1190.832b）。
今译：诸法从缘起，如来说是因，彼法因缘尽，是大沙门说。（《大智度论》《浴佛功德经》《南海寄归内法传》）
诠注：
详见本书第 155—156 页《法身偈》诠注。

图片（picture）3

三、多件文物

下页图中，6 幅分图除分图 3 外均为法身偈。

法身偈（the gatha about dharma-body）或十二因缘咒（the dharani of pratyayas）

原文：
释读：**ye dha rmā he tu pra bha vā he tu nte ṣā nta thā ga to hya va da tte ṣā ñca yo ni ro dha**

e vaṃ vā dī ma hā śra ma ṇaḥ ye svā hā

复原：
释读：**ye dharmā hetuprabhavā hetunteṣāntathāgato hyavadatteṣāñca yo nirodha evaṃ vādī mahāśramaṇaḥ**
旧译：英 嚓吟麻形珞不啰末斡形珞碇善怛达遏多 缬末嚓怛碇善拶 养 祢喉嚓 唤梡 斡溺 麻诃实啰麻捺

ye svāhā //
英 莎诃

出典：《圣妙吉祥真实名经》卷 1（T20.1190.8326）。
今译：诸法从缘起，如来说是因，彼法因缘尽，是大沙门说。（《大智度论》《浴佛功德经》《南海寄归内法传》）

1. 蓝扎体梵字陀罗尼十二因缘咒（第 462:1）

2. 蓝扎体梵字陀罗尼十二因缘咒（第 462:2）

3. 诸天种子字（第 464:49）

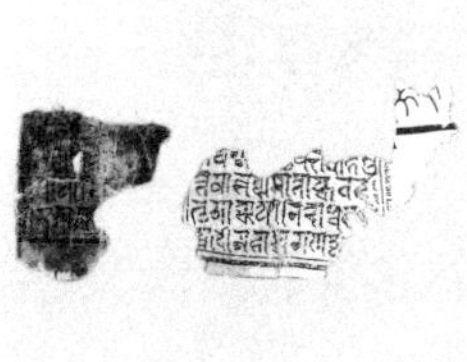

4. 蓝扎体梵字陀罗尼十二因缘咒（第 464:87－1、2）

5. 蓝扎体梵字陀罗尼十二因缘咒（第 464:125－2）

6. 蓝扎体梵字陀罗尼十二因缘咒 B168:48

蓝扎体梵字陀罗尼

图片（picture）4

诠注：

详见本书第 155—156 页《法身偈》诠注。

四、（E86-4）D464 侧室：87

法身偈（the gatha about dharma-body）或十二因缘咒（the dharani of pratyayas）

原文：

释读：（ye dha rmā he tu pra bha vā he tu） nte ṣā nta thā ga to hya va da tte ṣā ñca yo ni

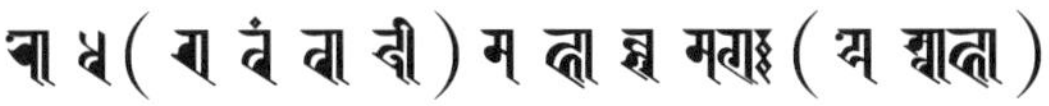

ro dha （e vaṃ vā dī） ma hā śra ma ṇaḥ（ye svā hā）

复原：

释读：ye dharma hetuprabhavā hetunteṣāntathāgato hyavadatteṣāñca yo nirodha evaṃ vādī mahāśramaṇaḥ

旧译：英 嗪呤麻形珞不啰末斡形珞碇善怛达遏多 缬末嗪怛碇善拶 养 祢哴嗪 唤椀 斡溺 麻诃实啰麻捺

ये स्वाहा ॥

ye svāhā //

英 莎诃

出典：《圣妙吉祥真实名经》卷 1（T20. 1190.8326）。

今译：诸法从缘起，如来说是因，彼法因缘尽，是大沙门说。（《大智度论》《浴佛功德经》《南海寄归内法传》）

图片（picture）5

诠注：

括号内为缺失字符，其余详见本书第 155—156 页《法身偈》诠注。

第五章
CHAPTER 5

梵呗古韵
A Study of the Mandalas

近年来，常有文物单位和个人送梵文文物来咨询，其中不乏怪异字体的文物，如景德镇古瓷博物馆藏明官窑怪异梵字青花瓷匙即是。所谓“怪异”即不同于日常习见的天城体、悉昙体、蓝扎体梵文字体，而是罕见的不知名称的怪异字体。这些字体几乎没有可资参考的资料，释读十分困难。在这里，笔者怀着喜出望外的心情告诉读者，笔者花了20多年时间没有解决，前不久偶然灵感发现，成功解读几枚法镜、青花瓷匙曼陀罗和大宝广博楼阁善住秘密陀罗尼轮等文物上的怪异体经咒！这数百年来从未被世人所识的古文字得以释读，不能不说是一件快事！今将其收入拙著，请学界同仁参考赐教。

论梵文研究，若就广义，它起源于18世纪的英国，而后相继而起的有德国、俄国、日本、法国、美国等国家，直到今天仍方兴未艾。我国在季羡林和金克木先生的培养带领下，成就了一批人才，也取得了可喜的成果，有些成果属世界一流。但在人才数量、研究规模等方面仍不及上述国家。但本文研究对象并不是一般的梵文文物，而仅限于类蓝扎和其他怪异字体的梵文文物。这类文物几乎仅遗存于我国境内，世界性研究迄未发现。悉昙体梵文研究，日人成果甚丰，而蓝扎体梵文文物的研究，唯有一项有分量的研究成果——由日本村田治郎主编，长尾雅人、藤枝晃等著名学者参与的《居庸关》一书。这是对我国元代建筑居庸关云台的六体铭文（含蓝扎体梵文、八思巴文、西夏文、藏文、回鹘文和汉文）的研究成果。该研究始于1943年，成书于20世纪50年代。再有就是笔者于2006年出版的《永乐大钟梵字铭文考》以及在其他考古发掘报告中发表的《福禄天国》（明梁庄王墓出土梵文文物考）和《法被释补》，分别刊于《梁庄王墓》和《张懋夫妇合葬墓》等。

蓝扎，另译兰础、蓝蹉等，为梵文 Lañjanā 的藏译 Lantsa 的转译。这是一种用于拼写梵文的装饰字体，约源于11世纪的尼泊尔，约12世纪末随佛教密宗传入我国西藏，宋代传入我国内地和蒙古高原，藏传佛教信奉者敬之如佛，常用于书写佛教梵文经咒。自西藏八思巴成为元朝国师起，藏传佛教与汉地佛教融合并逐渐风靡整个中华大地，历经元、明、清三朝而不衰。三朝皇室的宗教礼仪乃至民间习俗无不深受影响。

考古发掘中屡屡发现烙有佛教密宗特征的蓝扎和类蓝扎等怪异字体文物。而文物工作者遇之却如读天书、茫然不知其义。正如故宫博物院著名文物鉴定专家耿宝昌先生所言：“在工作中不断发现这类文物，十分费解。”我们知道梵文是印度的古文字，懂的人不多，加之这类文物的字体与现今所习见的天城体梵字不同，故“现在在中国很少人能读通”(著名学术大师季羡林先生语)。这类文物所涉及的内容多属佛教密宗，而密宗的仪轨和密义秘不外宣，这给解读和考释造成很大困难。在发掘中发现这类文物，文物工作者对其不能视而不见，但见了却无可奈何，或不作考试仅照而刊之，其文物往往被束之高阁，经时间的剥蚀造成文物的损伤。如果这些文物损毁了，那将会永远丧失该文物所隐含的那个时代的文化信息，甚至，可能会造成文化史上的某些空洞，成为我们无法弥补的遗憾。因此，对这类文物的解读和研究具有抢救性的意义。

下面我将对三幅曼荼罗进行考释。

第一节　明官窑青花瓷匙梵字曼荼罗

Ⅰ　Mandala on the Blue and White Porcelain Spoon

1986 年 11 月，原景德镇瓷都博物馆的一件明官窑烧制的类蓝扎梵字青花瓷匙照片复印件经中国社会科学院考古研究所转给季羡林先生。季先生嘱我考释，但因瓷匙中的字体怪异，当时未能解读，故只将此件的名称、性质及用途等情况简单回复所藏馆。直到 1993 年，我才将瓷匙中的 149 个怪体梵字全部解读，并补全已剥落的 12 个梵字。瓷匙中的梵字轮当属曼荼罗，其内的梵字均为陀罗尼（咒语）。

瓷匙照片（此照片由扬之水研究员提供）

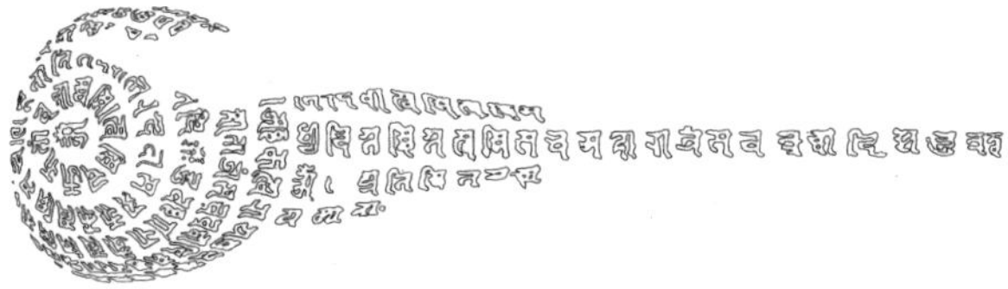

瓷匙梵字临摹稿

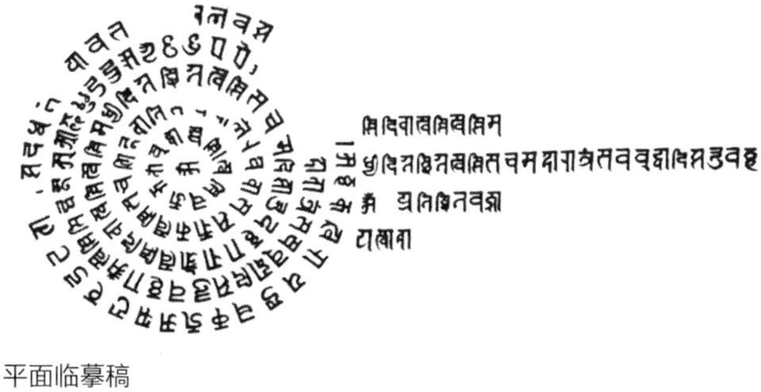

平面临摹稿

一、整体释读及复原（decipherment and restoration of whole text）

（一）圆内释读（decipherment of the word in circle）

圆心：**oṃ**（头朝左）

圈 2（约 3:00 位始）：**sva sti va ku ru tāṃ bu ddhā sva sti**

圈 3（自 3:00 位始）：**de vā sa śa kra kā sva sti sa rvāṇi bhū tā ni（sa rva kā）laṃ**（接）

圈 4（自 3:00 位始）：**dīśa nbhu va ḥ rā trau sva sti di vā sva sti sva sti ma dhya ndi ne（sthi te sva sti sa rva ma）**

圈 5（自 3:00 位始）：**ho rā traṃ sa rvabu ddhā dīśa nbhu va ḥ oṃ sva sti si ddha m // a ā i ī u ū ṛ ṝ l ḷ e ai（o au aṃ）a ḥ ka kha ga gha ṅa ca cha ja jha ña（ṭa）ṭha ḍa ḍha ṇa（ta）tha da dha na（pa）pha ba bha（ma ya）ra la va śa（ṣa sa ha kṣa jña sva hā** 下接横书）。

注：括号内表示原文缺失。（下同）

（二）横书释读（decipherment of the word in line）

行 1：**sti di vā sva sti sva sti ma**

行 2：**dya ndi ne sthi te sva sti sa rva ma ho rā traṃ sa rva bu ddhā di śā nbhu va ḥ**

行 3：**oṃ pra ti sthi ta va jrā**

行 4：**ya svā hā**

（三）复原（restoration）

1. 圆心—圈 4

释读：**oṃ svasti va kurutāṃ buddhā svasti devā saśakrakā svasti sarvāṇi bhūtāni（sarvakā）laṃ dīśānbhuvaḥ ¶ rātrau svasti divā svasti svasti madhyandine sthite svasti sarva maho rātraṃ sarva buddhādīśānbhuvaḥ oṃ svasti siddham //**

2. 圈 4—5

释读：**a ā i ī u ū ṛ ṝ l ḷ e ai（o au aṃ）a ḥ**

3. 圈 5

释读：**ka kha ga gha ṅa ca cha ja jha ña（ṭa）ṭha ḍa ḍha ṇa（ta）tha da dha na（pa）pha ba bha（ma ya）ra la va śa（ṣa sa ha kṣa）**

4. 圈 5—横书行 4

释读：**svasti divā svasti svasti madyāndine sthite svasti sarva maho rātraṃ sarva buddhādiśān bhuvaḥ oṃ pratisthitavajrāya svāhā //**

二、分层释译（decipherment line by line）

（一）梵字轮（a wheel in Sanskrit）

1. 吉祥赞（the hymn of supplicating the auspiciousness）（圆心—圈 4）

释读：**oṃ svasti[1] va[2] kurutāṃ[3] buddhā[41] svasti devā[5] saśakrakā[6] svasti sarvāṇin[7] bhūtāni [8] sarva-kālaṃ[9]**
旧译：唵 莎悉帝 婆 俱庐担 佛陀 莎悉帝提 婆萨 释揭罗 莎悉帝萨日婆尼 普塔尼 萨日婆珈蓝

diśān[10] bhuvaḥ [11] rātrau[12] svasti divā[13] svasti svasti madhyan-dine[14] sthite[15] svasti sarva[16] -maho
提贤 普波 拉多若 莎悉帝提娲莎 悉帝莎悉帝 摩阗 提乃 湿提底 莎悉帝萨日婆 摩侯

-rātraṃ[17] sarvabuddhā[18] diśān bhuvaḥ oṃ svasti siddham // svasti divā svasti svasti madyāndinā
拉多蓝 萨日婆佛陀 底羡 普嚩呵 唵 莎悉帝 悉昙 莎悉帝 提娲 莎悉帝 莎悉帝 摩阗提那

sthite svasti sarva maho rātraṃ sarvabuddhā diśānbhuvaḥ //
湿提底 莎悉帝 萨日婆 摩侯 拉多蓝 萨日婆佛陀 底羡普嚩呵

出典：见于明永乐大钟铭文。

今译：唵 佛母吉祥！连同帝释天母在内的女天吉祥！一切众生吉祥！诸方世界任何时候都永远吉祥！祝愿诸佛、诸方世界夜晚吉祥！白天吉祥！中午吉祥！即便处在所有世界毁灭的非常之夜吉祥！唵 成就吉祥！祝愿诸佛，诸方世界白天吉祥！中午吉祥，吉祥！即便处在所有世界毁灭的非常之夜吉祥！

诠注：

[1] **svasti**（*n.*, *acc.*, *sg.*, well-being, fortune, luck, auspiciousness; success, prosperity）——中性，名词，单数，业格。意译：福祉，好运，成功，吉祥等。译

为“祝您吉祥（幸福，健康）！”或译为“一路平安！”亦可作为敬语词。

[2] **va**（w.r. for vā, *ind.*, laying stress on the preceding word, just, even, indeed, very）——加强语气的不变词 vā 之误，通常加强前一个词，有正是、确实、非常等义，一般不译出。

[3] **kurutāṃ**（*Impv.*, *sg.*, 3rd, *Ā.*, fr. √kṛ, to do, to make, cause）——现在时，命令语气，中间语态，单数，第三人称。基本义：作，做，使……发生等。

[4] **Buddhā**（*f.*, *nom.*, *sg.*）——阴性名词，单数，主格。意译：佛母。

[5] **devā**（*f.*, *nom.*, *sg.*, goddess）——阴性名词，单数，主格。意译：女天。

[6] **saśakrakā**（w.r. for saśakrikā, *adj.*, *f.*, *nom.*, *sg.*, along with Śakrikā）——saśakrikā 之误，形容词，阴性，单数，主格。其中 sa 作为前缀，有连同、携带、和……一起等义。Śakra 为帝释天。Śakrikā 即帝释天母。整个复合词的意思是“连同帝释天母”。

svasti（**kurutāṃ**）**devā saśakrikā**（cause the goddess along with the queen of Indra an auspiciousness）——女天连同帝释天母吉祥！

[7] **sarvāṇin**（*m.*, *voc.*, *sg.*, “having everything”, viz. one who has everything）——阳性，单数，呼格。意译：拥有一切的；拥有一切者，此指一尊主佛。

[8] **bhūtāni**（*pron.*, *n.*, *acc.*, *pl.*, beings）——中性，复数，业格形式。意译：众生。

[9] **sarva-kālaṃ**（*ind.*, at all times）——复合词，中性，单数，业格，在这里作为不变词。意译：永远。

[10] **diśān**（w.r. for diśāṃ, *f.*, *gen.*, *pl.*, fr. diś, direction）——阴性名词 diś 的复数，属格 diśāṃ 之误。意译：诸方。

[11] **bhuvaḥ**（*f.*, *nom.*, *pl.*, fr. bhū, the place of being, space, world or universe）——为 bhū 的阴性、复数、主格形式。意译：空界，世界，宇宙。

sarvāṇi bhūtāni（**kurutāṃ**）**sarvakālaṃdiśāṃ bhuvaḥ**（Auspiciousness for all beings! Auspiciousness for all the worlds in directions at all times!）一切众生吉祥！诸方世界任何时候都（永远吉祥）！

[12] **rātrau**（*f.*, *loc.*, *sg.*, from rātri, by night）——阴性名词，单数，依格形式，作为时间状语。意译：于暗夜。

[13] **divā**（*ind.*, from the *instr.* of div, often opposed to naktaṃ or rātrau, means “by day”）——不变词，相当于阴性名词 div 的单数、具格形式。意译：在白天。

[14] **madhyan-dine**（*ind.*, equaling to madhyaṃ-dine or madhya-dine, by noon,

midday）——在中午。

[15] **sthite**（*p.p.*, *n.*, *sg.*, *loc.*, fr. √sthā, situated）——动词 √sthā 的过去分词 sthita 的单数，中性名词，依格形式，dine 的修饰词，作为状语。意译：在（白天）。

[16] **sarva**（*adj.*, whole, entire, all, every）——形容词，音译为萨日婆。意译：一切，所有的，任何一个。

[17] **maho-rātraṃ**（=maho-rātrau, *ind.*, by the great night of the complete destruction of the world）——复合词，中性，业格，作为时间状语。意译：在世界毁灭的长夜。

sarva-maho-rātraṃ——在所有世界毁灭的非常之夜。

[18] **sarvabuddhā**（Sandhi form of sarvabuddhāḥ, *comp.*, *nom.*, *pl.*, all the Buddhas）——复合词，阳性，复数，主格 -buddhāḥ 的连声形式。意译：诸佛。

2. 一切瑜儗尼种子字（the seed syllables of all yogini）或十六音字（圈 4—5）

释读：	**a**	**ā**	**i**	**ī**	**u**	**ū**	**ṛ**	**ṝ**	**ḷ**	**ḹ**	**e**	**ai**	**o**	**au**	**aṃ**	**aḥ**
旧译：	遏	阿	壹	翳	嗢	污	哩	梨	噜	卢	伊	爱	邬	奥	暗	恶

旧译原文：遏阿(引二)壹翳(引四)嗢污(引六)哩梨噜卢伊爱(引)邬奥(引)暗恶[1]

出典：《佛说大悲空智金刚大教王仪轨经》（T18.892.588b27）；《瑜伽金刚顶经释字母品》（T18.880.338b27–339a15）[2]；《文殊师利问经》卷 2（T14.468.498a6,469, 509a）[3]；《佛说秘密相经》（T18.884.464a）[4]。

诠注：

[1] 见《佛说大悲空智金刚大教王仪轨经》一。

[2] 不空译《瑜伽金刚顶经释字母品》：

a	阿(上)字门一切法本不生故	**ā**	阿(引去)字门一切法寂静故
i	伊(上)字门一切法根不可得故	**ī**	伊(引去)字门一切法灾祸不可得故
u	坞字门一切法譬喻不可得故	**ū**	污(引)字门一切法损减不可得故
ṛ	哩字门一切法神通不可得故	**ṝ**	哩(引)字门一切法类例不可得故
ḷ	呫字门一切法染不可得故	**ḹ**	嚧字门一切法沉没不可得故
e	曀字门一切法求不可得故	**ai**	爱字门一切法自在不可得故
o	污字门一切法瀑流不可得故	**au**	奥字门一切法化生不可得故
aṃ	暗字门一切法边际不可得故	**aḥ**	恶字门一切法远离不可得故

[3]《文殊师利问经·字母品第十四》卷2（T14.468.498a6）：尔时文殊师利白佛言："世尊！一切诸字母云何说，一切诸法入于此及陀罗尼字？"佛告文殊师利："一切诸法入于字母及陀罗尼字。文殊师利！如说阿字是出无常声；说长阿字是出离我声；说伊字出诸根声；说长伊字出疾疫声；说忧字出荒乱声；说长忧字出下众生声；说厘字出直软相续声；说长厘字出断染游戏声；说梨字出相生法声；说长梨字出三有染相声；说堅字出所起过患声；说翳字出圣道胜声；说乌字出取声；说燠字出化生等声；说庵字出无我所声；说阿字出没灭尽声。"

即据《文殊师利问经·字母品第十四》（T14.469.509b12–509b27）：

称阿(上)字时是无常声　　称阿(引去)字时是远离我声
称伊(上)字时是诸根广博声　　称伊(引去)字时是世间灾害声
称坞(上)字时是多种逼迫声　　称污(引)字时是损减世间多有情声
称唱字时是直软相续有情声　　称唱(引去)字时是断染游戏声
称力字时是生法相声　　称嚧(引)字时是三有染相声
称曀字时是起所求声　　称爱字时是威仪胜声
称污字时是取声　　称奥字时是化生之声
称暗字时是无我所声　　称恶字时是沈没声

[4]《佛说秘密相经》卷1（T18.884.464a13）：阿 阿(引)壹 翳 嗢 污(引)哩 黎(引)哩 黎(引)伊 爱 邬 奥 暗 恶。

对 照 表

	《瑜伽金刚顶经释字母品》	《文殊师利问经·字母品》	《佛说大悲空智金刚大教王仪轨经》	《佛说秘密相经》
a	阿(上)字门一切法本不生故	阿字是出无常声	遏	阿
ā	阿(引去)字门一切法寂静故	长阿字是出离我声	阿(引)	阿(引)
i	伊(上)字门一切法根不可得故	伊字出诸根声	壹	壹
ī	伊(引去)字门一切法灾祸不可得故	长伊字出疾疫声	翳(引)	翳
u	坞字门一切法譬喻不可得故	忧字出荒乱声	嗢	嗢
ū	污(引)字门一切法损减不可得故	长忧字出下众生声	污(引)	污(引)

（续表）

	《瑜伽金刚顶经释字母品》	《文殊师利问经·字母品》	《佛说大悲空智金刚大教王仪轨经》	《佛说秘密相经》
ṛ	哩字门一切法神通不可得故	厘字出直软相续	哩	哩
ṝ	哩(引)字门一切法类例不可得故	长厘字出断染游戏声	梨	黎(引)
ḷ	呂字门一切法染不可得故	梨字出相生法声	噜	哩
ḹ	嚧字门一切法沉没不可得故	长梨字出三有染相声	卢	黎(引)
e	曀字门一切法求不可得故	堅字出所起过患声	伊	伊
ai	爱字门一切法自在不可得故	翳(爱)字出圣道胜声	爱(引)	爱
o	污字门一切法瀑流不可得故	乌字出取声	邬	邬
ao	奥字门一切法化生不可得故	燠字出化生等声	奥(引)	奥
aṃ	暗字门一切法边际不可得故	庵字出无我所声	暗	暗
aḥ	恶字门一切法远离不可得故	阿(恶)字出没灭尽声	恶	恶

瑜儗尼(yoginī)是指女瑜伽修行者。在史前农业母系社会的先民看来，人类自身的生产与作物的生产同属一类，彼此之间存在着相互依存、相互影响的必然联系，人类幻想借助于前者就会促进后者。这属于农业巫术观念。认为瑜儗尼是瑜伽巫术的女修习者，具有超强生育力和感应力。而梵文的16个元音被认为像女瑜伽修行者和植物的种子一样可以派生一切梵字和语言，故名“瑜儗尼种子字”。其实，在这里，“种子字”不仅意味具有派生梵字和语言的能力，更重要的是，具有佛教密宗所赋予的哲学和宗教含义。譬如“遏”(a)、“阿”(ā)，在《文殊师利问经·字母品第十四》中分别解释为“出无常声”和“出离我声”。意思是说，“遏”是标志“无常”的声音；“阿”是标志“离我”，即“无我”的声音。这是佛教借以立足的哲学基础“三法印”——“诸行无常，诸法无我，涅槃寂静”中的前两印。佛教认为，世间万物都是生灭无常的，就是说，世间没有常恒不灭的事物。第二层意思是在所有的生命体中没有一个独立的主宰者——灵魂(我)存在。这是早期佛教提出的观点，到了大乘佛教，特别是大乘中观派把“空”的观点推到了极致，认为“万法皆空”，任何事物从本质上讲都是空的，都是不存在的。特别是龙树(Nāgārjuna)提出“八不”说，从所谓“事物本无生”立论，以至于推出“不生亦不灭，不常亦不断，不一亦不异，不来亦不去”等四对八种否定的学说。所以“不生论”是龙树“性空”论的基础。佛教密宗接受了中观派的观点，从而把派生万声(字)的16个元音字母的第一个字母“遏”派定

为“一切法本不生”的标志或符号。“空”论是中观派的核心思想，“不生论”则是“空”论的基础。整个般若经类思想是“空”论。而《金刚经》则是般若经类的浓缩，《心经》又是《金刚经》的浓缩，最后浓缩为密宗的一个“遏”(a)字。这个“本不生”的种子字“遏”，可以说涵括了整个般若经类的思想。

3. 三十四体文(34 consenants)(声母，圈 5)

释读：**k kh g gh ṅ, c ch ja jh ñ,(ṭ)ṭh ḍ ḍh ṇ,(t)th d dh n,(p)ph b bh(m, y)r l v, ś(ṣ s h kṣ)**
旧译：迦佉誐伽仰 左磋仰鄭孃 吒 咤拏荼拏 多佗娜驮曩 跛 颇么婆莽 野啰砢嚩舍洒娑贺乞洒

出典：唐大兴善寺三藏沙门不空奉诏译《文殊师利问经·字母品第十四》(T14.469.509b28–510a4)。

诠注：

梵语(Sanskrit)称作 Saṃskṛitam，意思是 a highly wrought speech“高度加工的语言”，由此推断，梵语是一种人为的语言，是一种专为上层社会使用的雅语。低层种姓和妇女只能说方言俗语(vernacular)。关于“梵语”一词的来历，尚无清晰的脉络。《悉昙略记·字母释》云：

> 夫梵字悉昙者，印度之文书也。《西域记》云：梵天所制，五天竺国皆用此字，然因地随人稍有增减。语其骨体以此为本。劫初之时世无法教，梵王下来授以此悉昙章，根原四十七言，流派余一万。世人不解缘由谓梵王所作。若依《大毗卢遮那经》云：此是文字者自然道理之所作也，非如来所作，亦非梵王诸天之所作。若虽有能作者，如来不随喜。诸佛如来以佛眼观察此法然之文字，即如实而说之利益众生。(《悉昙略记》，T84.2704)

所谓“梵天所制”即神话传说，《大毗卢遮那经》否定了梵王和如来所作说，而主张自然所成：“此是文字者自然道理之所作也。”说明对梵文的起源，古典文献并没有留下清晰的记载。唐玄奘《大唐西域记》卷 2 说：“详其文字，梵天所制，原始垂则，四十七言。”但在中国明代以前的译经未见有“梵”。《梁高僧传·安清传》说：“于是宣译众经，改胡为汉。”“胡”字在同书的元、明本中作“梵”。可见到了元代始有“梵”。梵文之定名可能与“梵天所制”的传说有关。梵文字目，据《悉昙字记》，摩多(元音)12 与体文(辅音)35，合计 47 字。但现在所习见的有 47 个字母，其中 14

个音字（韵母），33个体文（声母）。此与《大唐西域记》所记相符，然与佛教诸经记述有所出入，如《文殊涅槃经》《大日如来金刚顶经释字母品》《毗卢遮那字论品》《涅槃经》记有50,《华严般若经》记42,《庄严经》记46,《大集经》记28,《大日经》记49，另有裴家51、北远52之说。而本文34体文（声母）加上文16音字（韵母）合共50个字母，与《文殊涅槃经》《大日如来金刚顶经释字母品》等经所记同。

原始佛教为了博得众人的信仰，反对使用梵文，主张用俗语、方言传播教义。到了大乘，梵文逐渐变成经堂语，伴随佛陀的圣化，梵文也逐渐成了崇拜的对象。及至佛教密宗，便被圣化到无以复加的程度，每个字母均被赋予圣义，此如佛经所云："一切诸法入于字母及陀罗尼字。"

蓝扎体梵字大约于12世纪随佛教密宗自尼泊尔传入我国西藏，元代广泛用于藏传佛教地区，后渐布于中华大地。明清两代更发扬光大，皇室乃至民间都深受藏传佛教的浸染，皇室的礼仪和民俗无不打有藏密的烙印。明官窑的这件器物——青花曼荼罗瓷匙正是其佐证。至于体文（声母）的象征义，据《文殊问经字母品》（T14.469.509b12–510a4）所记：

称迦（上）字时是入业异熟声
称佉（上）字时是出一切法等虚空声
称誐（上）字时是甚深法声
称伽（去）字时是摧稠密无明暗冥声
称仰字时是五趣清净声
称左字时是四圣谛声
称磋（上）字时是不覆欲声
称惹字时是超老死声
称酇（才舸反）字时是制伏恶语言声
称孃（上）字时是制伏他魔声
称吒（上）字时是断语声
称咤（上）字时是出置答声
称拏（上）字时是出摄伏魔诤声
称荼（去）字时是灭秽境界声
称拏（鼻声呼）字时是除诸烦恼声
称多（上）字时是真如无间断声
称佗（上）字时是势力进无畏声
称娜字时是调伏律仪寂静安隐声
称驮字时是七圣财声
称曩字时是遍知名色声
称跛字时是胜义声
称颇字时是得果作证声
称么字时是解脱系缚声
称婆字时是出生三有声
称莽（鼻声呼）字时是息憍慢声
称野字时是佛通达声
称啰（梨假反）字时是乐不乐胜义声
称砢字时是断爱支声
称嚩（无可反）字时是最上乘声
称洒字时是制伏六处得六神通智声

称娑(上)字时是现证一切智声　　称贺字时是害烦恼离欲声
称乞洒(二合)字时是一切文字究竟无言说声

(二)横书行(words in line)(圈 5—行 4)

1. 吉祥赞(the hymn of supplicating the auspiciousness)(圈 5—横书行 2)

释读：**svasti divā svasti svasti madyāndine sthite svasti sarva maho rātraṃ sarvabuddhā**
旧译：莎悉帝提婆莎悉帝莎悉帝摩阗堤内 莎悉帝 莎悉帝 萨日婆 摩侯 拉多蓝 萨日婆佛陀

diśānbhuvaḥ[1]
底羡普嚩呵

出典：见于明永乐大钟铭文。

今译：祝愿一切诸佛，诸方世界白天吉祥！中午吉祥，吉祥！即便处在所有世界毁灭的非常之夜吉祥！[2]

诠注：

[1] 吉祥赞的局部。各词诠注详见本书第 237—239 页。

2. 坚牢不动金刚咒(the mantra of Firm Vajra)(横书行 3—4)

释读：**oṃ pratiṣṭhita-**[1]**vajrāya**[2] **svāhā //**
音译：唵 普罗提室体多把即罗耶 莎诃！

出典：待考。

今译：唵 供奉坚牢不动金刚 莎诃！

诠注：

[1] **pratiṣṭhita**(*adj.*, firm, thriving)——坚固的，牢固，密实的。

[2] **vajrāya**(*m.*, *sg.*, *dat.*)——阳性，单数，为格。意译：金刚 。

Pratiṣṭhitavajrāya——坚牢不动金刚，因其为格(第4格)，含有趋向、给予等义。

第二节　大宝广博楼阁善住秘密陀罗尼轮

Ⅱ The Most Secret Dharani Mandala of the Well-Resided in the Vast Gem-inlaid Pavilion

这两幅形同字异的佛画（见下页），据《大宝广博楼阁善住秘密陀罗尼经》被称作“大宝广博楼阁善住秘密陀罗尼轮”。所谓“陀罗尼轮”即曼荼罗（maṇḍala）。maṇḍala有圆、轮、周、围，集会、聚会、坛场等义，密宗将其作为密教的一类事物专名。汉地原无相应事物，无适当的词语表达，故沿“多含不翻”的惯例，音译“曼荼罗”。《慧琳音义》云：“无正翻，义译云‘众圣集会处’。”即念诵坛场。后来，一般称为“坛”或“坛城”，而藏族译为 dkyil-'khor，其义为“中围”或“轮”。唐时依集会之义，译为“坛场”；元代则直译“中围”或“轮”。可见“大宝广博楼阁善住秘密陀罗尼轮”之名是以元代译习而定。《大宝广博楼阁善住秘密陀罗尼经》始译于唐，而后又有丽本、宋本、元本和明本。而唐菩提流支译本名“广大宝楼阁善住秘密陀罗尼经”，而丽本【甲】黄檗版于17世纪80年代由日本真言宗高僧净严和尚等新加“大宝广博楼阁善住秘密陀罗尼轮”，故《大宝广博楼阁善住秘密陀罗尼经》称“加笔本”。

密宗曼荼罗种类繁多，每种必有一佛菩萨（主尊）位于中心，主尊的亲信佛菩萨及其眷属按一定次序围绕于四周。这样的佛画，或由象征佛菩萨的种子字以至咒语绘成的图，或由佛菩萨的立体雕塑组成的结构，均称曼荼罗。此为修秘法时祈请佛菩萨等集会之所，故唐人称之为众圣集会处。修行者修法时面对这样的（坐禅冥想的）曼荼罗，口诵每一佛菩萨的心咒（与其相应的短咒），请其入位并敬献供物；而后，依修法目的向主尊念诵与其相应的根本咒。故慧琳称之为“念诵坛场”。

下页两图是同一种以象征释迦牟尼如来的“大宝广博楼阁善住”佛为主尊的曼荼罗，其根本咒是“大宝广博楼阁善住秘密陀罗尼”，而召请入位的短咒是“广大宝楼阁善住秘密随心咒”和“广大宝楼阁善住秘密陀罗尼心咒”。

图 1　T19. 1005. 619a07

图 2　T19. 1005. 619a18

曩莫萨嚩怛他孽多南。唵尾补攞孽陛。么扼钵啰陛怛他多你捺舍宁摩扼摩扼苏钵啰陛尾么黎娑孽啰俨鼻啸吽吽入嚩攞入嚩攞没驮尾卢枳帝麌呬夜地瑟耻多孽陛娑缚诃。(原图附加，T19. 1005. 619b01)

曼荼罗外四角各有一组梵字：

左上为 jaḥ dvāṃ，其密义未详；

右上为 vaṃ ā，前者为毗卢遮那如来种子字；

右下为 ttaṃ vaṃ，其密义未详；

左下为 traṃ ma，其密义未详。

此曼荼罗中央是一座汉式楼阁，坐落于一朵出水的仰覆莲花上，楼阁尖顶则是密教五轮塔，象征地、水、火、风、空等五行。此五行在此圆形曼荼罗中均有表现：莲下为水，水下应为地（略），曼荼罗外有火（火焰纹），内部上半圆有风（风纹），云纹内及其所包容的四颗星标示为空。而广大宝楼阁就坐落于虚空之中。宝楼阁的神奇出现及其庄严华丽，佛经有一番生动的描述：

> 尔时释迦牟尼佛，既见宝藏菩萨请已，告金刚密迹菩萨言：“善男子，汝今可持金刚杵，于大众中而扣其地。”金刚密迹菩萨便奉佛命持金刚杵，于大众中而扣其地。尔时大地应声裂破成四角陷，三千大千世界六种震动。时彼陷地忽然涌出七宝楼阁，其楼四角四柱四门，严丽殊特相好圆满光明赫奕，有四阶道高三由旬，纵广正等满五由旬。于其幢中有赡部金微妙宝塔，无量宝珠而为严饰，七宝罗网而覆其上，无量宝铎悬于四角，妙花缯彩而为间错。彼妙塔中有

三如来全身舍利。尔时十方诸佛如来，皆共供养塔中舍利，诸菩萨等亦同供养尊重赞叹。散花烧香涂香粖香，悬缯旛盖奏诸音乐。时诸天龙药叉、乾闼婆、阿素罗、紧那罗、迦楼罗人非人等，一切会众咸悉瞻仰奇异希有，言此宝塔从何而来，高声赞言奇哉希有，旋绕歌咏幢及宝塔。既旋绕已，合掌顶礼。时彼幢中出微妙声唱言："汝诸大众可观空中。"众闻此声咸观空中，复见大琉璃宝云在彼空际。其宝云中以金为字，书此"广大宝楼阁秘密善住陀罗尼咒"。于虚空中复出声曰："汝等咸可读此陀罗尼咒。"出此声已，其十方恒河沙同来诸佛一一佛前皆现琉璃宝云，以金为字书此陀罗尼咒，复出如是声曰："南无释迦牟尼如来，今可开彼舍利塔门，彼宝塔中有三如来全身舍利，由彼舍利现大神变殊胜之相，彼全身如来于此会中，当具说此陀罗尼咒并漫荼罗成就明法。"（T19.1006.638b12）

此陀罗尼轮及下文汉咒，丽、宋、元三本俱无，而是依明本补载的。前者载文为罕见的怪异体梵文，后者为悉昙体梵文，曾流行于6—10世纪的印度。今在日本《新修大正大藏经》密教部比较多见，但前者仅见于明本《大宝广博楼阁善住秘密陀罗尼经》和日僧圆山达音和尚于日本明治丁酉（1897）年编修的《陀罗尼字典》。《陀罗尼字典》也只有50个类似字母。上页两幅曼荼罗所载咒文基本相同，也有几处不同。今诠释如下。

一、图1 怪异字轮[1]（a wheel in strange Sanskrit）（外圆，拉丁文转写，自12:00位顺时针）

（一）字轮：大宝广博楼阁善住秘密根本陀罗尼（the most secret dharani of the well-resided in the vast gem-inlaid pavilion）

释读：**oṃ na mo sa rva ta thā ga tā nāṃ oṃ vi pu la ga bha ma ṇi pra bhe ta thā tāni dā ṛśa ne na kha re ma ṇi**
旧译：唵 曩 莫 萨 嚩 怛 他 孽 多 南 唵 尾 补 攞 孽 陛 么 抳 钵啰 陛 怛 他 多 你 捺 舍 宁 摩 抳

ma ṇi su pra bhe vi ma le saṃ ga ra gaṃ bhī re hūṃ hūṃ jva la jva la bu ddha vi lo ki te gu hya a dhi
摩 抳 苏 钵啰 陛 尾 么 黎 娑 孽 啰 俨 鼻 隶 吽 吽 入嚩攞 入嚩攞 没 驮 尾 卢 枳帝 麌 呬夜 地

ṣṭhi ta ga rbhe svā hā //
瑟耻 多 孽 陛 娑缚 诃。

复原：**oṃ[2]namaḥ[3]sarvatathāgatānāṃ[4]oṃ vipulagabha[5]maṇiprabhe[6]tathātā[7] nidārśane[8]nakhare[9]maṇi[10]**
旧译：唵　囊莫　萨嚩怛他孽多南　唵 尾补攞孽陛　么抳钵啰陛　怛他多　你捺舍宁　摩抳

maṇisuprabhe[11]vimale[12]saṃgaragaṃbhīre[13]hūṃ hūṃ jvala[14]jvala Buddha[15] vilokite[16] guhya[17]
摩抳苏钵啰陛　尾么黎　娑孽啰俨鼻隶　吽　吽 入嚩攞 入嚩攞 没驮　尾卢枳帝　麌呬夜

adhiṣṭhita[18]garbhe[19] svāhā[20]// [21]
地瑟耻多　孽陛　娑缚诃

出典：《大宝广博楼阁善住秘密陀罗尼经》（T19.1005A.624a22, T19.1006.619a07）；《广大宝楼阁善住秘密陀罗尼经》（T19.1006.640c09）。

今译：归敬一切如来，唵 广巨藏啊！珠慧菩萨哟！教诲如性佛母啊！宝中宝之妙辉菩萨哟！蟹爪佛母啊（？）龙女呀！吽 吽 发光，发光！佛中的（善）察之尊哟！秘密加持藏啊！娑嚩贺！

诠注：

[1] 现在所看到的《大宝广博楼阁善住秘密陀罗尼经》为【原】丽本，【甲】黄檗版净严等加笔本。净严和尚是日本真言宗高僧，大约于17世纪下半叶（17世纪80年代？）给一些经典增补了一些有关内容。这些被增补的经典被称为“加笔本”。《大宝广博楼阁善住秘密陀罗尼经》电子版有一脚注：此陀罗尼轮及次长行（汉咒文）丽、宋、元三本俱无之，今依明本补载之。也即依据明本的资料补载到丽本【甲】黄檗版的《大宝广博楼阁善住秘密陀罗尼经》。现存《大正藏》只有唐天竺三藏菩提流支译《广大宝楼阁善住秘密陀罗尼经》（丽本）、净严和尚等加笔本和承安元年（1096）写于东寺的三密藏本，却没有明本。而明本《大藏经》存量很少，笔者孤陋寡闻，据悉，明代《大藏经》甘肃有三套，分别藏于张掖大佛寺、永登县博物馆、甘肃省图书馆。明代丽江版藏文《大藏经》藏于四川理塘和西藏大昭寺；明代纸帛经书藏于房山云居寺；明代刻本《大藏经》藏于河南新乡市图书馆；嘉兴市图书馆古籍部已将台湾新文丰出版公司于1988年出版的影印《明版嘉兴大藏经》上架供读者翻检。《永乐北藏》是于永乐十九年（1421）由明太宗敕命在北京雕造的大藏经，明正统五年（1440）完成，是现存完整的一部宫廷版藏经，现藏于故宫博物院。《永乐北藏》已有电子版。经查，其中没有《大宝广博楼阁善住秘密陀罗尼经》加载图。正值山穷水尽时，我眼睛突然一亮，在电子版《大藏经》的一条脚注中发现“此陀罗尼轮依缩刷大藏经载之”。

眼下无处寻觅这个“缩刷大藏经”，其中的载图是两幅还是一幅，不得而知，但可以肯定的是，"缩刷大藏经"载有图 2，因为图 2 的拉丁转写与该图悉昙体梵咒相应。

至于图 1 中的怪异字体梵字是何名称、渊源何处、传入时间等信息，笔者尚一无所知，遍查佛经也未见其踪影。但见日僧圆山达音纂述的《陀罗尼字典》载有类似的 50 个字母。该字典问世于日本明治丁酉年（1897）。该书首篇起始转载《文殊门经字母品》曰：

> 时文殊师利白佛言：世尊一切诸字母，云何一切诸法，入于此及陀罗尼字。佛告文殊师利：一切诸法入于字母及陀罗尼字。文殊师利如……

接下来是梵文字母及其汉字注音及与每个字母相对应的法义。汉文《大藏经》中没有《文殊门经字母品》，只有《文殊问经字母品》，其中仅有汉字注音及其相对应的法义。而在日僧的《陀罗尼字典》中却收录了 2 种字体的梵文字母：上部分为怪异字体的 50 个字母，下部分为悉昙体的 50 个字母。为什么会有这样的不同？是汉文《大藏经》中《文殊问经字母品》舍去了一种字体的梵咒音译，或是原本有两种字体合璧而只有一种音译，还是《陀罗尼字典》多收录了另一种字体的梵咒？对此，迄无定论。经仔细审阅，笔者发现在《陀罗尼字典》怪异字体的上方有一眉批："古译藏经在。"这句话可解释为怪异字体在古译佛经中是存在的。如果是这样，那么，所谓"古"，古到什么程度？这"古译藏经"是否留存至今？对此，也没有明确的答案。但肯定的是，汉文《大藏经》和日人新修大正藏《文殊师利问经》均未收录。

关于怪异字体的入华时间。经勘对，笔者发现两种字体的梵字所赋予的内涵不同。怪异体所赋予的内涵与唐不空译《瑜伽金刚顶经释字母品》基本一致，而下部分悉昙体则与唐不空译《文殊问经字母品》（明本）完全相同。这两部译经出自唐代一人之手，尽管不同抄本存在一些差异，但基本内容没有大的变化。这是否说明，这两种字体至晚在唐代就已开始使用了呢？对于这个问题的回答，半是肯定，半是否定。肯定的是悉昙体梵文，因为有大量遗存文物可资证明，而后者，据笔者所知，迄今发现载有此种怪异体梵字的文物有三：1. 大宝广博楼阁善住秘密陀罗尼轮，2. 日僧圆山达音于日本明治丁酉年所纂述的《陀罗尼字典》，3. 福建惠安的八角石塔。其中，前两件均出于明代，后者建于元代元统三年（1335），而日僧所纂述的《陀罗尼字典》则出于 19 世纪。如果惠安石塔铭文不是后人补加的，那么，可以推测，此种怪异体梵字的传入，其上限不会晚于元代。

[2] **oṃ**（a mystical syllable）——神秘音节。佛教术语，旧译“唵”。

[3] **namaḥ**（*n*., bow）——鞠躬。

[4] **sarvatathāgatānāṃ**（*m*., *pl*., *gen*., all the tathagatas）——一切如来。

[5] **gabha**（w.r. for garbhe）——为 garbhe 之误。意译：胎藏。

[6] **maṇiprabhe**（*f*., *sg*., *voc*., N. of a bodhisattvā）——一女菩萨的称号：珠辉。

[7] **tathātā**（*f*., *sg*., *nom*., “thus-nature”）——如性。

[8] **nidāṛśane**（*adj*., *f*., *voc*., *sg*., showing, teaching）——教诲。

[9] **nakhare**（*adj*., *f*., *voc*., *sg*., shaped like claw）——像蟹爪的；蟹爪之尊（？）。

[10] **maṇi**（*f*., a pearl）——珍珠，宝珠。

[11] **maṇimaṇi-suprabhe**（should be *f*., *sg*., *voc*., according to the drawing 2, “the beautiful light of pearl of pearls”, N. of a bodhisattvā）——原文变异，但据图 2 悉昙体字，直译为“宝中宝之妙辉”，可能是辩才天女的名号。

[12] **vimale**（*adj*., *f*., *voc*., *sg*., stainless, spotless, clean, bright）——原文变异，但据图 2 悉昙体字，直译：无垢的，光明的。

[13] **saṃgaragaṃbhīre**（w.r. for sāgaragaṃbhīre, *f*., *voc*., *sg*., N. of a serpent-maiden）——娑蘖啰俨鼻隶，龙女！

[14] **jvala**（*Impv*., *sg*., 2nd, *P*., fr. √jval, cl.1, to burn brightly, glow, shine; *m*., brazing, shining）——动词，现在时，命令语气，主动语态，单数，第二人称。意译：发光。作为名词，旧译：火，光明；炽盛。

[15] **Buddha**（*m*., *voc*., *sg*., Buddha）——佛。

[16] **Buddhavilokite**（possibly w.r. for -vilokini, *adj*., *f*., *sg*., *voc*., fr. -vilokinī, the observing in Buddhas）——很可能是 -vilokini 之误。佛中（善于）观察的。而【原】日本承安元年（1096）写东寺三密藏本为 vilokite（*p.p*., *f*., *voc*., *sg*., observed, examined），义为被观察的，在此无解。而 vilokini 为 vilokinī 的阴性、单数、呼格形式。

[17] **guhya**（*adj*., secret）——秘密的。

[18] **adhiṣṭhita**（*p.p*., superintended, appointed）——守护，遮护，加持等。

[19] **guhya-adhiṣṭhita-garbhe**（*f*., *voc*., *sg*., N. of a bodhisattvā）——一菩萨称号，秘密加持藏。

[20] **svāhā**（mystical syllables）——真言密语，旧译繁复，有苏婆诃、莎嚩诃、

娑婆诃、萨婆诃、娑嚩诃、娑嚩贺、莎诃等。无实词意义，常作真言的结语词，出现在咒语的末尾。

[21] 据称：此陀罗尼有大威德。佛由此成道，由此降魔，能灭恶障，能成六度。若书纸素牌壁幢阁之上，有人暂视读诵受持及闻声佩身，并转触余人，是人五逆四重十恶等罪消灭。无有刀毒水火劫贼邪魅，疟疫寒热一切病苦皆悉远离。见获福庆所求遂意。临命终时诸佛安慰得生净土，所有禽兽飞蛾蚊虻虫等，遇影蒙尘皆得解脱。(《大宝广博楼阁善住秘密陀罗尼经》卷上，T19.1005A.619b06)

（二）圆内左文：广大宝楼阁善住秘密随心咒（the secret mantra of the well-resided at will in the vast gem-inlaid pavilion）

释读：**oṃ ma ṇī dha re hūṃ pha ṭ //**

旧译：唵 摩 你 达 哩 吽 钕吒

复原：**oṃ maṇidhare**[1] **hūṃ phaṭ**[2] **//**

旧译：唵 摩你达哩 吽 钕吒

出典：《广大宝楼阁善住秘密陀罗尼经》卷上（T19.1006.614a12）。

今译：唵 持宝佛母啊！吽 发吒！

诠注：

[1] **maṇidhare**（*f.*, *voc.*, *sg.*, having the jewel in the hand）——持宝的（者）。要说明的是，电子版《宝楼阁经梵字真言》(【原】日本承安元年 [1096] 写东寺三密藏本 T19.1005B.634c03）为 maṇinvare，显然 nvare 是 dhare 之误。

[2] **hūṃ phaṭ**（mystical syllables）——神秘音节。佛教密宗术语，常出现在降伏咒的末尾。加于咒末，能破坏一切魔障。

（三）圆内右文：广大宝楼阁善住秘密陀罗尼心咒（the secret heart mantra of the well-resided in the vast gem-inlaid pavilion）

释读：**oṃ ma ṇi va jre hūṃ**

旧译：唵 摩 你 跋 社 黎 吽

复原：**oṃ maṇivajre**[1] **hūṃ**[2]**//**

旧译：唵 摩你跋社黎 吽

出典：《广大宝楼阁善住秘密陀罗尼经》卷上（T19.1006.641a10）。

今译：唵 宝金刚佛母啊！吽！

诠注：

[1] **maṇivajre**（*f.*, *voc.*, *sg.*, “jewel-thunderbolt”）——宝金刚母！

[2] **hūṃ**（a mystical syllable）——神秘音节，佛教术语，为诸天总种子字，据称由四字——贺、阿、乌、么（h, a, u, m）合成，其义含一切万法，吟一字而诵万法。常被用于咒尾。

二、图 2 悉昙字轮（a wheel in Siddham）（外圆，拉丁文转写，自 12:00 位顺时针）

（一）字轮：大宝广博楼阁善住秘密根本陀罗尼（the secret root dharani of the well-resided in the vast gem-inlaid pavilion）

释读：**na ma ḥ sa rva ta thā ga tā nāṃ oṃ vi pu la ga rbhe ma ṇi pra bhe ta thā tā ni da rśa ne ma ṇi ma ṇi su**
旧译：曩 莫　萨 嚩 怛 他 孽 多 南　唵 尾 补 攞 孽　陛　么 抳 钵啰 陛 怛　他 多 你 捺 舍　宁 摩 抳 摩　抳 苏

pra bhe vi ma le sā ga ra gaṃ bhī re hūṃ hūṃ jva la jva la bu ddha vi lo ki te gu hya a dhi ṣṭhi ta ga
钵啰 陛 尾 么 黎 娑孽 啰　俨　鼻 隶　吽　吽 入嚩攞入嚩攞 没　驮　尾 卢 枳帝 虞呬夜　地 瑟耻多 孽

rbhe svā hā //
陛 娑缚 诃

释读：**namaḥ sarvatathāgatānāṃ oṃ vipulagarbhe maṇiprabhe tathātānidarśane maṇi maṇi suprabhe vimale**
旧译：曩莫　萨嚩 怛他孽多南　唵 尾补攞孽陛　么抳钵啰陛　怛他多你捺舍宁 摩抳 摩抳 苏钵啰陛 尾么黎

sāgaragaṃbhīre hūṃ hūṃ jvala jvala buddhavilokite guhyādhiṣṭhita garbhe svāhā//
娑孽啰俨鼻隶　吽　吽 入嚩攞入嚩攞 没驮 尾卢枳帝虞呬夜地瑟耻多 孽陛 娑缚诃

旧译有二：

（1）莫萨嚩怛他孽多南。唵尾补攞孽陛。么抳钵啰陛怛他 [1] 多你捺舍宁摩抳摩抳苏钵啰陛曩尾么黎娑孽啰俨鼻隶吽吽入嚩攞入嚩攞没驮尾卢枳帝虞呬夜地瑟耻多孽陛娑缚诃。[2]（《大宝广博楼阁善住秘密根本陀罗尼经》，T19.1005A.619b01）

（2）那慕萨婆怛他揭多（去）南（去一）唵（二）肥布罗孽鞞（三）摩尼（去）钵腊（二合）鞞（四）怛他（上）多（去）那捺你舍泥（五）摩尼摩尼（六）苏钵腊鞞（七）肥摩丽（八）娑孽啰钳鼻（去）囇（九）吽吽（十）什皤罗什皤罗（二合十一）勃陀嚩咯枳羝（十二）虞醯夜（二合）地瑟耻（二合）多孽鞞（十三）莎诃（十四）。（《大宝广博楼阁善住秘密陀罗尼经》T19.1006.640c09）

出典：《大宝广博楼阁善住秘密陀罗尼经》（T19.1005A.619a01）。

今译：归敬一切如来，唵 广巨藏啊！珠慧菩萨哟！教诲如性佛母啊！宝中宝之妙辉菩萨哟！蟹爪佛母啊（？）龙女呀！吽 吽 发光，发光！佛中的（善）察之尊哟！秘密加持藏啊！娑嚩贺！

诠注：

[1] 为【甲】黄檗版净严等加笔本（17 世纪 80 年代）原注：怛他多（蘖）+多，即怛他多蘖多（tathāgata）。

[2] 至于《宝楼阁经梵字真言》,《经》曰：

常念广大宝楼阁善住秘密陀罗尼名。由彼陀罗尼威神力故，成就如是殊胜功德。彼佛世尊为诸众生，演说此陀罗尼法。彼诸众生由闻此陀罗尼故，常获安乐，离诸地狱饿鬼畜生阿素罗道，诸恶趣门悉皆关闭开净天路，彼诸众生皆发阿耨多罗三藐三菩提心，住大慈悲无诸怨敌如水乳合。彼佛世尊往昔久远行菩萨道时，修此陀罗尼法作如是愿：愿一切有情生我国者，悉皆决定得不退转无上正觉，若有众生闻此陀罗尼，受持读诵精勤修习，忆念不舍乃至闻名，或复手触或着身上或眼视见，或书帛素或书墙壁，一切众生若有见者，五逆四重诽谤正法，诽谤圣人屠儿魁脍，盲者聋者瞎者瘘者，瘂者癞者痈者贫穷下劣，不定业者魔网缚者，堕邪见者毗那夜迦触者，恶星害者七耀害者，彼等诸人闻此陀罗尼名，决定证得无上正觉；或复受畜生身者，鹿鸟蚊虻飞蛾蝼蚁，胎生化生湿生种种虫等，彼诸众生闻此陀罗尼名者，必当决定证得阿耨多罗三藐三菩提无诸疑惑。(《广大宝楼阁善住秘密陀罗尼经》卷上，T19.1006.637a01）

其余同本节“一、图 1 怪异字轮”之“(一)字轮”诠注（第 248—251 页）。

根据【原】日本承安元年（1096）写东寺三密藏本，拉丁转写为：

na maḥ sa rva ta thā ga tà nāṃ oṃ vi pu la ga rbhe ma ṇi pra bhe ta thā tā ni da rśa ne ma ṇi ma ṇi su pra bhe vi ma le saü ga ra ga mbhī re hūṃ hūṃ jva la jva la vu dvā vi lo ki te śu phyā dhi ṣṭi ta ga rbhe svā hā。(《宝楼阁经梵字真言》T19.1005B.634b24）

其中 nidarśane 与图 1 曼荼罗载同文 nidārśane 有别；vudvā（w.r. for buddhā）为 buddhā（佛）之误；śubhya-adhiṣṭita-garbhe（w.r. for guhya-adhiṣṭhita-garbhe）义为秘密加持藏。

（二）圆内左文：广大宝楼阁善住秘密随心咒（the secret mantra of the well-resided at will in the vast gem-inlaid pavilion）

释读：**oṃ ma ṇī dha re hūṃ pha ṭ //**
旧译：唵 摩 你 达 哩 吽 钹吒

复原：**oṃ maṇidhare hūṃ phaṭ //**
旧译：唵 摩你达哩 吽 钹吒

出典：《广大宝楼阁善住秘密陀罗尼经》卷上（T19.1006.614a12）。
今译：唵 持宝佛母啊！吽 发吒！
诠注：

同本节“一、图 1 怪异字轮”之“（二）圆内左文”诠注（第 251 页）。

（三）圆内右文：广大宝楼阁善住秘密陀罗尼心咒（the secret heart mantra of the well-resided in the vast gem-inlaid pavilion）

释读：**oū ma ṇi va jre hūṃ //**
旧译：唵 摩 你 跋 社黎 吽

复原：**oṃ maṇivajre hūṃ //**
旧译：唵 摩你跋社黎 吽

出典：《广大宝楼阁善住秘密陀罗尼经》卷上（T19.1006.614a10）。
今译：唵 宝金刚佛母啊！吽！
诠注：

同本节“一、图 1 怪异字轮”之“（三）圆内右文”诠注（第 252 页）。

第三节　柏林寺钟

Ⅲ The Bell of Bolin Temple

柏林寺铜钟，顾名思义，此铜钟本属柏林寺。而柏林寺在中国不止一座，最著名的当属汉献帝建安年间（196—220）于常山国平棘县（今河北省赵县）创立的观音院（今柏林寺）。北京也有一座柏林寺，位于北京北新桥以北柏林寺胡同，即雍和宫之东侧。北京柏林寺始建于元至正七年（1347），明正统十二年（1447）重建，清康熙五十二年（1713）为庆祝康熙六十大寿重修，乾隆五十三年（1788）再次重修。

柏林寺铜钟（the bell of Bolin Temple）

柏林寺铜钟铸成于康熙四十六年（1707），高 177 厘米，钮高 59 厘米，口径 168 厘米，重 2.268 吨，青铜材质，双龙蒲牢钮。肩有 24 朵莲瓣纹饰，其上下腰部均有矩形、梯形等格框，框内尽是汉文经咒，如《大方广佛华严经》等。上部四大格框间有四牌位，分别铭有："黄帝万岁万万岁""南无普贤菩萨""南无释迦牟尼""南无地藏菩萨"。下部一格框（见下页图）格外醒目，中有 36 个清丽、隽秀的蓝扎体梵字，梵字上下有缠枝莲等精美图案相饰，左右汉字铭文为："皇清康熙肆拾陆年捌月初柒，方丈和尚梦庵朝格，老院主周明，监院实义，副寺洪法，募缘行僧洪目尼洪方，助缘弟子开列于后（跳入另框），贤福宫信如成莲、老妃娘娘法讳圆通、言嫔二哥哥。……"钟裙部铸有"往生净土神咒"和"父母恩咒"。一钟月（圆）铸有"古刹柏林寺诚造"。他处尚有："书记圆望，监院理阔；铸钟人李；镌字人：陈有德、洪圣玉……"

我们特别关心的是这些梵字。这些梵字究竟是什么意思，又说明了什么呢？下面笔者就对其作一解读和诠释。

柏林寺铜钟细部铭文（the detail of the bell of Bolin Temple）

一、释读（decipherment）（原文从左至右）

行1：

释读：oṃ ra tna sa mbha va trāṃ svā hā

行2：

释读：na ma ssa ptā nāṃ sa mya ksaṃ bu

行3：

释读：ddha ko ṭī nāṃ ta dya thā oṃ ca

行4：

释读：le ca le cu nde svā hā oṃ raṃ

二、断咒及译注（judgement of dharani, notes and commentary）

（一）宝生佛心咒（the heart mantra of Ratnasambhava）[1] 或宝生名授所愿契密语（0242b21）（行 1）

复原：

释读：oṃ[2]ratnasambhava[3]trāṃ[4]svāhā[5]

旧译：唵　阿啰怛那三婆嚩 怛啰 娑缚诃

出典：《金刚顶瑜伽中略出念诵经》卷 3（T18.866.242b22）。

今译：唵 宝生佛哟！怛啰 娑嚩贺！

诠注：

[1] 宝生佛心咒——依藏传佛教传统，凡有佛菩萨名号，其前有“唵”（oṃ）、后加其种子字和“娑嚩诃”（svāhā）的咒语均称某佛菩萨心咒。

[2] **oṃ**（a mystical syllable）——神秘音节。佛教术语，旧译“唵”。

[3] **Ratnasambhava**（*m*., N. of a Buddha）——一佛的名号：宝生佛。

[4] **trāṃ**（the seed syllable of Ratnasambhava）——宝生佛种子字。

[5] **svāhā**（mystical syllables）——真言密语，旧译繁复，有苏婆诃、莎嚩诃、娑婆诃、萨婆诃、娑嚩诃、娑嚩贺、莎诃等。无实词意义，常作真言的结语词，出现在咒语的末尾。

（二）七俱胝佛母心大准提陀罗尼真言（the dharani of Maha Cumdi in the hearts of the seven koti of Buddhist Queens）（行 2—4）

复原：

释读：**nams saptānāṃ[1] samyaksaṃbuddha[2] koṭīnāṃ[3] tadyathā[4] oṃ cale[5] cule[6] cunde[7] svāhā[8]**

旧译：南无 飒哆喃 三藐三菩驮 俱胝喃 怛你也他 唵 折隶 主隶 准提 娑婆诃

出典：《显密圆通成佛心要集》（T46.1955）；《七俱胝佛母所说准提陀罗尼经》（T20.1076.178c）。

今译：向七俱胝正遍知佛母行礼！唵 来自朱罗沿海的光辉准提佛母啊！娑嚩贺！

诠注：

[1] **saptānāṃ**（*n*., *gen*., *pl*., seven）——七。

[2] **samyaksaṃbuddha**（w.r. for -buddhā, *f*., *nom*., *sg*., one who has attained the complete enlightenment, referring to female Buddhā）——为 -buddhā 之误。意译“正遍知”，特指佛陀，这里指准提佛母，故为阴性。《七俱胝佛母说准提陀罗尼经》为 samyaksaṃbuddha（阳性名词）。

[3] **koṭīnāṃ**（*f*., *gen*., *pl*., fr. koṭi, the highest number, or ten million）——又作拘胝、俱致、拘梨。意译为亿，乃印度数量之名。《玄应音义》卷 5 载：俱致，或称俱胝，即中土所称之“千万”，或“亿”。圆测之《解深密经疏》卷 6（卍续三四・四四四上）：“俱胝，传释有三，一者十万，二者百万，三者千万。”可见历代所译之殊异。（参见《佛光大辞典》第三版）

[4] **tadyathā**（*ind*., namely, viz.）——不变词，也即。梵文经集和法贤本同，作“怛鞑他”。

[5] **cale**（*adj*., *f*., *voc*., *sg*., fr. calā, lighting; goddess of fortune）——光辉的；幸福女神。

[6] **cule**（=cole, *adj*., *f*., *voc*., *sg*., fr. colā, being from Colamandel coast）——来自朱罗沿海地区的。

[7] **cunde**（*f*., *voc*., *sg*., *fr*., cundi, N. of a bodhisattva）——又作准提、准胝、准泥、准提观音、准提佛母、佛母准提，意译作清净。护持佛法并为短命众生延寿护命之菩萨。禅宗以准提为观音部之一尊，甚加尊崇。日本台密以准提入于佛母中，以为佛部之尊。日本东密则以准提为六观音之一，摄于莲华部中六观音（千手观音、圣观音、马头观音、十一面观音、准提观音、如意轮观音）中。盖观音分入六道，为济度众生之应化身。位于现图胎藏界曼荼罗之遍知院，身着轻罗绰袖之衣，腰系绶带，手腕佩以白螺，呈十八臂三目之相。（《准提大明陀罗尼经》，参见《佛光大辞典》第三版“准提”条）

[8] 佛言此咒能灭十恶五逆一切罪障，成就一切白法功德。持此咒者，不问在家出家，饮酒食肉有妻子，不拣净秽。但至心持诵，能使短命众生增寿无量。迦摩罗疾尚得除差，何况余病，若不消灭无有是处。若诵满四十九日，准提菩萨令二圣者常随其人，所有善恶心之所念，皆于耳边一一具报。若有无福无相求官不遂贫苦所逼者，常诵此咒能令现世得轮王福，所求官位必得称遂。（禅宗《传灯录》中引古人云：俱胝只念三行咒，便得名超一切人是也。）若求智慧得大智慧，求男女者便得男女，凡有所求无不称遂，似如意珠一切随心。又诵此咒能令国王大臣及诸四众，生爱敬心见即欢喜。诵此咒人水不能溺，火不能烧，毒药怨家军阵强贼，及恶龙兽诸鬼魅等皆不能害。若欲请梵王帝释四天王阎罗天子等，但诵此咒随请必至，不敢前次，所有驱使随心皆得。此咒于南赡部洲有大势力，移须弥山竭大海水，咒干枯木能生华果。何况更能依法持诵，不转肉身得大神足往兜率天。若求长生及诸仙药，但依法诵咒，即得见观世音菩萨或金刚手菩萨，授与神仙妙药，随取食之即成仙道，得延寿命齐于日月，证菩萨位。若依法诵满一百万遍，便得往诣十方净土。（《显密圆通成佛心要集》）

(三)净法界真言(the mantra of purifying the dharma-dhātu)(行 4)

原文:

释读:**oṃ raṃ**[1]

旧译:唵 蓝

出典:《密咒圆因往生集》(T46.1956.1007c27)。

诠注:

[1] **raṃ**(a mystical syllable)——神秘音节。

余　论

Complementary Part

对上述三幅曼荼罗的释读和研究至此可画一句号。但言犹未尽，还想补充一些想法和心得。

我们知道梵文佛咒历来是只诵其音，不究其义，故很难博得研究者的青睐。其实，单调乏味的咒文投射着古代社会生活的余光，蕴藏着咒文所产生的那个时代甚至史前文化人类学的丰富信息。今天我们研究它，揭开长久以来被视为“天书”的秘密，对宗教、古代的宗教政策、民俗学、古代哲学、汉语音韵学、史前农业母系社会和古代文化人类学的研究或许都有可资参考和借鉴的价值，也为旅游业添加可赏、可解、可悟的文化内涵。

陀罗尼（咒语）是语言圣化和密教教义浓缩的结果。所谓“咒语”虽然“但当诵持，无须强释”，但并非无意义，它包含了密义、象征义乃至密宗的哲学和教义。一个“阿”（a）字便能穷尽“性空”奥义。

宗教有负价值，也有正价值。以往其正价值几乎被荡涤一空，只剩下“鸦片烟”这个紧箍咒。现在，应该正视甚至要重视它的正价值，用其利而扬弃弊。这样才有利于我国社会主义物质文明和精神文明的建设。

鉴于载有上述等怪异字体的文物均现于中国南部和东部，如广西建于明代万历年间的石塔、广西博物馆藏法镜、私人收藏法镜、福建惠安建于元代的八角石塔、江西景德镇明官窑烧制的梵字曼荼罗青花瓷匙等。由此推断，其流入方向很可能是从印度东北部，即孟加拉或印度奥里萨经缅甸入云南、广西并逐次沿东部向北流布。故于中国南部、东部省份多有发现。

由此引出佛教的传入问题。据上海玉佛寺真禅法师介绍，云南有沙合佳（Sahaja）派寺庙，而沙合佳（又称“苏合佳”）原本属于印度教“毗湿奴派沙合佳（Sahaja）运动”。可在云南，这个“沙合佳”却是佛教寺庙。关于这一派的演化、在我国的传布以及与怪异字体的关系等情况，笔者孤陋，迄今没有看到有关文献资料。故有关结论，还有待后续的研究，期盼同仁提供资料佐证并给以指正。

第六章
CHAPTER 6

法镜天书
Inscription on the Dharma Mirrors

这一组法镜照片或拓片均来自不同地区的私人收藏，送至我处均已过 15 年，有的长达 26 年之久。几位朋友送来向我咨询，但因自身能力所限，加之字体怪异，几无资料可资借鉴，故久拖不解。近年来，得益于对永乐大钟梵字铭文的考释，凭借识得法镜铭文的几个字与准提咒偶然对照，发现两者竟然能够一一对应。真应了那句“踏破铁鞋无觅处，得来全不费功夫”的格言。就这样，紧锁心头 20 多年的难题悄然冰释。其心岂不快哉！详细诠释如下。

第一节　法镜天书一

Ⅰ　Strange Inscription on the Dharma Mirror 1

一、法镜铭文图片（the picture of the inscription on the dharma mirror）

二、梵文释读（decipherment）（拉丁文转写，由外而内，逆时针，始于12:00位）

（一）外圈：**na mo sa ptā nāṃ sa mya ksaṃ bu ddhā ko ṭī nāṃ ta dya thā oṃ ca le cu**

（二）内圈（12:00位始）：**le cuṃ de svā hā oṃ oṃ raṃ oṃ cchrīṃ oṃ ma ṇi pa dme hūṃ**

（三）中心圆：**cuṃ**（准提佛母种子字）

三、断咒及译注（judgement of dharani, notes and commentary）

（一）七俱胝佛母心大准提陀罗尼真言（the dharani of Maha Cumdi in the hearts of the seven koti of Buddhist Queen）（外圈—内圈）

复原：namo[1] saptānāṃ[2]samyaksaṃbuddhā[3] koṭīnāṃ[4] tadyathā[5] oṃ[6] cale[7]cule[8] cuṃde[9] svāhā[10]
旧译：南无 飒哆喃 三藐三菩驮 俱胝喃 怛你也他 唵 折隶 主隶 准提 娑婆诃

出典：《显密圆通成佛心要集》（T46.1955.994c12）；《七俱胝佛母所说准提陀罗尼经》（T20.1076.178c）。

今译：向七俱胝正遍知佛母行礼！也即：唵 来自朱罗沿海的光辉准提佛母啊！娑嚩贺！[11]

诠注：

[1] **namo**（w.r. for namaḥ, *n.*, *nom.*, *sg.*, often with *dat.*, bow, obeisance, reverential salutation）——中性单数，主格，音译为曩谟、南无、那谟、南谟、那莫、囊谟。意译：躬身致敬、致礼、敬礼、归命、归依、归礼等。要求为格。

[2] **saptānāṃ**（*n.*, *gen.*, *pl.*, seven）——七。

[3] **samyaksaṃbuddhā**（*f.*, *nom.*, *sg.*, one who has attained to complete enlightenment, implying Buddhā Cundi）——“正遍知”，特指佛陀，这里指准提佛母或菩萨。

[4] **koṭīnāṃ**（*f.*, *gen.*, *pl.*, fr. koṭi, the highest number, or ten millions）——又作拘胝、俱致、拘梨。意译为亿，乃印度数量之名。《玄应音义》卷 5 载：俱致，或称俱胝，即中土所称之“千万”，或“亿”。圆测之《解深密经疏》卷 6（卍续三四・四四四上）：“俱胝，传释有三，一者十万，二者百万，三者千万。”可见历代所译之殊异。（参见《佛光大辞典》第三版）

[5] **tadyathā**（*ind.*, namely, viz.）——不变词，也即。梵文经集和法贤本同作“怛𩕳他”。

[6] **oṃ**（a mystical syllable）——神秘音节。佛教术语，旧译：唵。

[7] **cale**（*adj.*, *f.*, *voc.*, *sg.*, from calā, lighting; goddess of fortune）——光辉的；幸福女神。

[8] **cule**（=cole, *adj.*, *f.*, *voc.*, *sg.*, from culā, being from Colamandel coastal areas）——来自朱罗沿海地区的。

[9] **cuṃde**（w.r. for cunde, *f.*, *voc.*, *sg.*, from cundi, N. of a bodhisattva）——又作准

提、准胝、准泥、准提观音、准提佛母、佛母准提，意译作清净。护持佛法，并为短命众生延寿护命之菩萨。（详见本书第 258 页注 [7]）。

[10] **svāhā**（mystical syllables）——真言密语，旧译繁复，有苏婆诃、莎嚩诃、娑婆诃、萨婆诃、娑嚩诃、娑嚩贺、莎诃等。无实词意义，常作真言的结语词，出现在咒语的末尾。

[11] 佛言此咒能灭十恶五逆一切罪障，成就一切功德。（详见本书第 258 页注 [8]）。

（二）六字大明（the mantra consisting of six syllables）（内圈）

释读：**oṃ ma ṇi pa dme hūṃ**

复原：**oṃ maṇi[1] padme[2] hūṃ[3]**

旧译：唵 么抳 钵讷铭 吽！

出典：《佛说大乘庄严宝王经》（T20.1050.061b）。

今译：唵 祈愿宝珠在莲花上，吽！

诠注：

[1] **maṇi**（*m., nom., sg.*, a jewel）——阳性名词，单数，主格。音译为么抳、摩尼、末尼、摩尼珠、摩尼宝。意译：真珠，珠玉，宝珠，如意宝珠，明珠，珠宝，宝。

[2] **padme**（*m., loc., sg.*, a lotus）—— 阳性，单数，依格。音译为钵讷、钵谜、波昙、波头摩、钵特摩、钵昙摩、波陀摩、钵讷摩。意译：花；莲，莲花，莲华；红莲，赤莲，红莲华。padme 是 padma 的第 7 格形式，有“在莲花上”之义。

[3] **hūṃ**（a mystical syllable）——佛教术语，为诸天总种子字，据称由四字——贺、阿、乌、麻（h，a，u，ṃ）合成，其义含一切万法，吟一字而诵万法。常被用于咒尾。

（三）净法界真言（the mantra of purifying the Dharma-Dhatu or reality-realm）（内圈）

释读：**oṃ raṃ**

旧译：唵 嚂

出典：《显密圆通成佛心要集》（T46.1955.994a22）。

诠注：

此净法界嚂字，若想若诵，能令三业悉皆清净，一切罪障尽得消除，又能成办一切胜事，随所住处悉得清净。衣服不净便成净衣，身不澡浴便当澡浴。若用水作净不名真净，若用此法界心嚂字净之，即名毕竟清净。瓶如灵丹一粒点铁成金，真言一字变染令净。偈云啰字色鲜白，空点以严之（梵书◇啰字上安空点。即成◇嚂字也）。如彼髻明珠，置之于顶上。真言同法界，无量众罪除，一切触秽处，当加此字门（若实外缘不具无水洗浴阙新净衣，但用此嚂字净之。若外缘具者，先用水撩着新净衣，更用此嚂字净之，即内外具清净也。广如诸真言仪轨经说）。

（四）文殊护身咒（the mantra of guarding the body）（内圈）

释读：oṃ cchrīṃ[1]

旧译：唵 齿 噾[2]

出典：《显密圆通成佛心要集》（T46.1955.994b06）。

诠注：

[1] **cchrīṃ**（a secret syllable）——神秘音节。

[2]《显密圆通成佛心要集》云：若诵此咒能灭五逆十恶一切罪业，能除一切种种病苦灾障恶梦，邪魅鬼神诸不祥事。而能成办一切胜事，令一切所愿皆得圆满。此咒是诸佛心。若人专心诵一遍能守护自身，一切鬼神天魔不敢侵近；诵两遍能守护同伴；诵三遍能守一宅中人；诵四遍能守护一城中人；乃至七遍能守护四天下人（广如文殊根本一字咒经说，上二咒各持一百八遍亦得）。

第二节　法镜天书二

Ⅱ　Strange Inscription on the Dharma Mirror 2

一、法镜铭文图片（the picture of the inscription on the dharma mirror）

图 1　法镜拓片（反面），来自江苏私人收藏，1981

图 2　同类法镜（正面）

二、梵文释读（decipherment）（拉丁文转写，由外而内，顺时针，始于6:43点位；临摹图，始于12:00点位，逆时针）

（一）外圈：**na mo sa ptā nāṃ sa mya ksaṃ bu ddhā ko ṭī nāṃ ta dya thā oṃ ca le cu**（下接内圈）

（二）内圈（6:43位始）：**le cuṃ de svā hā oṃ oṃ raṃ oṃ cchrīṃoṃ ma ṇi pa dme hūṃ**

（三）左右下角为同一个 **cuṃ** 的正反面。

三、断咒及译注（judgement of dharani, notes and commentary）

（一）七俱胝佛母心大准提陀罗尼真言（the dharani of Maha Comdi in the hearts of the seven koti of Buddhist Queen）（外圈—内圈，6:43位始，始于第5个音节）

复原：**namo saptānāṃ samyaksaṃbuddhā koṭīnāṃ tadyathā oṃ cale cule cuṃde svāhā**

旧译：南无　飒哆喃　三藐三菩驮　俱胝喃　怛你也他 唵 折隶 主隶 准提 娑婆诃

出典：《显密圆通成佛心要集》（T46.1955.994c12）；《七俱胝佛母所说准提陀罗尼经》（T20.1076.178c）。

今译：向七俱胝正遍知佛母鞠躬！也即：唵 来自朱罗沿海的光辉准提佛母啊！娑嚩贺！

诠注：

同于本章第一节第三部分“（一）七俱胝佛母心大准提陀罗尼真言”诠注（第264—265页）。

（二）六字大明（the mantra consisting of six syllables）（内圈）

复原：**oṃ maṇi padme hūṃ**

旧译：唵 么抳钵讷铭　吽！

出典：《佛说大乘庄严宝王经》（T20.1050.061b）。

诠注：

同于本章第一节第三部分“（二）六字大明”诠注（第265页）。

（三）净法界真言（the mantra of purifying the Dharma-Dhatu or reality-realm）

（内圈）

释读：**oṃ raṃ**
旧译：唵 嚂

出典：《显密圆通成佛心要集》（T46.1955.1007c27）。

诠注：

同于本章第一节第三部分“（三）净法界真言”诠注（第 265—266 页）。

（四）种子字（seed syllable）

释读：**cuṃ**[1]
旧译：准

出典：《显密圆通成佛心要集》（T46.1955.994c12）；《七俱胝佛母所说准提陀罗尼经》（T20.1076.178c）。

诠注：

[1] **cuṃ**（the seed syllable of Cuṃdi）——准提佛母的种子字。

第三节　法镜天书三

Ⅲ　Strange Inscription on the Dharma Mirror 3

一、法镜铭文拓片（the rubbing of the inscription on the dharma mirror）

法镜铭文拓片，河北平泉县师范学院张世元先生于1989年10月送考。因字体怪异，又无任何资料可资参考，故久拖不解。今借鉴前镜的释读，联想到此类文物的内容可能相互关联，经勘对果然基本一致，这让我喜出望外，如获至宝。此事虽小，但毕竟识读了这一“天书”，解决了今人未曾解决的难题。

二、梵文释读（decipherment）（拉丁文转写，由外而内，顺时针）

（一）圈1（12:00位始）：**na mo sa pta nāṃ sa mya ksaṃ bu ddhā ko ṭī nāṃ ta dya thā oṃ ca le cu le cuṃ de svā hā**

（二）圈 2（1:05 位始）：**oṃ ma ṇi pa dme hūṃ**

（三）圈 3（1:05 位始），**oṃ raṃ oṃ cchrīṃ**

（四）中心圆：（**cuṃ**）

三、断咒及译注（judgement of dharani, notes and commentary）

（一）七俱胝佛母心大准提陀罗尼真言（the dharani of Maha Cumdi in the hearts of the seven koti of Buddhist Queen）（圈 1）

复原：**namo saptanāṃ samyaksaṃbuddhā koṭīnāṃ tadyathā oṃ cale cule cuṃde svāhā**
旧译：南无　飒哆喃　三藐三菩驮　俱胝喃　怛你也他 唵 折隶 主隶 准提 娑婆诃

出典：《显密圆通成佛心要集》（T46.1955）；《七俱胝佛母所说准提陀罗尼经》（T20.1076.178c）。

今译：向七俱胝正遍知佛母致敬！也即：唵 来自朱罗沿海的光辉准提佛母啊！娑嚩贺！

诠注：

同于本章第一节第三部分“（一）七俱胝佛母心大准提陀罗尼真言”诠注（第264—265页）。

（二）六字大明（the mantra consisting of six syllables）（圈 2）

复原：**oṃ maṇi padme hūṃ**
旧译：唵 么抳钵讷铭　吽

出典：《佛说大乘庄严宝王经》（T20.1050.61b）。

今译：唵 祈愿宝珠在莲花上，吽！

诠注：

同于本章第一节第三部分“（二）六字大明”诠注（第265页）。

（三）净法界真言（the mantra of purifying the Dharma-Dhatu or reality-realm）

（圈 3）

释读：**oṃ raṃ**
旧译：唵 囕

出典：《显密圆通成佛心要集》（T46.1955.994a22）；《密咒圆因往生集》（T46.1956.

1007c27）。

诠注：同于本章第一节第三部分“（三）净法界真言”诠注（第265—266页）。

（四）文殊护身咒（the mantra of guarding the body）（圈3）

释读：**oṃ cchrīṃ**

旧译：唵 齿𪢸

出典：《显密圆通成佛心要集》（T46.1955.994b04）；《密咒圆因往生集》（T46.1956.1008a04）。

诠注：

同于本章第一节第三部分“（四）文殊护身咒”诠注（第266页）。

第七章
CHAPTER 7

梵文贝叶经
Palm Leaf Manuscript in Ranjana

这里先介绍一点常识。什么是“贝叶经”？贝叶经就是采用经过处理的棕榈、蒲葵等坚韧长阔的树叶作为书写材料的写经。“贝叶”为梵文 pattra 的音义混译，其本义为叶，译经家为了把写经用的树叶与一般树叶区别开来，故将表示树叶的梵文 pattra 的第一个音节 pa 译作贝，后加梵文 pattra 的本意叶，合称“贝叶”。写在贝叶上的经典称“贝叶经”。我们读佛经常遇到“梵夹”这个术语。所谓“梵夹”就是常用经过处理的精制木板、竹板、纸板等硬质材料夹裹贝叶经的外包装，亦可为经藏的量词。一夹中可为一部或多部贝叶写经。

梵本《五护经》

Pancaraksasutras in Sanskrit

最近，我于北京一位文物收藏家住所发现多种古代遗存的梵文贝叶经，这些贝叶本写经大多完整、清晰、字体优美，为遗存中的珍品。

这位收藏家拥有许多长短大小不同的梵夹，其中一夹含有五部佛经，据称均有“护身护国”免除灾难的功能，故称《五护经》(*Pañcarakṣasūtrāṇī*)。下面着重讨论一下《五护经》。

一、此经梵文情况简述（resume of this scripture）

（一）扉页题记（the inscription on title page）（见图1）

图1　扉页

经勘查，该贝叶经扉页左上角有一行模糊不清的梵文题记，根据能辨识的几个音节，可以断定的前段文字如下。

原文：

释读：**namobhagavatyai āryamahāpratīsarāya**

汉译：向薄伽梵母躬身致礼，向圣大随求菩萨躬身致礼！

（二）首叶（the first page）（见图 2）

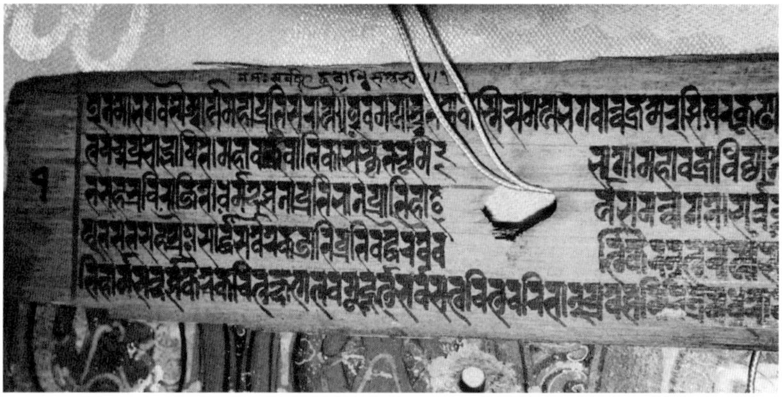

图2　首叶

首叶 A 面首行文字如下。

原文：

释读：**namobhagavatyai āryamahāpratisarāyai / evaṃmayāśrutaṃ**

汉译：向薄伽梵母致敬，向圣大随求菩萨致敬，如是我闻。……

（三）经尾（the last part of the scripture）

经的尾部（118 叶 B 末）有一段梵文，具体如下。

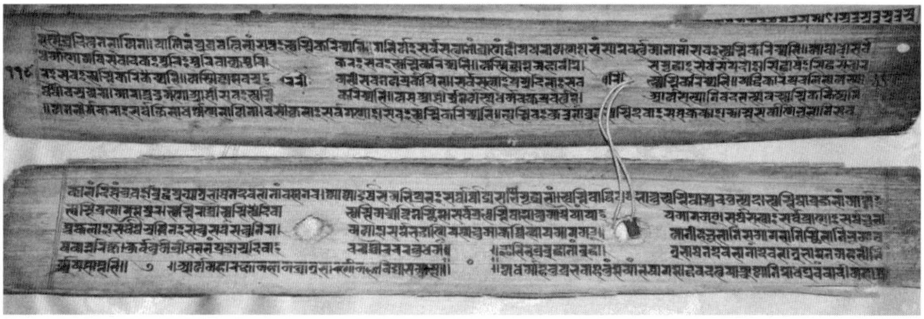

图3　尾叶

1. 尾叶末行

原文：
释读：**āryamahārakṣāmahāmantrānusāraṇīmahāvidyāsamāptā**
汉译：《圣大护大曼陀罗随入菩萨大明经》终。

2. 尾行梵文跋

原文：
释读：**yedharmāhetuprabhavāhetumteṣāṃtathāgatohyavadat- teṣāñcayonirodhaevamvadīmahāśramaṇaḥ //**
汉译：诸法因缘生，如来说是因，此法从因灭，是大沙门说。
诠注：

这段经文名"法身偈"或"缘起颂"，是反映原始佛教"四圣谛"的诗句，大乘兴起后逐渐被圣化为《因缘咒》或《十二姻缘咒》，一般书于经末，或念诵经咒之后加诵一遍《因缘咒》以消除因误写或误诵产生的业障。

3. 尾叶题记（见图 4）

图 4　尾叶题记

尾叶题记虽然字迹模糊，但依稀可辨，几经查证，为如下五种经名。

（1）行 1

原文：
释读：**āryyamahāpratisarā**
汉译：《圣大随求》(即《大随求陀罗尼经》，唐不空译)。

（2）行 2

原文：

释读：**āryyamahāsahasrapramarddanī**

汉译：《圣守护大千国土经》（宋施护译）。

诠注：

梵文全称应为 mahāsahasrapramardanīnāmamahāyānasūtra，汉译：《守护大千国土大乘经》。丽本作 ārya-mahā-sahasra-pramardana（ī）-mahāyāna-sūtra，汉译：《圣守护大千国土大乘经》。日本东京帝大所藏梵本 No.334 记《佛说守护大千国土经》卷上，其梵名与施护汉译本梵名基本相同。

（3）行 3

原文：

释读：**āryyamahāmāyūrī**

汉译：《圣大孔雀母经》（即《佛母大孔雀明王经》，唐不空译）。

（4）行 4

原文：

释读：**āryyamahāśītavanī**

汉译：《圣尸多林经》（即《大寒林圣难拏陀罗尼经》，Mahāśītavanī；又《大寒林经》，宋法天译）。

（5）行 5

原文：

释读：**āryyamahāmantrānusāraṇī**

汉译：《圣大护明王陀罗尼经》或《佛说大护明王大陀罗尼经》（丽本，宋法天译）。

原文：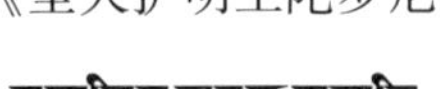

释读：**etānipañcarakṣasūtrāni**

汉译：上述为《五护经》。

经勘查，此梵夹经藏确为《五护经》，即含有五部据称有“护身护国”功能的经典。对于这五部经，我想进一步提出几点意见。

二、关于此经的文字（about the font of this scripture）

用以写成该经的文字与我们习见的天城体梵文不同，它是经过艺术化的一种字体，是俗称蓝扎（或蓝呾、蓝蹉等）的梵文字体，梵名 Rañjanā。这种梵文字体出现于尼泊尔的马拉王朝（Malla Kingdom，12—18 世纪），大约成熟于 12 世纪，稍晚些时候随佛教传入我国西藏。在马拉王朝成了尼瓦尔族（Newar）一种书写佛经的重要字体。蓝扎字体与钩状字体，如普吉莫拉（Bhujimola），属于尼瓦尔族文字体系，共称“尼瓦里”（Newarī）写体。我国前国家主席李先念当时访尼时送给比兰德拉国王的梵本《妙法莲华经》彩印本字体就属于后一种。

11—12 世纪，在孟加拉地区，佛教密宗占据统治地位，书写佛教经咒以孟加拉国梵文字体为主，在此期间，尼泊尔密宗的传入不会是大量的。13 世纪初，受外来势力影响，作为佛教中心的超戒寺化为废墟。

之后的佛教被逼入今天的尼泊尔，从而，佛教的诸多经典连同它的字体，如蓝扎、钩形普吉莫拉等便大量传入我国西藏。日人山田龙城著、许洋主译的《梵语佛典导论》也有相同的说法：

> 第十二世纪，佛教在孟加拉国还很兴盛，因此其字体很明显地受到孟加拉国的影响。但在这个时期以后，孟加拉国的色彩彻底消失，而完全变为尼泊尔特有的字母。①

陕西子长市石宫寺内石壁上有类蓝扎体梵文陀罗尼墨迹，该寺虽然始建于 11 世纪后半叶的宋代，但宋以降经元、明、清三朝，屡经重修，故不能断定此文书于 11 世纪或 12 世纪。比较合理的推断是，自元代八思巴被召为国师并通理全国佛教事务起，该佛经写体字母便随藏传佛教经咒更广泛地传入内地，从而作为陀罗尼经咒遍现于全国经幢、佛塔宝座、佛钟、转经筒等铭文中。迄今还有不少用该字体书写的佛经被发现，如《般若八千颂》（*aṣṭasahasrikāprjñāpāramitā*）、《佛说佛母宝德藏般若波罗蜜经》（*prajñāpāramitāratnaguṇasaṃcayagāthā*）等。据称西藏保存的金字《般若波罗密多十万颂》（*śatasahasrikāpra-jñāpāramitā*）也是用这种字体写成的，每年仅供

---

① ［日］山田龙城著、许洋主译：《梵语佛典导论》，台北：华宇出版社，1988 年版，第 38 页。

人们瞻仰一次。前文所述这个版本的蓝扎体梵文《五护经》，经勘查，应是明代的写本。

三、关于《五护经》的梵文写本（about the Sanskrit copies of *Pancaraksasutras*）

（一）《大随求陀罗尼经》

该经在日本已有发现。该经汉译，大正藏注：【原】丽本，东京帝国大学梵本第三百三十四号。

梵 文：**samantajvalāmālāviśuddhaisphūritacintāmaṇimudrāhṛdayāparājitāmahāpratisāravidyādhāraṇī**（T20.1153）

汉译：《普遍光明清净炽盛如意宝印心无能胜大明王大随求陀罗尼经》，唐大兴善寺三藏沙门不空奉诏译。

（二）《大千国土经》

该经由西天北印度乌填曩国帝释宫寺传法大师三藏沙门赐紫臣施护奉诏译。该经汉译，大正藏注：【原】丽本，ārya-mahā-sāhasra-pramardana（ī）-mahāyānasūtra。梵注依日本东京帝大所藏梵本第三百三十四号记（T19.0999）。表明东京帝国大学有一部标号为334的梵本《大千国土经》。汉译为《圣大千守护国土大乘经》。

（三）《佛母大孔雀明王经》

该经由大兴善寺三藏沙门不空奉诏译。据大正藏题记："梵本不分卷。"表明原注依据的是梵本，但并不表明现时有梵文本存在。如若存在会如上注"梵注依东京帝大所藏梵本No.……"，但没有。（T19.0982）

（四）《大寒林陀罗尼经》

即《大寒林圣难拏陀罗尼经》，该经由西天中印度摩伽陀国那烂陀寺三藏传教大师赐紫沙门臣法天奉诏译。大正藏注：【原】丽本，东京帝国大学所藏梵本第246、276、286、288、289、291、334、439、445号。ārya-mahā-śitavatī（笔者注：应为vanī）"（T21.1227）这表明有9部《大寒林陀罗尼经》，未经查证不能断定都是全本。

（五）《大护明大陀罗尼经》

该经由西天中印度摩伽陀国那烂陀寺三藏传教大师赐紫沙门臣法天奉诏译。据大正藏标注：【原】丽本，佛说《大护明大陀罗尼经》（T20.1048）。没有注明有梵本。

上述情况表明，在日本，《五护经》中有三种存有梵文本，《大随求陀罗尼经》和《大千国土经》各有一部，《大寒林陀罗尼经》则有九部梵文写本，但未必都是完整的。

笔者于20世纪80年代在中国民族图书馆也看到过梵本《五护经》，字体与现本不同，要早于现本，应属于明代以前的写本。它原属于西藏萨迦寺，20世纪末，保存在民族图书馆的200部贝叶经全部被归还给了萨迦寺。另外就是尼泊尔，那里存有比较晚期的《五护经》。像这部带有尼泊尔特征——蓝扎体梵文的经典很可能写成于尼泊尔。

其实，我国古代也曾抄写过一部梵本《五护经》。此事发生在元代仁宗朝（1312—1320）。《佛祖历代通载》记载了一个小故事：仁宗时，一位被封为国师的比丘尼，名舍蓝蓝八哈石（八哈石为大师之意），入宫数十年，历四朝侍三后，崇荣兼至，朝内上下无不敬仰。其年事已高，数请静退于宫外颐养天年，均未获准。太后诏其居妙善寺，以便随时入见，并赐予不可计数的财物。这位僧尼国师利用赏赐之物在京师和五台山创建寺庙，各命名妙善和普明。以黄金缮写"番字"① 藏经般若八千颂、五护陀罗尼十余部，以及汉字《华严》《楞严》，畏元②字《法华》《金光明》等经二部。③ 其中就有梵文《五护经》。

元代《五护经》梵文抄本今已无处可寻。仅留下1341年制作的《佛祖历代通载》这一段载文。

上述五经的编排顺序并不那么固定。据《梵语佛典导论》，Bendall的目录中把

---

① 文中之"番字"指外文，即梵文。

② "畏元"应为畏兀。

③ 仁宗之世，师以桑榆晚景，自谓出入宫掖数十余年，凡历四朝事三后，宠荣兼至，志愿足矣，数请静退居于宫外，求至道以酬罔极。太后弗听，力辞弗已。诏居妙善寺，以时入见，赐予之物不可胜纪。师以其物，创寺于京师，曰"妙善"。又建寺于台山，曰"普明"。各置佛经一藏，恒业有差。又以黄金缮写番字藏经般若八千颂、五护陀罗尼十余部，及汉字《华严》《楞严》，畏元字《法华》《金光明》等经二部。（《佛祖历代通载》，《大正藏》49. 734c 01）

排序第 2 位的 Mahāsāhasrapramarddanī 换到了第 1 位。大英博物馆（British Museum）写本目录中却照 2、3、4、5、1 的顺序排列，可见大英博物馆也藏有梵本《五护经》。

还有不同的是 abhyākaragupta 的 nispannayogāvālī 的曼荼罗，其次序是 mahāpratisarā（中）、mahāsāharapramardnī（东）、mahāman-trānusārinī（南）、mahāśitavatī（西）、mahāmāyūri（北）。（见《梵语佛典导论》，第 442 页）

四、《五护经》与王朝关系（*Pancaraksasutras's* relationship with royal court）

密宗护国安民的佛法原本就深植于皇权这一沃土之中，而充满护国安民经咒的《五护经》与皇权有着密不可分的亲缘关系。正如德国宗教社会学家马克斯·韦伯所说："一切正当的政治权力（不管其结构如何）多少都混合有神权政治或政教合一的要素，因为任何的卡理斯玛终究都要求多少有一点巫术起源的痕迹，因而与宗教权力有其亲缘关系，结果政治权力中也因而总带着某种意味的'神授性'。"①

《显密圆通成佛心要集》卷下曰："初护持国王安乐人民者，谓秘密藏诸陀罗尼经。"故自唐而至宋、元，传译佛典多注重经典的护国性。如唐不空奉诏译《大随求陀罗尼经》《大孔雀明王经》，宋施护奉诏译《佛说守护大千国土经》，法贤奉诏译《佛说护国经》等，皆是。虽然唐宋以后密宗在民间没有什么影响，但在皇室中依然十分流行。朝廷对译经大师也都授予了高位和名号。虽然封位和名号有所区别，但都有"赐紫"这一项。

我们知道，依据唐制，三品以上官服紫色，五品以上绯色（大红），有时官品不及而皇帝推恩特赐，准许服紫服或服绯，以示尊宠，称赐紫或赐绯。赐紫同时赐金鱼袋，故亦称赐金紫。僧人亦有时受紫袈裟。宋初沿唐制，元丰改制后，四品以上服紫。而不空除了赐紫以外，还特进试鸿胪卿。唐、宋鸿胪卿司礼宾事务，金、元不设此官。明代，鸿胪寺卿专掌一般殿廷礼仪，清代沿用之。译经并非单独的个人行为，而是由皇帝下诏设立译场，组成翻译团队，经多道程序，译毕获皇帝批准方可颁行。可见译者的尊贵和翻译的隆盛。

---

① 见［德］马克斯·韦伯著《宗教社会学》中译本，台北：源流事业出版公司，1993 年版，第 365 页。

唐玄宗推崇密宗，曾在宫内建曼荼罗坛场，诏不空入内为玄宗以及王子后宫灌顶得度。是年大旱，玄宗请不空入内祈雨。不空作《孔雀经王》法，据说未尽三日，膏泽弥洽，皇帝大悦，亲持宝箱赐紫袈裟，并赐绢二百匹。安史之乱后，不空深受肃宗崇信。肃宗及宗室臣僚无不对不空敬信有加。乾元元年（758）九月一日，不空向肃宗进献琥珀宝生如来一躯，并梵书《大随求陀罗尼》一本。乾元中，诏不空入内建立道场及行护摩法，肃宗受轮王宝生灌顶。上元末（761），肃宗病，特请不空入内修《大随求》法，祈福消灾，肃宗特加殊礼。

不空巧妙地参与皇室的宗教和政治活动，深受肃宗、代宗的赏识，并获得丰厚的回报和高位。《旧唐书》所谓“通籍禁中，势移公卿”是对其恰如其分的描述。永泰元年（765），代宗制授特进试鸿胪卿，赐号大广智不空三藏，官职为正二品文散官。大历九年（774），加开府仪同三司，即从一品文散官，又封肃国公，食邑三千户，此即从一品爵位。其权位之高，难有与之比肩者！

宋代《五护经》等经的译者并法事活动家法天和施护也都是位高禄厚，非同凡响。

中国密宗的护国安民宗旨和法事的“灵验”无不投合帝王、朝廷的心意。借此，皇权得以稳固，民心得以慰藉，密宗也得以获得护卫和发展，三者相得益彰。

五、《五护经》对民俗的影响（the influence of *Pancaraksasutras* on folk custom）

密宗的投合，皇权的需要，两者合力推动了密宗在唐、宋诸朝朝野的流布，进而对民俗产生了重大影响。典型的事例有如以下几例。

大历十一年（776）二月八日，代宗敕命不空俗弟子功德使李元琮，诏令“天下僧尼诵《佛顶尊胜陀罗尼》，限一月日诵令精熟。仍仰每日诵二十一遍”[①]。该诏令限一个月，每日读诵而至精熟。皇帝敕令诵读密宗经咒，实属罕见。

西夏王朝崇佛信佛不逊于前朝，法律规定：凡出家为僧及任官职者必须诵读十四种经咒，《天盛旧改新定律令》就有《文殊真实名经》《佛顶尊胜陀罗尼经》《孔雀明王经》等，这是前朝所没有的。黑水城发现的西夏文书中也有《守护大千国土经》《佛母孔雀明王经》等《五护经》密宗经典。

---

① （唐）法崇述：《佛顶尊胜陀罗尼经教迹义记》卷1。

由于皇家的推动，密宗在民间广为流传，并形成了浸染浓重密宗色彩的民风民俗。普通百姓感兴趣的是今生和来世的切身利益，而不是深奥的宗教义理，故《五护经》以及相关密宗经典备受欢迎。简单易行的经咒和佛菩萨的名号便成了百姓的口头禅，而多种制式的经幢、佛钟、陀罗尼经被、经毯以及带有密宗印记的服饰便流传开来。

附　录

APPENDIX

附录一（Appendix 1）

梵文字体

Fonts

一、天城体（Devanagarī）

ज्ञ द्द घ द्ध छ ट ठ ड ढ ण ल य व ङ्क

jña dda gha ddha cha ṭa ṭha ḍa ḍha ṇa la ya va ṅka

त्तौ धे भो चृ तु थू ग क्ष य उ ऋ ॐ

ttao dhe bho cṛ tu thū ga kṣa ya u ṛ oṃ

बी कि मा ने जै वः पं सि ज्ञा श्रा ङ्ख

bī ki mā ne jai vaḥ paṃ si jñā śrā ṅkha

ङ्गी ङ्क ङ्ख ट्ठ ध्र ड्ड ङ्घ ज ब अ म ज ड्ड

ṅgī ṅka ṅkha ṭṭha dhra ḍḍa ṅgha ja ba a sa ja ḍḍa

श ह अ ख द ल । र त्त र ङ्घ इ द्र

śa ha a kha da la ra tta ra ṅgha I dra

१ २ ३ ४ ५ ६ ७ ८ ९ ०

1 2 3 4 5 6 7 8 9 0

二、悉昙体（Siddham）

《无量寿如来根本陀罗尼》

释读（拉丁文转写，written in ladin）：

na mo ra tna tra yā ya na ma ā ryā mi tā bhā ya ta thā ga

tā yā rha te sa mya ksaṃ bu ddhā ya ta dya thā oṃ a mṛ

te a mṛ to dbha ve a mṛ ta sam bha ve a mṛ ta ga rbhe a mṛ ta si ddhe

a mṛ ta te je a mṛ ta vi krā nto a mṛ ta vi krā nta gā mi

ne a mṛ ta ga ga na kī rtti ka re a mṛ ta du ndu bhi ḥ sva re

sa rvā rddha sā dha ne sa rva ka rma kle śa kṣa ya ṅka ri svā hā //

网上资料：

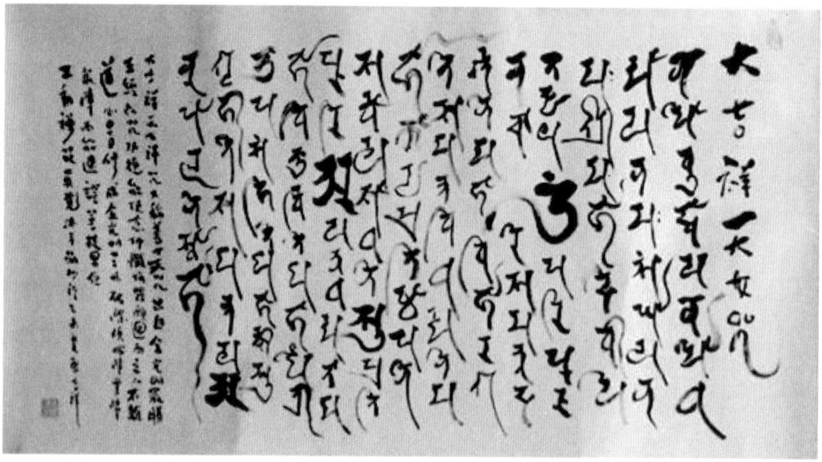

《大吉祥天女咒》

释读（从右至左，竖读，拉丁文转写——笔者）：

namo buddhāya. namo dha-

rmāya. namah samghāya. na-

mah śrī mahādevīye.

tadyathā, paripūra-

ṇa cāre samanta da-

rśane. mahā vihāra ga-

te samanta vidharmane. ma-

hā kārya pratiṣṭhāpane,

sarvārtha sādhane, supra-

tipūri ayatna dharmatā. ma-

hā vikurvite, mahā maitrī

upasaṃhite, mahārṣi su-

(saṃ) gṛhīte samantārtha a-

nupālane svāhā //

三、蓝扎体(Rañjanā)

(一)元音字母(vowels)

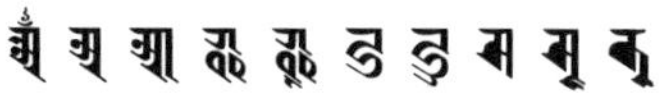

oṃ a ā i ī u ū ṛ ṝ ḷ

ḹ e ai o au aṃ aḥ

(二)辅音字母(consonants)

喉音 **ka kha ga gha ṅa** 腭音 **ca cha ja jha ña**

顶音 **ṭa ṭha ḍa ḍha ṇa** 齿音 **ta tha da dha na**

唇音 **pa pha ba bha ma** 半元音 **ya ra la va**

嘶音 **śa ṣa sa** 气音 **ha** 复合音 **kṣa tra jña**

k

kā ki kī ku kū kṛ kṝ ke kai ko kau

kaṃ kaḥ kka ksa kkha kṣya kya kṣṇa kṣya khya kma

ṅ

ṅa ṅga ṅka ṅkha

j

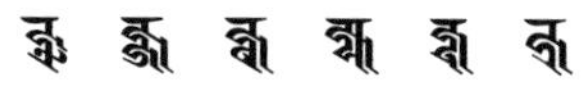

jña jja jva jya jda jra

jh 

jhba jhya

ñ 

ñja ñjha ñya ñca

ṭ 

ṭṭa ṭṭha ṭya

四、怪异体（Strange Letters）

所谓“怪异体”梵字是指不知其名称、渊源等的非习见梵文写体。我在考证梵文文物中发现有三种：

第一种，类似蓝扎体梵文，如景德镇古瓷博物馆藏明官窑青花瓷匙铭文；

第二种，《法镜天书》一至二怪异体可称“法镜体 A”；

第三种，《法镜天书》三怪异体可称“法镜体 B”。

上述字体见第五、六章。

关于第一种类蓝扎体梵字的探讨，参见拙稿《永乐大钟梵字铭文考》，这里不再赘述。

关于后两种——法镜体 A 和法镜体 B，迄今未发现任何可资参考的文字资料，故说不知它们的确切名称和所属体系。

鉴于载有上述怪异字体的文物均发现于我国南部和东部，由此推断流入方向很可能是从古印度东北部，即今天印度的奥里萨、孟加拉邦和孟加拉国传入我国广西、云南一带，并逐次沿东部向北流布。故于我国南部、东部省份多有发现。使用该字体经咒的密宗不同于藏传佛教，它应该属于南密。关于南密，许多问题还有待于深入探讨。

据上海玉佛寺真禅法师介绍，云南有苏合佳（Sahaja）派寺庙，而苏合佳（又称“沙合佳”）原本属于印度教“毗湿奴派沙合佳（Sahaja）运动”。可在云南，这个“苏合佳”却是佛教寺庙。关于这一派的演化，在我国的传布以及与怪异字体的关系等情况，笔者孤陋，迄今没有看到有关文献资料。故有关结论，还有待于后续的研究。期盼同仁提供资料佐证并给以指正。

附录二(Appendix 2)

真觉寺金刚宝座初析

Preliminary Analysis of the Vajrasana of the Zhenjue Temple

滕艳玲
Teng Yanling
(北京石刻艺术博物馆副研究员)

在喧闹繁华的北京海淀区中关村大街南口有一座古桥，名为白石桥。从白石桥沿河北岸东行，不远处有两座汉白玉石拱桥横卧河上，夹岸的垂柳掩映在蜿蜒的河面上。汉白玉拱桥北侧，五座棕褐色小塔掩映在婆娑的树影之中。那就是经受五百余年风雨摧剥，依然坚挺的明代真觉寺，俗称五塔寺的金刚宝座塔。如今北京石刻艺术博物馆就设在寺院中。

金刚宝座是明代藏传佛教寺院真觉寺现存唯一完整的建筑遗存，它融合了中印的建筑风格，杂糅了藏传佛教文化及中原文化的特色，是我国现存此种类型塔中最精美的一座。由于它在宗教、历史和艺术方面所蕴含的重要价值，1961 年国务院第一批公布的 180 处全国重点文物保护单位中，真觉寺金刚宝座被列为 77 处古建筑及历史纪念建筑物中的一座。国家文物局文物处编辑的《全国重点文物保护单位 国家历史文化名城 国家重点风景名胜区资料汇编》中，对真觉寺金刚宝座的简介如下：

真觉寺金刚宝座(五塔寺塔)

时代：明

地址：北京市海淀区

真觉寺金刚宝座位于北京海淀区北京动物园后长河北岸。寺内殿宇已无，仅存金刚宝座塔一座。寺始建于明永乐年间(1403—1424 年)，完工于成化九年(1473 年)，用砖和青白石砌成，内部为砖，外表为石砌。外观分为宝座与五塔两部分。宝座平面为长方形，南北长 18.6 米，东西宽 15.73 米，高 7.7 米，分为五层，每层挑出短檐，四周刻佛龛，龛内刻坐佛一尊。宝座顶部用青白石砌成五座方形密檐式小塔。中央一塔有十三层，高约 8 米。四周各塔均有十一层，高约 7 米。五塔下面均有须弥座，檐下四周刻有佛龛及佛像，塔顶由仰莲、相轮、华盖、宝珠等组成塔刹。五塔四周绕以高 0.66 米、厚 0.12 米的石栏杆。此塔是仿印度佛陀加耶寺塔的形式而建。

一、塔及金刚宝座之创建

塔这种建筑形式，是由印度人创立的。《大唐西域记》卷第一载：

> ……如来以僧伽胝方叠布下，次郁多罗僧，次僧却崎，又覆钵树锡杖，如是次第为窣堵波。

这就是释迦牟尼用僧衣、钵、锡杖演示教导人们如何建造佛塔的方法。在释迦牟尼涅槃后，他的舍利被八个国王分去建塔供养，这就是佛教史上所谓的“八王分舍利”。建塔功德无量，就如《佛说造塔延命功德经》所云：

> 如是我闻，一时佛在舍卫国祇树给孤独园……尔时波斯匿王在大众中……王白佛言，唯愿世尊为我救护，所说发心持佛净戒修最上福，我便奉行，亦令国人奉行此法，未知发何等心，持何等戒，何福为上，唯愿如来为我宣说。佛告大王言：发心者发四无量心，言持戒者持不杀戒，修上福者无过造塔，想愍救护一切众生，诸天善神常来守护，不相舍离，如影随形，发生大王无边福利。大王建立佛塔福利难思，三是佛如来所共称赞……（《大正藏》卷一九）

因为有如此大的福泽，佛教徒纷纷按照佛所教示的方式建塔。到了阿育王时期，由于佛教被定为国教，在阿育王统治的八万四千个城邦中，每个城邦都建有佛塔和佛寺，所以历史上就有“阿育王八万四千宝塔”的说法。这个时期也是佛教在印度最为兴盛的时期。塔最初是用来存放释迦牟尼或高僧舍利的建筑，覆钵型的称为“窣堵坡”（stūpa），椎体型的称为“支提”（Caitya）。另一类是专为纪念释迦牟尼的佛塔，在古印度比哈省佛陀伽耶（Buddhagāya）寺院所建的大菩提大塔即属此类。其塔后的菩提树下有一个“金刚座”，就是佛悟道时的坐处。菩提大塔的建筑形式是在一方形的高基座上，按照中、东、南、西、北五个方位建五座小塔，中塔高于其他四塔。基座即喻示释迦牟尼佛觉悟时的坐处——金刚座。按照《大唐西域记》卷第八所记："昔贤劫初成，与大地俱起，据三千大千世界中，下极金轮，上侵地际，金刚所成，周百余步，贤劫千佛坐之而入金刚定，故曰金刚座焉。""金刚"在佛教典籍中常作为比喻，《金刚仙论》卷一："言金刚者，从比喻为名，取其坚实之意，如世间金刚。有二意，一其体坚实能破万物，二则万物不能坏于金刚。"五座小塔即喻佛经中金刚界之五部："佛部（中）、金刚部（东）、宝部（南）、莲花部（西）、羯磨部（北）。每部有部主，中为大日如来佛，东为阿閦佛，南为宝生佛，西为阿弥陀佛，北为不空成就释迦佛。"[①]这种形式的塔被称作"金刚宝座"或者"金刚宝座式塔"，是沿袭上述佛教寓意而来的，真觉寺金刚宝座就是明代仿照佛陀迦耶寺院大菩提大塔所建。这种类型的塔的形象挺拔庄重。四座小塔同中央主塔对比，衬托出了主塔的巍峨壮美，同时还增添了它的动势，使它仿佛从小塔丛中涌出。

迦耶大菩提大塔在《大唐西域记》中被玄奘法师称为"精舍"，文中详细记录了它当时的状况：

> 菩提树东有精舍，高百六七十尺，下基面广二十余步，垒以青砖，涂以石灰。层龛皆有金像，四壁镂作奇制，或连珠形，或天仙像，上置金铜阿摩落迦果。亦谓宝瓶，又称宝壶。东面接为重阁，檐宇特起三层，榱柱栋梁，户扉寮牖，金银雕镂以饰之，珠玉厕错以填之。奥室邃宇，洞户三重。外门左右各有龛室，左侧观自在菩萨像，右侧慈氏菩萨像，白银铸成，高十余尺。

这座被玄奘法师见到的"精舍"已经在12世纪末被毁，虽然在14世纪时，曾经有缅甸的国王出资重建，不幸的是重建后不久，此地遭遇了大洪水，寺院被冲毁，被洪水裹携的泥沙掩埋。1861年，英国的考古学家亚历山大·康宁汉对大菩提寺院遗址进行发掘后，开始修复大菩提大塔。1870年末，缅甸的佛教徒在孟加拉国政府的协助下重新修建的，就是现在矗立在尼连禅河畔的大菩提大塔。[②]由于在当时的印度已经没有原塔形象，复建此塔不仅参照了《大唐西域记》的文字记载，还仿照了

① 罗哲文：《五塔寺》，北京：文物出版社，1957年版，第3页。
② 林许文二、陈师兰：《佛陀的故乡》，海口：海南出版社，2002年版，第72页。

真觉寺金刚宝座的形象，才建成了今日的大菩提大塔。1940年10月19日《晨报》“五塔寺特辑”中专门作了记载：“五塔寺之五塔名金刚宝座，其建筑虽仿自印度，然印度原塔久圮，后经英人又仿此塔式样而重建之……”《旧都文物略》名迹略·下“（十八）五塔寺”条也有如下描述：“按，五塔金刚座为印度高僧板的达所监造，一仿印土规式。印土原塔曾摧毁，英人改造，失其真相。现全世界惟此为二千年前旧型，故弥足珍贵也。”

二、金刚宝座在中国的流行

塔是随着佛教传入中国后而开始在中国国土上兴建的。佛教传入中国的确切的时间，学者们公认的是要追溯到公元前的西汉时期，即公元前2年（西汉哀帝元寿元年），大月支使臣伊存那向博士弟子秦景宪口授《浮屠经》，这是佛教传入我国的最早记录。而佛寺和佛塔的兴建就要晚到东汉明帝“永平求法”（64—67）之后，也就是在公元68年（东汉永平十一年），以中国第一座佛寺白马寺的兴建作为肇始。

我国关于金刚宝座式塔的文献记录始于隋代，《续高僧传·释法因传》记载了高僧法因在隋仁寿四年（604）奉隋文帝之命到韩州（今山西省万荣县）修寂寺，在寺中见到了四座金刚宝座式塔，上面还刻有佛本生故事的图样。这是文献上最早的关于金刚宝座式塔建造情况的记录。而在敦煌的石窟寺中的壁画上，描绘有金刚宝座式塔形象的时代则更早。现有实物为北周时期的428窟西壁壁画中所绘涅槃变和金刚宝座式塔。此窟据专家推测为瓜州刺史建平公于义所建，时间应该是北周明帝与武帝时期即公元557年至577年之间。壁画中描绘的金刚宝座式塔，“塔下有两层方形台基，台上分立五塔，中部一塔比较高大，是主体，上绘佛传中‘树下诞生’。四隅分立四小塔，各塔有相轮七重，刹顶有仰月、宝珠。大塔刹顶悬挂大幡四幅”。这就为我们提供了这种类型的塔的早期形象，同时也提供了一个信息，那就是在北周时期，这种类型的塔已经在寺庙中有所建设，只是不普及。以至于到了隋代，高僧法因见到此种类型的塔，尚觉新奇而特意记录之，而使我们有幸得到一份珍贵的文献资料。

塔之传入中国，是得到佛众的广泛认可的，这在今天我们于全国各地所见的各式各样的塔的建筑中就有很好的证明。而金刚宝座式塔，由于它自身所蕴含的特定的意义，在佛教初传入中国时没有得到普及。随着时光的流逝，渐渐湮没，直至元朝藏传佛教的推行，才使得金刚宝座式塔重新开始在中国大地上出现。宿白先生《居庸关过街塔考稿》注释中提到过街塔与金刚宝座关系密切，可从“中印度佛陀伽耶精舍之例”窥知。这“中印度佛陀伽耶精舍之例”即宿白先生《西藏日喀则那塘寺调查记》一文中所记在那塘寺度母殿藏有“大明永乐年施”刻铭的那组木、石雕印度菩提伽耶寺院模型。“此次所见模型存寺门、塔、殿等个体共二十一件和附有角楼的方形围墙一匝，其中最大佛殿和寺门皆具五塔（中间大塔四隅各一小塔），其余殿堂门顶部亦皆高耸作塔状……”据此，宿白先生推断，元代的过街塔就是仿照菩提伽耶寺院塔、殿形式所建，也是金刚宝座的一种变形。

现存的金刚宝座式塔多为明清所建，真觉寺金刚宝座塔是其中建造年代最早的一座。现在北京地区金刚宝座式塔仍有 4 处，除真觉寺金刚宝座塔外，其他 3 处均为清代所建，它们是玉泉山金刚宝座、碧云寺金刚宝座和西黄寺金刚宝座（清静化城塔）。

三、真觉寺金刚宝座的兴建时间

真觉寺金刚宝座塔并不是随着寺院的兴建而一同建设的，这是有文献可以佐证的。据单十元先生《明代建筑大事年表》第四编“寺观、桥梁及杂类”中所记：“成化九年（1473 年）癸巳十一月 建顺天府真觉寺塔。”

《帝京景物略》卷五“真觉寺”条载：“成祖文皇帝时，西番板的达来贡金佛五躯，金刚宝座规式，封大国师，赐金印，建寺居之，寺赐名真觉。成化九年诏寺，准中印度式建宝座，累石台五丈，藏级于壁，左右蜗旋而上，顶为平台，列塔五，各二丈，塔刻梵像、梵字、梵宝梵华，中塔刻两足迹，他明迹陷下廓摹耳。此隆起，纹螺相抵蹲，是由趾着迹涌，步着莲生。灯灯焰就，月满露升，法界藏身，斯不诬焉。塔前有成化御制碑曰：寺址土沃而广，泉流而清，寺外石桥望去，绕绕长堤，高柳夏绕翠云，晚秋春初，绕金色界。”

《春明梦余录》卷六十六载：“真觉寺在阜城门外，永乐中建，至成化九年建石台，高五丈许，上列五塔。”

《日下旧闻考》卷七十七引《日下旧闻》原文载《明宪宗御制真觉寺金刚宝座记略》碑文，节略如下：“永乐初年，有西域梵僧曰班迪达大国师，贡金身诸佛之像，金刚宝座之式，由是择地西关外，建立真觉寺，创治金身宝座，弗克易就，于兹有年。朕念善果未完，必欲新之。命工督修殿宇，创金刚宝座，以石为之，基高数丈，上有五佛，分为五塔，其丈尺规矩与中印土之宝座无以异也。成化癸巳（九年，1473 年）十一月告成立石。”

从上述多种文献，我们知道了金刚宝座的建成时间，对于金刚宝座的始建时间，我们通过在金刚宝座上北面两座小塔地宫中的发现来推测，它应该兴建于成化元年（1465）。由于 1966 年唐山的大地震波及北京，导致金刚宝座受到破坏，东北侧塔身通体出现长 2.8 米的裂缝；北面塔上平台，由于北部出现沉降而导致平台地面开裂；西北面小塔的塔刹震落，东南、东北和西南小塔塔刹华盖、宝珠、相轮错位。1979 年 6 月，金刚宝座开始修缮，直到 1980 年 10 月完工。1980 年，在五座小塔中的东北、西北小塔的拆除修复中，于小塔地宫出土许多文物：西北小塔地宫中出土上千香泥小塔；东北小塔地宫中出土了外面有木制封套的瓷罐二个，此塔的中心木糟朽，故而移出更换，上有墨书梵文堆写字“时轮金刚咒牌”和梵文的“皈依颂”。木质封套和瓷罐上均有文字，内容相同，有年代和罐内所装内容物的名称，也就是佛教上所说“装藏”内容。不同的是，瓷罐上是用黑色烟灰衬底，上用金粉写就，轻触即落。上书年代为“成化二年（1466）五月十五日”。此文物能够确证此小塔的建造年一定在成化二年（1466）之后。在佛塔基座内装藏是具有重大佛教意义的一种仪式，至此，该塔就具有了灵性，装藏的内容也有明确的规定。所以我认为，瓷罐上的日期就是该塔装藏的日期，以此来记录这个重要的时刻。而且，瓷罐上描写这些文字的物质，极其容易脱落，在发现后不久就已经踪迹全无，仅留下了出土时的照片记录了这个事实。由于五座小塔建于金刚宝座基座之上，基座的建设应该早于成化二年（1466）。从“明宪宗御制金刚宝座碑”碑文由宪宗皇帝亲撰来看，建立金刚宝座之意一定出于皇帝本人，宝座始建于成化元年到成化九年（1465—1473），历九年时间完成兴建工程以及全部塔身内外部的装饰还是合理的。据发掘的文物专家介绍，此瓷罐为景德镇烧制。明建文帝四年（1402）起，景德镇官窑开始专为明廷烧制瓷器，其中包括皇室举行祭祀大典时所使用的瓷制祭器。可见，金刚宝座的建设对于明廷确实具有重要的意义。

同时可以佐证金刚宝座是在成化年间创建的还有出土于真觉寺侧的《大明御用监太监钱公（义）墓志铭》，志载：“公尝奉敕建真觉寺于都城西香山乡，每语润、兴曰：‘身后务瘗我于斯，使体魄有依，尔等识之。’至是，润、兴卜以是岁（成化二十年[1484]）八月十八日，扶柩葬于寺侧，从夙愿也。”钱义，《明史》无传，据志载：钱义生于宣德九年（1434）十二月，正统二年（1437）入宫，天顺四年（1460）升奉御，成化元年（1465）进太监。成化年间，钱义曾奉皇帝旨意督修真觉寺于都城西香山乡。成化二十年（1484）七月卒，归葬于真觉寺侧。

由此，我们推断，金刚宝座兴建于成化元年（1465），建成于成化九年（1473）。明《帝京景物略》录顺天释性柔《礼真觉寺塔》诗，从诗中可领略新建的金刚宝座之风貌：

稽首五梵塔，具五大因缘。因缘中印土，五微妙光旋。
板的达西来，愿力弘人天。建彼世界法，于此世界边。
梵宝及梵华，梵字半满全。中现双佛足，踵迹轮相圆。
如大地涌出，如半空中悬。如亲诣佛国，依恋我佛然。
我皇缔造心，同我佛心传。我拜我心静，西山朝暮烟。

四、真觉寺金刚宝座建筑结构与装饰的特色

真觉寺金刚宝座的建筑造型是仿照古印度佛陀伽耶大菩提大塔式样，而建筑上却采用了明朝初年使用于宫殿、寺庙的砖石拱券结构的建筑技术，未用中国传统的大木结构做法，这在中国建筑史上是具有划时代意义的。塔身装饰中还大量运用中式建筑的檐椽、瓦当、滴水和一斗三升的斗拱，做成仿木石雕形式来进行表面的装饰，更加突出了建筑的中式传统意味。

真觉寺金刚宝座内砖外石，下为长方形宝座，上为五座密檐宝塔。宝座由须弥座和座身两部分组成，须弥座高1.78米，自下而上分别为圭角、下枋、覆莲、束腰、仰莲和上枋，依其束腰上所刻内容判断，此座在藏传佛教中被称为“六异座”，即异举诸佛之座。上有狮子、大象、宝马、孔雀、共命鸟和力士，还有诸佛所使用的法器，如法轮、莲花、金刚杵、羯磨杵等。围绕须弥座周匝的下枋外皮分为两层，上层刻藏文的《吉祥海赞》，下层刻梵文经咒。

座身高6米，由挑出的檐头，仿刻有椽子、勾头和滴水的短檐，分成上下5层，每层均刻佛龛若干，5尊佛龛为1组，依手印辨其为五方佛坐像。南、北两面，每面有佛86尊；东、西两面，每面有佛109尊。龛与龛之间以花瓶式柱子相隔，柱顶刻有一斗三升的斗拱承托着短檐。宝座南、北的正中均辟有石券门，南面券门上嵌有“敕建金刚宝座”6个大字，左侧竖刻小字2行——“大明成化九年十月初二日造”。

宝座内为一方形过室，上覆穹隆顶，顶上装饰有盘龙藻井。过室东西辟有圆形筒拱通道，内砌石阶44级，盘旋而上，抵达平台。石阶转角处顶部逐层出挑砌出方形，饰有藻井。过室后为四方形环廊式中心方柱塔室，方柱四面开龛，内设圆雕佛像4躯，南为释迦牟尼佛，北为燃灯佛，东为药师佛，西为阿弥陀佛。

宝座之上为5座密檐宝塔，依中、东、西、南、北5个方位象征五方佛以及他们所辖的五大部洲。中塔13层，其他4座小塔各11层。塔由塔座、塔身和塔刹构成，周身遍饰雕刻。塔座结构同宝座，下为须弥座，上为基座，须弥座雕饰与宝座须弥座基本相同。所不同的是，5座小塔的梵文雕刻在须弥座上枋外皮周匝。基座每面开龛刻佛像，边饰菩萨像、菩提树等，5座塔雕饰基本相同，仅中塔须弥座南面束腰正中刻佛足石及佛八宝：轮、螺、伞、盖、花、罐、鱼、长。塔身每层均刻有佛像，手法同宝座，5尊佛为1组，龛龛相连。塔刹由仰、覆莲花及相轮、华盖、宝珠构成。

(一)建筑结构中砖石拱券的运用

砖石拱券结构在我国最初多用于墓葬，元代开始用于地上建筑，如元大都的城门、元代居庸关云台等，到了明代才开始出现无梁殿。也多用于宫殿和宗教建筑，其优点是抗压强度大。为了更好地了解金刚宝座的建筑特色，我们特意延请了中国建筑研究院的夏靖华高级工程师，请他对真觉寺金刚宝座的建筑结构进行考察分析。夏工认为，金刚宝座为典型的明代建筑，无论是宝座须弥座，还是一斗三升斗拱的头部凹陷这点，都是明代的典型做法。过室、塔室均采用了无梁柱减力墙结构，顶部全部起拱成球形穹隆顶，也称同心圆拱；上塔梯道为圆形筒拱通道，而楼梯的拐角处是采用叠涩法砌出的(即逐层出挑的砖砌法)；顶上装饰藻井以加高空间，这些都非常适合金刚宝座的整体建筑格局。金刚宝座承5座小塔、1座罩亭，负重极大，而且人还可以登到顶上的平台活动，采用砖石拱券结构，大大提高了基础的抗压性，所以宝座历经多个世纪风雨依然屹立。宝座总体的建筑结构可用如下特点来集中概括：大底盘，多塔楼；无梁柱，剪力墙结构；采用桩筏基础；穹顶通过斗拱转变为方形大厅；圆形筒拱通道；楼梯小转角处用叠涩法砌出方形。

(二)中国传统建筑等级的标志——藻井

藻井，《营造法式》卷第二的释义为：“藻井当栋中，交木如井，画以藻文，饰以莲茎，缀其根于井中，其华下垂，故云倒也。”另引《风俗通义》：“殿堂象东井形，刻作荷菱。菱，水物也，所以厌火。”藻井在大木结构建筑中是比较尊贵的殿宇中的顶棚装饰，用于寺庙主神座或者宫殿中帝王宝座之上，向上凹进为穹隆状，多以四方形或八方形构成，雕琢精巧。但是，它也有实际的作用，并非纯装饰物。最主要的作用就是将平面的顶棚局部抬高，扩大了房屋的室内空间。同时，一般的藻井多为莲花状，就如《风俗通义》所述，是为了起“防火”作用。就如同殿堂顶部的鸱吻一样，装饰的同时又作为吉祥物。随着封建制度的发展，等级制度愈发森严，尤其在建筑方面，如房屋的开间数量、大小，屋顶瓦的材质、颜色等，都有了明确的制度规定。在藻井上，用什么形象来装饰也是等级的标志之一。真觉寺金刚宝座为明朝皇帝敕建，虽然有班迪达所献佛陀伽耶塔规制，在细节上还是要由当时的建造者设计规划。使用皇室的标志龙来作为藻井装饰，一方面显示这座寺庙建筑的等级很高，另一方面也可见营建者对于金刚宝座的认识已经达到一定的高度。

（三）金刚宝座外装饰采用中国木构建筑形式

真觉寺金刚宝座塔的布局和规制是仿印度式的，而在建筑结构上却完全是中国式的。这是工匠在建筑过程中将中国土木结构的建筑形式运用其中的结果，也是它在外装饰上的突出特色之一。塔虽为石质，却采用仿木构石雕，雕出大木建筑中常见的筒瓦、滴水、檐、椽、斗拱、柱、佛龛形式，如在塔的相应部分层层出檐，檐角刻鸱吻烘托出殿堂的意味。5 座小塔采用密檐式塔做法，每层檐均严谨细腻、一丝不苟。这些木构建筑形式在金刚宝座的建筑结构中是没有实际作用的，只是装饰，却和建筑的整体浑然一体，丝毫没有唐突之处，这是中国古代建筑技艺的高妙体现。在金刚宝座塔室正面券门上方，刻有仿木石匾一方，匾上文字为“敕建金刚宝座”，边框还雕刻有云龙花纹，更加强了其仿木构建筑的意味。

五、藏传佛教文化与汉地雕刻艺术的完美融合

真觉寺金刚宝座塔身外部遍饰宗教题材雕刻，其做法仿照印度模式，雕刻的内容源自藏传佛教教义，其雕刻完全依照中国传统雕造技术的石作雕刻制度，克服了古印度佛塔外表雕饰繁缛的缺陷。中国工匠在保留了其原始装饰风格的同时，巧妙地运用凹凸深浅的控制，利用每层规律的出檐、平浅的浮雕花纹、雕饰内容统一并

多层次重复等方式，避免了繁乱混杂，体现了明代石雕艺术程序化、庄重、含蓄的表现风格。塔面雕刻方面，是印度佛塔形式、藏传佛教佛塔装饰内容和中国传统的建筑工艺的集中体现。

按《营造法式》，石作制度共有 4 种：减地平钑、压地隐起、剔地起突和素平。“减地平钑”的做法，是在石面上刻画线条图案花纹，并将花纹以外的石面浅浅铲去一层；“压地隐起”是浮雕的一种，它的特点是浮雕题材不是由石面突出，而是在磨琢平整的石面上将图案的地凿去，留出与石面等平的部分加工雕刻；“剔地起突”就是现在的浮雕，雕刻的主题三面凸起，一面与地相连；“素平”就是在石面上不作任何雕饰的处理。这 4 种雕刻方法，在金刚宝座的雕刻中有 2 种有所运用，就是剔地起突和压地隐起。如宝座上五方佛、小塔上菩萨的雕刻等都是采用剔地起突的方法雕凿，而须弥座上的吉祥卷草花纹、梵文的雕刻等全部采用的是压地隐起的方法，这里就不一一列举了。

在塔面装饰内容和排布方式方面，参考宿白先生《元大都〈圣旨特建释迦舍利灵通之塔碑文〉校注》一文所载《圣旨特建释迦舍利灵通之塔（白塔寺塔）》碑文，上面详细记录了元代释迦舍利灵通之塔的塔上装饰情况。该塔完全按照密宗教义排布，就如碑文所述：

> 爰有国师益邻真者，西番人也。……每念皇家信佛，建此灵勋，益国安民，须凭神咒，乃依密教，排布庄严，安置如来身语意业，上下周匝，条贯有伦。第一身所依者：先于塔底，铺设石函，刻五方佛白玉石像，随立陈列，傍安八大鬼王、八鬼母轮，并其形象，用固其下；次于须弥石座之上，镂护法诸神，主财宝天、八大天神、八大梵王、四王九曜，及护十方天龙之像；后于瓶身，安置图印、诸圣图像，即十方诸佛、三世调御、般若佛母、大白伞盖、佛尊圣无垢静光、摩力支天、金刚摧碎、不空罥索、不动尊明王、金刚手菩萨、文殊、观音，甲乙环布。第二语所依陀罗尼者，即佛顶无垢、秘密宝箧、菩提场庄严、迦啰沙拔尼幢、顶严军广博楼阁、三记句咒、般若心经、诸法因缘生偈，如是等百余大经，一一各造百千余部，夹盛铁锢，严整铺累。第三意所依事者，瓶身之外，琢五方佛表法标显，东方单杵，南方宝珠，西方莲华，北方交杵，四维间厕四大天母所执器物。又取西方佛成道处金刚座下黄腻真土，及此方东西五台、岱岳名山圣迹处土，龙脑沈笺、紫白旃檀、苏合郁金等香；又以安息、

金颜、白胶、熏陆、都梁、甘松等香，和杂香泥，印造小香塔一十三万，并置塔中，宛如三宝常住不灭，则神功圣德，空界难量，护国佑民，于斯有在。

文中说的“密教”，就是密宗，据称是受法身佛大日如来深奥秘密教旨传授而得名。它不是印度密教，而是历经几个世纪与我国西藏本地宗教相互融合后形成的藏传密教，简称“藏密”。藏传佛教中包含大量的密教内容，元朝统治时期，元朝皇室推崇藏传佛教中之萨迦派而使他们在中原地区非常盛行。到了明清时期，格鲁派开始在西藏占据统治地位，由于其僧众都头戴桃形冠，身着黄色僧服，又被称为“喇嘛黄教”。可是他们对于几代皇室的影响从未减弱。而其根本的宗教教义和仪轨，还是含有许多密教内容。

结合元释迦舍利灵通之塔的身、语、意在塔身装饰上的表达，不难发现金刚宝座塔身上的装饰也是基于藏密排布的。虽然经过了朝代变迁，装饰内容也不是完全的复制，但是我们在宝座上的东北、西北面小塔地宫中所发现的装藏的大量香泥小塔、瓷罐内的药材和香料，宝座及须弥座上的五方佛像、法轮、坐骑、天王、力士等装饰，说明在明代藏传佛教寺院建塔的实践中，还是遵循着元代的旧有经验。就如一些建筑界专家指出的，释迦舍利灵通之塔（白塔寺塔）的兴建，就是藏传佛教塔在中原滥觞的一个重要标志。

（一）宝座上的雕刻

宝座正面石券门上装饰有“六拏具”雕刻。据清同治十三年（1874）金陵刻经处刻本《造像量度经解》：“背光制有云六拏具者：一曰伽噌拏，华云大鹏，乃慈悲之相也；二曰布啰拏，华云鲸鱼，保护之相也；三曰那啰拏，华云龙子，救度之相也；四曰婆啰拏，华云童男，福资之相也；五曰福罗拏，华云兽王，自在之相也；六曰救罗拏，华云象王，善师之相也。是六件尾语俱是拏字，故曰六拏具。又以合为六度之义。”藏传佛教中又称其为“六灵捧座”，多用于佛像的背光。金刚宝座券门上使用的由大鹏金翅鸟、华云龙子、人首龙身的摩睺罗伽、飞羊、座狮、巨象组成的六拏具，设置巧妙，远观是券门的装饰，待走到宝座前就可以发现，它完全笼罩在塔中心方柱南侧释迦牟尼佛龛上，变成了佛的背光。

金刚宝座的宝座须弥座部分雕刻有藏传佛教内容的装饰。须弥座南面在券门两侧对称雕刻的依次为狮子、法轮、大象，其间由交杵金刚分隔。法轮轮毂心和轮辋上均雕有梵文经咒，为《一字金轮王曼陀罗》。北面券门两侧的雕刻形式和内容与南面完全相同，只是由孔雀替换了大象。宝座东、西两面主体均以法轮为中心，东面南北向对称分列共命鸟、交杵金刚、三牌、花瓶、单杵金刚；西面在法轮旁边装饰的是宝马，其余与东侧完全相同。此外东、西两侧靠近南端又分凸出和凹入的两个部分，分刻了四大天王和罗汉。东面凸出部分以单杵分隔，北为持国天王，南为广目天王；凹入部分刻降龙罗汉。西面与东面形式相同，只是北为增长天王，南为多闻天王；凹入部分刻伏虎罗汉。按照“灵通塔碑”碑文上的记载：“第三意所依事者，瓶身之外，琢五方佛表法标显，东方单杵，南方宝珠，西方莲华，北方交杵，四维间厕四大天母所执器物。”两相对照，可发现内容多有相同，只是排布略有不同而已。这些内容同时出现在一个须弥座上，按照藏传佛教的说法，这又可称为“六异座”，其意为“异举诸佛之座”，是藏传佛教中等级最高的佛之宝座。

佛教八宝、法轮、交杵金刚和三牌这些都是释迦牟尼佛在早期传教时的用品，它们在佛教中的含义代表佛，象征佛的存在。在这里则是五方佛的法器。

佛教八宝，在藏传佛教中又称为“八吉祥徽”“八瑞相”。它们在藏传佛教中被称为：宝伞、金鱼、宝瓶、妙莲、右旋白海螺、吉祥结、胜幢、金轮。扎雅·罗丹西饶活佛所著的《藏族文化中的佛教象征符号》一书中对八吉祥徽在藏传佛教中的意义解说如下。

宝伞，“在八吉祥徽中，宝伞代表一种精神力量，……它的含义从世俗转移到了脱俗的精神领域”。

金鱼，“在藏区，它们只出现在和八吉祥徽相关的图画代表物之中，从未有它的特殊含义”。

宝瓶，“被看作是精神和物质需求的最高满足，同时象征了独特的本尊佛，与财富有关的神，像满贤药叉——毗沙门天或闻子的一个伴神”。

妙莲，“代表纯洁，特别是心灵的纯洁”。

右旋白海螺，“代表着佛教教义的声誉，这种声誉就如同螺号的声音一样四处传播”。

吉祥结，“由于诸法都是内在相互作用的，……又由于吉祥结代表无始无终，因此也象征了对佛智的无限性”。

胜幢，“代表的是最基本的佛法的胜利，知识战胜无知，或是克服一切阻碍，获得幸福和快乐”。

金轮，“具有纯粹的宗教含义，代表了佛教的教义。它向我们提示达摩本身是包罗万象的、完整的，它无始无终，并且即刻运动、即刻停止。……代表了教义的完整和完美，并希望能进一步将它传播”。

将这些吉祥的符号组合在一起的意义又是什么呢？扎雅·罗丹西饶活佛借助佛教的经典对佛陀的身、语、意和八吉祥徽的象征关系解说如下：

> 向您致敬，
> （您）有如吉祥的，保护宝伞的头部，
> 有如吉祥的，珍贵金鱼的眼睛，
> 有如吉祥的，珍贵镶饰宝瓶的颈部，
> 有如吉祥的，盛开的荷花叶子的舌头，
> 有如吉祥的，右旋的达摩白螺的语言，
> 有如吉祥的，光芒四射吉祥结的思想，
> 有如吉祥的，珍贵绝伦珠宝的双手，
> 有如吉祥的，珍贵而不可战胜的胜幢的身体，
> 双脚下蹬着吉祥的、启迪智慧的法轮，
> 这八种吉祥物是最好的体现，
> 愿八种珍贵的物品即时即刻为我们带来从天而降的吉祥之雨，
> 愿这里从此充满幸福。

从这段文字可以知道，在藏族的传统中，八吉祥徽中的八个吉祥物分别代表了佛陀的头部、眼睛、颈部、舌头、“语”、“意”、“身”和双足。

法轮，又称为金刚轮、金轮，单独使用时，它有三意：一为转意，转法轮，指释迦牟尼佛说法；二为摧毁意，驱除孽障；三为圆满意，取其圆满无缺。它的中心轴代表了戒学，使得思想得到支持和稳定；辐条代表了慧学，消除种种无知；轮毂代表定学，使各种修行紧密结合起来。

金刚杵，“是金刚乘坚不可摧之道的典型象征”①，其又称“羯磨杵”，原是古印度的兵器，用意为坚利，可断烦恼、除恶魔。具“喜、憎、怀、伏”这“四业”。十字

① ［英］罗伯特·比尔著、向洪笳译：《藏传佛教象征符号与器物图解》，北京：中国藏学出版社，2007年版，第93页。

金刚杵由 4 个带有莲花座的金刚杵组成，“象征着绝对的定力。在对须弥山进行宇宙学的描述中，巨大的十字金刚杵承托着物质宇宙或横在其下面”[①]。

三牌，系设立在寺庙本尊佛像前为皇家祈福的 3 块牌子，其意分别为“皇帝万岁”“皇后齐年”“太子千秋”。

共命鸟，也称香香鸟、生生鸟。梵文音译作“耆婆耆婆迦”，是神话中一种人首鸟身的动物名，即上身人身，下身鸟足、鸟尾，背后有翼的动物。藏区多用作建筑物上的装饰品。藏语又称香香、恰香香、香香迭鸟。金申先生《共命鸟小考》一文中提到：“共命鸟的形象，《阿弥陀经》云此鸟为双人面，而共一鸟身，故心亦为二，能发妙音。”它是西方极乐世界的吉祥鸟，佛教徒临终时，由它接引往生阿弥陀净土。在《佛本行经》里有共命鸟的记载：一个身体两个头，一个头名叫迦喽荼，另一个头名叫忧波迦喽荼。

（二）五座小塔的雕刻

五塔就是五方佛的标志，五方佛是表现密宗“五佛五智”的重要题材，密宗教义认为：金刚乘的“五佛智慧”能为密行者开一切方便之门，能得证菩提，修成正觉。佛教金刚界有五部，由金刚界五佛即五智所成的如来所辖，其方位如下。

中佛如来部主毗卢佛（大日如来），法界体性智所成，座狮子王座。手印二拳收胸前，左拳入右拳内把之，而二巨指并竖，二食指尖相依，谓之为最上菩提印。象征色为白色：“白色为佛之息业的本色，是和平、纯洁、清静、无污、吉祥的象征，素有纯洁忠诚、洁白善心、洁白善业等说法。”[②]

东佛金刚部主阿閦如来，大圆镜智所成，象王座。手印竖置左掌上，而大拇指、无名指二指拈持之，为降魔印。象征色为蓝色：“蓝色和黑色作为佛之伏业的本色，是凶恶、恼怒等的象征。”[③]

南佛宝生部宝生如来，平等性智所成，马王座。手印左手平置膝上，右手伸直于右膝前，掌心向外，为施愿印。象征色为黄色：“黄色作为佛之增业的本色，是

① ［英］罗伯特·比尔著、向洪笳译：《藏传佛教象征符号与器物图解》，第 102 页。

② 扎雅·罗丹西饶活佛著，丁涛、拉巴次旦译：《藏族文化中的佛教象征符号》“汉文版序”，中国藏学出版社，2008 年，第 4 页。

③ 扎雅·罗丹西饶活佛著，丁涛、拉巴次旦译：《藏族文化中的佛教象征符号》“汉文版序”，第 5 页。

福、禄、寿、教证兴旺发达的象征。”[①]

西佛莲花部主弥陀佛（无量寿如来），妙观察智所成，孔雀王座。手印双手平坦交叉于膝上，大拇指相对，谓之禅定印。象征色为红色：“红色作为佛之怀业的本色，是权势、博爱、慈爱等的象征。”[②]

北佛羯磨部主不空成就如来，成所作智所成，大鹏金翅鸟王座。手印左手如前正定，右手胸前或乳旁，手掌向外略扬之，谓之施无畏印。象征色为绿色：“绿色作为佛之伏业的本色，是一切摩羯的象征。”[③]

5 座小塔的雕刻内容与宝座基本相同，表现手法也相当一致。只是在小塔的基座部分雕刻有菩萨和菩提树，这是宝座没有的内容。此外，中塔须弥座束腰上的佛足石也是此五塔最独特之处。菩提树，原称“毕钵罗树”，系桑科榕树乔木，学名 *Ficus Religiosa*。因释迦佛在其树下金刚座悟道成佛，该树便被称为菩提树，佛教视为“圣”树。此处暗寓“佛陀的觉悟”，树上雕刻的还有摩尼宝珠、象牙宝和金锭宝。

胁侍菩萨，是佛像的组成部分，在佛之传法授道的形象中，是陪同佛传经的，其衣着方式带有典型的印度特点，而裙子和花冠有明显的藏地特色。其寓意与菩提树相同。

佛足石，有多重含义，它既是从印度发展而来的最高顶拜模式，同时又是在佛教早期没有偶像崇拜时期代表佛而被众人膜拜的圣物。按照《大唐西域记》载，有如下两重意义。其一，卷第六“释迦寂灭诸神异传说”，所载为佛祖为其大弟子大迦叶自棺中出示双足的故事；其二，卷第八“四、如来足迹石”条言，是佛寂灭前留下足迹，“告阿难曰：‘吾今最后留此足迹，将入寂灭，顾摩揭陀也。百岁之后，有无忧王命世君临，建都此地，匡护三宝，役使百神。’”

---

① 扎雅·罗丹西饶活佛著，丁涛、拉巴次旦译：《藏族文化中的佛教象征符号》“汉文版序”，第 5 页。

② 扎雅·罗丹西饶活佛著，丁涛、拉巴次旦译：《藏族文化中的佛教象征符号》“汉文版序”，第 5 页。

③ 扎雅·罗丹西饶活佛著，丁涛、拉巴次旦译：《藏族文化中的佛教象征符号》“汉文版序”，第 5 页。

六、丰富的藏、梵文字遗存

真觉寺金刚宝座及其上的五塔基座等处均有大量的蓝扎体梵字铭文，宝座下枋还镌刻有藏文《吉祥海赞》，这些文字遗存为我们今天研究金刚宝座提供了多角度、多方面立体思维的空间，同时也是我们多民族融合的中华民族的文化瑰宝。这些苍劲的铭文，拉近了我们和古人的联系，通过这些文字，我们可以更多地了解当时人们心目中的佛与佛教，这些文字还能部分地反射出那时的人们对于金刚宝座所寄予的祈求与愿望。这一方面说明藏传佛教在明代的流行及皇帝的重视，另一方面也更充分展现了明朝时各民族文化的融合。

（一）梵文经咒

金刚宝座上刻有大量梵文经咒，不仅是在宝座和小塔须弥座上下枋处，在须弥座束腰装饰的法轮上、宝座楼梯登顶处都刻有梵字曼荼罗。就连东北小塔中发现的已经部分糟朽的中心塔柱的柱身上，也有墨书的梵文堆写字“时轮金刚咒牌”和梵文的“皈依颂”。

丹曲先生《安多地区藏族文化艺术》一文称：“五塔寺金刚宝座建于明永乐元年（1403），其上的兰查体梵文是青海的热贡艺人所绘，永乐皇帝看了非常高兴，还亲笔书写了赞文。”关于梵文书写者的来源问题，丹曲先生的文章提供了一个新的线索。丹曲先生的结论可能依据了藏文文献资料，确否，还要进一步勘对和研究。

遍布金刚宝座塔须弥座及 5 座小塔的梵字铭文多数都是“但当诵持，勿须强释”的咒语。咒是佛教密宗一种特殊的文字形式，意义是表达祈求和愿望。咒是用梵文写就的，用梵文写咒，是佛教密宗的特点。而梵文是不需要翻译的，梵文经典都是用来诵读的。那么，今天我们研究翻译它意义何在呢？

北京大学梵文专家张保胜教授，在为我们解读金刚宝座梵文的文章中指出：

> 首先它是距今已有约 600 年历史的文物，一旦进入文物行列，它就具有了文物价值。作为文物，哪怕是一片纸、一块瓦也应细心地加以保护和研究。文物究竟有什么样的价值，我想这是众所周知的，在此无须赘言。
>
> 其次，梵字陀罗尼虽然只讲读音，无须解义，而且，有些咒语也确实不具有实用语言的意义。但它并非没有任何意义。可以说，写成它的每一个字都具

有象征意义。大而言之，密宗(金刚乘)的任何事物，诸如曼荼罗、图像、器物、声音、梵文文字等都有密宗本身所特有的象征意义。我们可以将这一切综合起来诠释成“如同一部用神秘符号写成的书，惟有已接受其奥义者方可解读”。记得西方宗教改革家加尔文曾说过一句话：世界有两部书，一部是有字书，那是让普通人读的；另一部是无字书——整个宇宙，那是让圣者读的。看来这部无字的宇宙之书所潜藏的意义恐怕要比有字之书大过不知多少倍。

现将张教授翻译的部分内容列出以飨读者：“金刚宝座塔梯顶曼荼罗一为‘八叶莲种子曼荼罗’；曼荼罗二为‘牟尼曼荼罗’；金刚宝座轮形曼荼罗为‘一字轮王曼荼罗’。”宝座上的经咒有：金刚城大曼荼罗尊真言、帝释天咒、火天咒、阎摩天咒、罗刹天咒、水天咒、风天咒、降伏三界忿怒明王真言(降三世忿怒明王真言)、总佛咒、因缘咒(或称十二因缘咒)、法身偈、广大普供养明、虚空藏转明妃真言、八部众、天龙八部及四字密语等，还有许多无名咒。各种经咒所包含的内容非常丰富，是一部佛教范畴的历史，篇幅所限，不能一一列举。

(二)藏文颂词《上师三宝吉祥海赞》

这组藏文雕刻在梵文的上方，为浮雕阳文，清晰秀丽。据专家介绍，是北京地区现存唯一的一处采用阳文雕法的藏文石刻。中国社会科学院藏族史研究所的黄颢先生在《在北京的藏族文物》一书中对这组藏文进行了考证，认为这取材于元代帝师八思巴 1263 年致忽必烈汗的新年颂词。它比现存萨迦寺的八思巴原著多了 12 句。我们没有见到萨迦寺的八思巴原著，也就无法推断多出的是哪些词句。对于这组赞词，黄颢先生认为是“将佛法僧之佛教三宝比做吉祥海，认为世间一切吉祥均出自佛教三宝，颂词即以此赞扬佛教，并借此祝福明朝社稷及皇帝万事吉祥如意”。

我们现将经佛教协会观空法师翻译及注释修改的译文，照录如下：

上师三宝吉祥海赞

1. 赞前归敬分

利乐大海三宝前，信海深愿恭敬礼。

众生海之德慧本，吉祥海赞今当说。

2. 正赞功德分

福善大海功德藏，佛海大智总聚体。
成就大海诸上师，今时此地赐吉祥。
二资粮海所出生，智海底边极深广。
遍智海之吉祥海，今时此地赐吉祥。
至言大海为实证，宝海库藏之所依。
正法海之吉祥海，今时此地赐吉祥。
诸尊者海戒及德，为诸众生慧命源。
僧迦海之吉祥海，今时此地赐吉祥。
一切不祥尽消灭，身寿大海极久住。
资具满足如大海，教法大海常兴盛。
如理依止智海足，闻海法财极丰富。
慧海幢幡高树立，此吉祥海甚广大。
此是吉祥海，亦即赞颂海，
智者所欣赏，故又为诗海。

3. 赞后祈愿分

胜中最胜大导师，法王果曰加持力，
魔障损害尽消除，昼夜晃耀恒吉祥。
真谛无上最胜法，正法甘露加持力，
清静善法广增长，昼法明朗恒吉祥。
僧迦功德宝灿烂，菩萨利生加持力。
消灭惑苦热恼冤，昼夜光华恒吉祥。
惟愿国家人民利乐吉祥。

此译文是经过观空法师修改译出的，赞文的题目和三个段落的标题都是译者后加的。按照观空法师的翻译，在第二和第三段落，每两句为一组，体现统一的意义，译者都给予了解释。第二段的解释依次为：赞上师宝功德，赞佛宝功德，赞法宝功德，赞僧宝功德，赞教法兴盛，赞正法广大，述赞的体例。第三段的解释依次为：祈愿佛宝加被，祈愿法宝加被，祈愿僧宝加被。此赞为诗歌体裁，还掺杂许多佛教内容，读来有些晦涩难懂。

《在北京的藏族文物》中，黄颢先生也有此赞辞的另一个译文，收录如下以方便读者理解：

吉祥海祝辞

对此吉祥大海之佛宝，以大海般笃信之心予以顶礼，则众生所获吉祥如同大海。兹赞颂吉祥大海之辞：富足大海系功德宝库，佛法大海可汇集为智慧，善业可聚合为成就大海，吉祥之海赐当今吉祥！两善出自德业之海，智慧大海深广无涯，诸行遍通畅达如海，吉祥之海可赐当今吉祥！佛经大海有正悟，宝海库藏为所依，佛法大海诸善业，吉祥之海赐吉祥！欲望大海戒根坚，功德大海民生善，僧伽大海诸善业，吉祥之海赐吉祥！佛像如海永长存，福德之海大而广，佛法大海极辽阔，善于亲近智慧海，听闻大海如宝饰，智海宝幢谓吉祥，吉祥大海□胜利。此为吉祥大海颂，此辞赞颂彼大海。明智大海动人心，亦谓诗词之大海。殊胜当以佛为最，太阳法主佛加持。以此平息灾祸语，吉祥常在获吉祥！法性□□□最崇高，佛法甘露真赐福，福慧资粮可宏扬，吉祥常在获吉祥！佛子造益真赐福，平息愚苦烦恼敌，吉祥常在获吉祥！为使皇帝社稷安，祈愿一切皆吉祥！

就以这充满吉祥和祝福的赞词作为这一篇文字的结语，也是我们对这座蕴含丰富佛教文化寓意的金刚宝座的礼赞。对于塔的研究，我还只是刚刚起步，还有许多的未知等待智者、哲人解密！

参考书目

1. 孙波主编、罗哲文撰文：《中国古塔》，华艺出版社，1990 年。
2. 周肇祥撰，赵珩、海波点校：《琉璃厂杂记》，北京燕山出版社，1995 年。
3. 北京燕山出版社编：《京华古迹寻踪》，北京燕山出版社，1996 年。
4. 宿白：《藏传佛教寺院考古》，文物出版社，1996 年。
5. 林许文二、陈师兰：《佛陀的故乡》，海南出版社，2002 年。
6. 陈志华：《外国建筑史（19 世纪末叶以前）》，中国建筑工业出版社，2004 年。
7.（清）于敏中等编纂：《日下旧闻考》1—8 册，北京古籍出版社，1983 年。
8. 汤用彬、彭一卣、陈声聪编著，钟少华点校：《旧都文物略》，书目文献出版社，1986 年。

9. 黄颢：《在北京的藏族文物》，民族出版社，1993 年。

10.（唐）玄奘、辩机原著，季羡林等校注：《〈大唐西域记〉校注》，中华书局，1985 年。

11. 张驭寰：《中国塔》，山西人民出版社，2000 年。

12. 梁从诫编：《林徽因文集（建筑卷）》，百花文艺出版社，2002 年。

13.（明）明河：《高僧传合集 · 补续高僧传》，上海古籍出版社，1991 年。

14.（清）谈迁著、汪北平校点：《北游录》，中华书局，1981 年。

15. 西藏研究编辑部编辑：《明实录藏族史料》，西藏人民出版社，1982 年。

16. 赵其昌主编：《明实录北京史料》，北京古籍出版社，1995 年。

17.（清）张廷玉等：《明史》，中华书局，1974 年。

18. 金维诺、罗世平：《中国宗教美术史》，江西美术出版社，1995 年。

19. 罗哲文：《五塔寺》，文物出版社，1957 年。

20. 黄春和：《五塔寺金刚宝座始建时间新探》，《中国文物报》1993 年 6 月 6 日。

21. 李燮平：《燕王府所在地考析》，《故宫博物院院刊》1999 年第 1 期，第 57—66 页。

22. 向东：《崇庆皇太后万寿庆典时期的五塔寺》，《故宫博物院院刊》1984 年第 1 期。

23. 马建农：《真觉寺〈明宪宗御制金刚宝座碑〉碑文考》，《北京史苑》第三辑，北京出版社，1985 年。

后　记

Postscript

《古遗梵文文物释证稿》(以下简称《释证稿》)原为2004年国家哲学社会科学基金立项的“元明清遗存蓝扎体梵文文物的解读与研究”(批准号：04BKG008)的成果，项目于2007年6月30日结项。

此篇与拙著《永乐大钟梵字铭文考》是姊妹篇，后者有恩师季羡林序，于2006年由北京大学出版社出版(已售罄)。《释证稿》搜集了大量梵文文物图片，以蓝扎体梵文为主。对梵文铭文进行识读、纠误、拉丁文转写、语法标示、英文释义、汉语翻译，与佛经勘对名称、作出音译、考证出典并作出诠注等。

这个项目得到国家哲学社会科学基金规划立项并顺利结项，是多方面的帮助和支持的结果。首先，该项目的成功申报受益于北京大学外国语学院科学研究办公室主任丁昱先生精细而科学的指导，在此向其致以诚挚的谢意!

常言道：巧妇难为无米之炊。科研就得有资料，北京石刻艺术博物馆的各位领导、专家和科研处及其工作人员给予了大力支持，慷慨地提供了他们的文物资料，让我获得了一个运作平台。该博物馆滕艳玲研究员提供了一篇有关真觉寺的重要论文，为拙著增色不少。湖北省文物考古研究所研究员梁柱先生让我亲睹了梁庄王墓出土的文物并提供了有关佛教文物的精美图片和资料，该研究所另一位研究员王善财先生提供了湖北明代张懋夫妇合葬墓出土的法被图资料，故宫博物院著名研究员耿宝昌先生为我提供了广西博物馆藏的法镜图片，敦煌研究院研究员彭金章先生提供了莫高窟北区新发掘出土的梵字文物资料，还有北京董小丰先生提供了两幅梵字陀罗尼金牌照片。对上述尊敬的长者、专家、学者、朋友，以及给予我帮助但不知姓名的友好人士，我在此表示诚挚的感谢和敬意。

项目完成后，出版成了问题。后经我的校友、德学双馨的作家张曼菱先生介绍，中华书局俞国林主任推荐，了解到中西书局出版了不少这类书籍，故不揣冒昧与中西书局的李碧妍博士取得电话联系，她欣然同意发稿给她，真让我喜出望外。最后，拙稿终得书局采纳，决定出版。

在这里我要对推荐拙著的张曼菱、俞国林先生，以及中西书局为拙著出版做了诸多工作的李碧妍博士、伍珺涵女士一并表示诚挚的谢意！

笔者对密宗知之初浅，拙著纰漏错讹之处实难避免，诚望学长、专家、同仁予以指正。

顺带说几句题外话：

我的另一本性质类似的书《永乐大钟梵字铭文考》（北京大学出版社，2006年版），其中图版Ⅵ与Ⅷ重复，漏掉了原版Ⅵ，为了稍作补救，今将漏掉的Ⅵ录在下方：

原版Ⅵ

由于校对疏忽造成了难以原谅的错讹，在此向读者致以诚挚的歉意。望持有此书的朋友将上面的图片替换书中的图版Ⅵ。

张保胜

2018年8月9日